Kohlhammer

Ulrike Mattke (Hrsg.)

Sexuell traumatisierte Menschen mit geistiger Behinderung

Forschung – Prävention – Hilfen

Verlag W. Kohlhammer

Dieses Werk einschließlich aller seiner Teile ist urheberrechtlich geschützt. Jede Verwendung außerhalb der engen Grenzen des Urheberrechts ist ohne Zustimmung des Verlags unzulässig und strafbar. Das gilt insbesondere für Vervielfältigungen, Übersetzungen, Mikroverfilmungen und für die Einspeicherung und Verarbeitung in elektronischen Systemen.

1. Auflage 2015

Alle Rechte vorbehalten
© W. Kohlhammer GmbH Stuttgart
Gesamtherstellung: W. Kohlhammer GmbH, Stuttgart

Print:
ISBN 978-3-17-025847-1

E-Book-Formate:
pdf: ISBN 978-3-17-025848-8
epub: ISBN 978-3-17-025849-5
mobi: ISBN 978-3-17-025850-1

Für den Inhalt abgedruckter oder verlinkter Websites ist ausschließlich der jeweilige Betreiber verantwortlich. Die W. Kohlhammer GmbH hat keinen Einfluss auf die verknüpften Seiten und übernimmt hierfür keinerlei Haftung.

Inhalt

Vorwort 9

A   Theorie und Forschung 11

1   Sexualität bei Menschen mit Behinderung – immer noch ein Tabuthema? 13
Barbara Ortland

1.1   Sexualität von Menschen mit Behinderung als ein Tabu? 13
1.2   Sexuelle Entwicklung bei Kindern und Jugendlichen mit Behinderung 17
1.3   Sexuelle Selbstbestimmung in einer Wohneinrichtung 20
1.4   Abschließende Überlegungen 27
Literatur 27

2   Lebenssituation und Gewalterfahrungen von Frauen mit sogenannter geistiger Behinderung in Deutschland. 29
Monika Schröttle

2.1   Einleitung 29
2.2   Kindheitserfahrungen und aktuelle Lebenssituation kognitiv beeinträchtigter Frauen in Einrichtungen 30
2.3   Gewaltbetroffenheit(en) und Gewaltkontexte 31
2.4   Risikofaktoren für Gewalt 33
2.5   Erforderliche Maßnahmen 35
Literatur 39

3   Sexuelle Gewalt gegen Jungen und Männer mit einer so genannten geistigen Behinderung 40
Ahmed Amor

3.1   Einleitung 40
3.2   Das Gefährdungsfeld 41
3.3   Betroffenheit von sexueller Gewalt als Junge oder Mann mit Behinderung 46
3.4   Folgen der sexuellen Gewalthandlungen für die Opfer 47

3.5	Fazit	52
Literatur		53

4	»Niemand glaubt mir.« Aspekte der Glaubhaftigkeit der Aussagen von Menschen mit geistiger Behinderung *Ulrike Werner*	55
4.1	Einleitung	55
4.2	Begutachtung der Glaubhaftigkeit der Aussagen geistig behinderter Menschen	57
4.3	Kriterienorientierte Aussagenanalyse	58
4.4	Gespräch	66
4.5	Vermeidung suggestiver Beeinflussung	67
4.6	Fazit	69
Literatur		69

5	Folgen von sexueller Traumatisierung bei Frauen mit geistiger Behinderung *Babara Leiersender*	71
5.1	Einleitung	71
5.2	Gestaltung und Durchführung der Fragebogenerhebung	71
5.3	Ergebnisse der Fragebogenerhebung	73
5.4	Fazit	83
Literatur		83

B	Prävention	85

6	Prävention professionell planen und wirkungsvoll praktizieren *Ulrike Mattke*	87
6.1	Voraussetzung Fachwissen	87
6.2	Priorität Schutz	91
6.3	Vieldimensionalität statt Eindimensionalität	92
Literatur		97

7	Sexuelle Gewalt als Herausforderung für Einrichtungen der Behindertenhilfe *Ursula Sauder*	99
7.1	Einleitung	99
7.2	Umgang mit der Thematik auf institutioneller Ebene – ein Konzept aus der Praxis	100
7.3	Zusammenfassung	110
Literatur		110

8	Zusammenarbeit hilft! Vernetzung als Weg der Prävention und Intervention bei sexualisierter Gewalt gegen Frauen mit Lernschwierigkeiten.	112
	Katharina Göpner & Rebecca Maskos	
8.1	Prävalenz sexualisierter Gewalt gegen Menschen mit Lernschwierigkeiten	112
8.2	Situation des Unterstützungssystems für gewaltbetroffene Frauen und Mädchen	113
8.3	Situation der Behindertenhilfe: Behindernde Einrichtungsstrukturen und innere Barrieren auf Seiten der Mitarbeiter/innen und betroffenen Frauen	116
8.4	Handlungsempfehlungen	118
8.5	Ausblick	122
Literatur		122
9	Sexualpädagogische Arbeit mit Kindern und Jugendlichen an der Förderschule für geistige Entwicklung als Prävention sexueller Gewalt	124
	Susan Leue-Käding	
9.1	Einleitung	124
9.2	Thematischer Zugang	124
9.3	Sexualpädagogische Arbeit als Primärprävention	127
9.4	Ich-Identität und körperliches Selbstbestimmungsrecht	129
9.5	Informationen über sexuelle Gewalt	133
9.6	Sprache	137
9.7	Abschließende Gedanken und Perspektiven	138
Literatur		139
10	Schlafende Hunde wecken?!	142
	Andrea Huber	
10.1	Sexualpädagogische Gruppenarbeit im Rahmen von WfbM	142
10.2	Gruppenangebot im Rahmen einer WfbM	142
10.3	Herstellung des Films »Und dann auch noch Liebe«	146
10.4	Schluss	147
Literatur und Filme		148
C	**Hilfen**	**149**
11	Handlungsorientierungen in der pädagogisch-therapeutischen Begleitung sexuell traumatisierter Menschen mit geistiger Behinderung	151
	Ulrike Mattke	
11.1	Folgen sexueller Gewalt für Menschen mit geistiger Behinderung ...	151

11.2	Prinzip der Kombination individueller Hilfen und struktureller Maßnahmen	154
11.3	Individuelle Handlungsorientierungen zur Überwindung der Folgen sexueller Traumatisierungen	154
11.4	Traumabearbeitung	160
11.5	Pädagogisch-therapeutische Handlungsorientierungen als Quintessenz der Heilpädagogik	161
Literatur		162

12	**Pädagogisch-therapeutische Begleitung sexuell traumatisierter Kinder mit geistiger Behinderung**	**164**
	Cornelia Schulte	
12.1	Einleitung	164
12.2	Fallbeispiel	165
12.3	Pädagogisch-therapeutische Begleitung	167
12.4	Methoden und Materialen	171
12.5	Grundsätzliches in der pädagogischen Begleitung	178
12.6	Schlusswort	178
Literatur		179

13	**»Den Wolf der Freude füttern« Materialien und Methoden bei der Beratung von sexuell traumatisierten Frauen mit Lernschwierigkeiten**	**181**
	Anneke Bazuin	
13.1	Einleitung	181
13.2	Der Frauennotruf Hannover	182
13.3	Grundsätze der Beratung	183
13.4	Exkurs: »Nicht Ihre Reaktionen sind ›verrückt‹, sondern was Ihnen passiert ist!«	186
13.5	Bedeutung und Konsequenzen der Lebensrealitäten von Frauen mit Behinderungen für die Beratung	187
13.6	Materialien, Methoden, Geschichten und Gleichnisse als Hilfsmittel in der traumatherapeutischen Beratung von Klientinnen mit Behinderungen	189
13.7	Fazit	195
Literatur		196

Die AutorInnen 197

Vorwort

»So emotional und erschütternd das Thema auch sein mag: Missbrauch wird nicht verhindert durch Dramatisierungen, Skandalisierungen und Dämonisierungen, sondern am ehesten durch Aufklärung, durch die Überwindung der Sprachlosigkeit und durch vermehrte Erkenntnisse über missbrauchsfördernde ebenso wie missbrauchssenkende Konstellationen in pädagogischen Bezügen« (Thomas Rauschenbach, Direktor des Deutschen Jugendinstituts, 2011).

Was Thomas Rauschenbach hier in Bezug auf die Jugendhilfe postuliert gilt gleichermaßen für die Arbeit mit Menschen mit Behinderungen.

Zweifelsohne gilt: Die Beschäftigung mit der Thematik sexuelle Gewalt verläuft nicht immer sachlich und wird vielfach vehement abgewehrt, sowohl auf persönlicher als auch auf institutioneller und gesellschaftlicher Ebene (vgl. u. a. Becker-Fischer & Fischer 2008, 23 ff.). Dazu kommt: Sexuelle Gewalt »ist kein Thema, dem man emotionslos oder neutral oder unvoreingenommen begegnen kann« (Tschan, 2012, 37). Das Thema infiziert auf emotionaler Ebene und führt häufig dazu, dass Empfindungen der Opfer erlebt werden: Wut, Ohnmacht, Verlust an Sicherheit und an Vertrauen.

Angesichts der vorliegenden Zahlen über die Prävalenz sexueller Gewalt, insbesondere gegen Mädchen und Frauen mit Behinderung (vgl. Schröttle et al. 2012), ist eine aktive Auseinandersetzung mit sexueller Gewalt in der Behindertenhilfe unerlässlich.

Trotz der dem Thema impliziten emotionalen Erschütterung ist es erforderlich, eine kritische und rationale Diskussion auf der Basis von Theorie und Forschung zu führen. Dabei einzubeziehen sind Konzepte für präventive Maßnahmen sowie Konzepte zur Unterstützung von Menschen mit geistiger Behinderung, die sexuelle Gewalt erfahren haben. Hier will diese Veröffentlichung einen wesentlichen Beitrag leisten.

Mit der speziellen Ausrichtung auf Menschen mit Lernschwierigkeiten bzw. mit geistiger Behinderung werden in diesem Buch drei Bereiche des Themas der sexuellen Gewalt ausgearbeitet: Theorie und Forschung, Hilfen sowie Prävention.

Grundlegende theoriegeleiteten Darstellungen beschäftigen sich mit der Frage nach der Sexualität von Menschen mit Behinderungen als Tabu (Barbara Ortland), einem Bezug des Themas sexuelle Gewalt auf Jungen und Männer mit geistiger Behinderung (Ahmet Amor) und Aspekten der Glaubhaftigkeit von Aussagen (Ulrike Werner).

Aus der repräsentativen Studie im Auftrag des BMFSFJ werden Ergebnisse in Bezug auf Frauen mit geistiger Behinderung berichtet (Monika Schröttle) und aus einer Befragung von Expertinnen Folgen sexueller Traumatisierung bei Frauen mit geistiger Behinderung (Barbara Leierseder) geschildert.

Der zweite Teil dieser Veröffentlichung widmet sich dem Thema Prävention. Nach einer theoretischen Einführung (Ulrike Mattke) werden mögliche und erforderliche Handlungsschritte in Einrichtungen der Behindertenhilfe (Ursula Sauder) sowie die Bedeutung von Vernetzung im Rahmen von Prävention (Maskos & Göpner) aufgezeigt. Theoretisch fundierte Anregungen zu präventiver sexualpädagogischer Arbeit mit Kindern und Jugendlichen mit geistiger Behinderung finden sich in einer umfangreichen Sammlung an Ideen und Methoden, die sämtlich in der Praxis erprobt wurden (Susan Leue-Käding). Sexualpädagogische Gruppenarbeit mit Erwachsenen in einer Werkstatt wird anhand eines Projekts beschrieben (Andrea Huber).

Schließlich werden in einem dritten Teil Hilfen für traumatisierte Menschen mit geistiger Behinderung dargestellt. Zunächst erfolgt die Erörterung grundlegender Handlungsorientierungen, die sowohl in der ambulanten als auch in der stationären Unterstützung von Bedeutung sind (Ulrike Mattke). Dem folgen umfangreiche, erfahrungsbasierte und durch Fallbeispiele veranschaulichte Sammlungen über mögliche methodische Vorgehensweisen bei Kindern mit geistiger Behinderung (Cornelia Schulte) und bei Erwachsenen mit geistiger Behinderung (Anneke Bazuin).

Mein besonderer Dank gilt den Teilnehmerinnen des Arbeitskreises »Sexuelle Gewalt an Frauen und Mädchen mit Behinderung« des Frauennotrufs Hannover. Hier habe ich Grundlegendes gehört, erfahren und gelernt.

Würzburg/Hannover, Frühjahr 2015
Ulrike Mattke

Literatur

Becker-Fischer, M. & Fischer, G. (2008): Sexuelle Übergriffe in Psychotherapie und Psychiatrie. Orientierungshilfen für Therapeut und Klientin. Asanger: Kröning.
Schröttle, M., Hornberg, C., Glammeier, S., Sellach, B., Kavemann, B., Puhe, H. & Zinsmeister, J.: (2012): Lebenssituation und Belastungen von Frauen mit Beeinträchtigungen und Behinderungen in Deutschland. In: http://www.uni-bielefeld.de/IFF/for/for-gewf-fmb.html. Zugriff am 1.7.2014.
Tschan, W. (2012): Sexualisierte Gewalt. Praxishandbuch zur Prävention von Sexuellen Grenzverletzungen bei Menschen mit Behinderungen. Bern: Verlag Hans Huber.
Rauschenbach, T. (2011): Editorial. In: DJI Impulse. Das Bulletin des Deutschen Jugendinstituts. Heft 3/2011: Sexuelle Gewalt gegen Kinder, 3.

A Theorie und Forschung

1 Sexualität bei Menschen mit Behinderung – immer noch ein Tabuthema?

Barbara Ortland

»Weiblichkeit? Was war das? Mich als Frau zu begreifen oder zu fühlen, hatte mir niemand beigebracht, und niemand hatte mich aufgeklärt. In meiner ›Erziehung‹ wurde dieser Bereich komplett ausgeblendet und mir wurde vermittelt, dass man als Behinderter ein Bedürfnis nach Nähe einfach nicht zu haben hat. Noch heute wird Behinderten ihr Anrecht auf Sexualität abgesprochen – und oft gestehen wir es uns ja nicht einmal selbst ein, weil dieses Thema in unserer Kindheit und Jugend absolut tabu war und weder im Heim noch in der Schule je darüber gesprochen wurde« (Soyhan, 2012, S. 103).

In diesem Zitat aus der Autobiografie der von Glasknochenkrankheit betroffenen Fernsehmoderatorin Zuhal Soyhan beschreibt sie in Bezug auf ihr Leben den Zusammenhang von Tabuierung der Sexualität und ihrer Behinderung. Dieses Themenfeld soll im nachfolgenden Beitrag aus verschiedenen Perspektiven beleuchtet werden. Einleitend wird erläutert, was unter einem Tabu verstanden wird und welches Spannungsfeld sich daraus für die Begleitung von Menschen mit Behinderung auf dem Weg zu einer subjektiv befriedigenden und selbstbestimmten Sexualität ergibt. Dazu werden relevante Entwicklungsschritte und Erfahrungen der sexuellen Entwicklung exemplarisch aufgezeigt und Konsequenzen für eine sexualpädagogische Begleitung benannt. Schließlich werden auf der Grundlage der Ergebnisse einer aktuellen Mitarbeitendenbefragung in Wohneinrichtungen der Eingliederungshilfe (Ortland, 2013) aktuelle Themen in der Begleitung Erwachsener mit Behinderung diskutiert.

1.1 Sexualität von Menschen mit Behinderung als ein Tabu?

Das Wort Tabu hat laut Duden folgende bildungssprachliche Bedeutung: »ungeschriebenes Gesetz, das aufgrund bestimmter Anschauungen innerhalb einer Gesellschaft verbietet, über bestimmte Dinge zu sprechen, bestimmte Dinge zu tun« (Duden online, 2014). Es handelt sich damit um kulturell-religiös geprägte Anschauungen, die nicht unbedingt von allen Mitgliedern einer Gesellschaft geteilt werden müssen und grundsätzlich veränderbar sind. Gründer und Stemmer-Lück

(2013, S. 17) führen dazu aus, dass zwischen einem »Handlungs- und einem Sprach- und Kommunikationstabu« unterschieden werden kann: »Das Handlungstabu hat die Funktion, soziales Handeln in einer Gesellschaft zu regulieren (…). Das Sprachtabu scheint das Handlungstabu noch zu unterstützen nach dem Motto: ›Was man nicht tut, darüber spricht man auch nicht‹« (ebd., S. 18). Der Bereich der Sexualität wird von ihnen als Tabubereich bezeichnet, so dass dessen Tabuierung sexuelle Handlungen und die Kommunikation über Sexualität gesellschaftlich regulieren soll. Lautmann (2008) erörtert in seinen Ausführungen zu gesellschaftlichen Normen der Sexualität, dass der Begriff des Tabus für eine »besonders scharfe Ablehnung (steht), die jegliche Diskussion unterdrückt [ein Diskursverbot wird vor allem dann verhängt, wenn in der ›falschen‹ Sexualität schwere Gefahren gesehen werden]« (ebd., S. 210). Das heißt, dass es bei Tabuierungsprozessen immer um an einer gesellschaftlichen Norm gemessene Bewertung von Verhalten geht. In Bezug auf die normative Sexualregulierung führt Lautmann aus, dass zwischen Normalität und Normativität zu unterscheiden sei. »Für *normal* wird ein Ereignis gehalten, wenn es nicht weiter auffällt, d. h. für die Situation und die daran Beteiligten als selbstverständlich durchgeht« (ebd., S. 209). Die Deutungsmacht haben also die beteiligten Personen oder z. B. der institutionelle Zusammenhang, in dem das Verhalten gezeigt/nicht gezeigt und als normal/nicht normal bewertet wird. Lautmann führt weiter aus: »Der *normative Akzent* fügt dem Handeln den Charakter des Erlaubten, Geforderten bzw. Verbotenen hinzu. Die Sexualnormen besitzen in unserer Kultur ein hohes Gewicht; sie sind umstritten, oft unklar und häufig dramatischen Wandlungen unterworfen. Für die Akteure hängt viel davon ab, wie gut sie die jeweils gültigen Normen kennen und sich ihnen anpassen« (ebd., S. 209/210).

In Bezug auf Menschen mit Behinderung scheint es im Bereich der Sexualität eine Verquickung sehr unterschiedlicher Aspekte zu geben, die ihnen den Weg zu einer als subjektiv befriedigend erlebten Sexualität erschweren können. Walter (2013) formuliert folgende Gründe als Hindernisse sexueller Selbstbestimmung: »Vorurteile, Ängste und Unsicherheiten, Tabus und Verbote, aber auch sexualfeindliche Lebensbedingungen in Elternhaus, Schule, Werkstatt und Wohnstätte, in Offener Hilfe und Freizeitangeboten (behindern) immer noch selbstbestimmte Sexualität (…) quasi als ›sekundäre soziale Behinderung‹« (ebd. 5 f). Mattke (2004, S. 47) nennt ergänzend Mythen, die sich vor allem auf das Sexualverhalten von Menschen mit geistiger Behinderung beziehen und eine »Spannbreite von asexuell bis triebbestimmt« aufzeigen, so dass »eine sachliche Diskussion mit der Thematik« erschwert ist.

Die Bewertungsprozesse bei allen beteiligten Menschen mit und ohne Behinderung setzen sich aus gesellschaftlichen, religiösen, kulturellen, institutionellen sowie individuell-biografischen Anteilen zusammen. Aufgrund dieser Komplexität der Einschätzungen bzgl. der ›Normalität‹ von sexuellen Verhaltensweisen, normativen Akzentuierungen bis hin zu Tabuierungen, kann dieser Themenbereich hier nicht erschöpfend behandelt werden. Es sollen nachfolgend jedoch einige

Denkanstöße bzgl. der Wertungen der Sexualität bei Menschen mit Behinderungen gegeben werden.

Alison Lapper, eine Künstlerin mit Körperbehinderung aus England, berichtet z. B. in ihrer Autobiografie Folgendes: »Manchmal fragen mich die Leute, wie ich Sex mache. Dann erkläre ich ihnen, dass sie sich gefälligst um ihren eigenen Kram kümmern sollen, weil das nun wirklich meine Privatsache ist, außerdem empfinde ich diese Frage oft als leicht beleidigend« (Lapper, 2005, S. 229). Zwei Themen sollen aus dem Zitat herausgegriffen und um weitere Aspekte ergänzt werden. Zum einen scheinen Tabubrüche, hier das Fragen nach sexuellen Praktiken, gegenüber Menschen mit visiblen Behinderungen ›erlaubt‹ zu sein. Wenngleich dies aufgrund des Beispiels nicht verallgemeinerbar ist, so stützt die Befragung von Fries (2005, S. 222 ff) diese Annahme der angenommenen ›Zulässigkeit‹ der Grenzüberschreitungen. Zum anderen ist mit der Frage nach sexuellen Praktiken eine deutliche Diskriminierung verbunden, die Frau Lapper als Beleidigung ihrer Person benennt. Diesbezüglich zeigt die aktuelle repräsentative Studie zur Lebenssituation von Frauen mit Behinderung in Deutschland, dass das Erleben von Diskriminierungen den Alltag der Frauen bestimmt: »Die in der Studie befragten Frauen mit Behinderungen und Beeinträchtigungen haben fast durchgängig (zu 81–99 %) direkte diskriminierende Handlungen durch Personen und Institutionen im Zusammenhang mit ihrer Behinderung erlebt« (Schröttle et al. 2012, S. 34). In Bezug auf sexuelle Entwicklung können diese Abwertungsprozesse erschwerend auf die Ausbildung einer selbstbestimmten und subjektiv befriedigenden Sexualität wirken.

Sexuelle Entwicklung von Kindern und Jugendlichen benötigt eine begleitende Sexualerziehung. Diese ist in Deutschland als gemeinsame Aufgabe von Elternhaus und Schule gesetzlich verankert (vgl. Ortland 2005). Die Lehrkräfte brauchen dazu u. a. kommunikative Kompetenzen im Bereich der Sexualität und die persönliche Fähigkeit, das Sprach- und Kommunikationstabu in diesem (erlaubten) schulischen Rahmen zu brechen. Sie bewegen sich damit in einem Spannungsfeld von auf der einen Seite notwendiger, gesellschaftlich erwünschter und institutionell verankerter sexualerzieherischer Thematisierung tabuisierter Themen bei auf der anderen Seite erforderlichem Einhalten von Grenzen zur Wahrung der Intimsphäre und Schamgrenzen aller Beteiligten. Auch das Erlernen von Scham und Intimität und den damit verbundenen sozialen Regeln gehört zur Sexualerziehung. Gründer und Stemmer-Lück (2013) beschreiben, dass es bei einem Tabubruch immer zu Gefühlen von »Peinlichkeit, Scham und Schuld wie auch Abscheu und Ekel kommt« (ebd., 18). So sind die professionell Agierenden in sexualpädagogischen und -andragogischen Zusammenhängen herausgefordert, durch entsprechende Reflexionsprozesse einen jeweils für alle Beteiligten passenden Weg zu finden, bei dem diese individuellen Gefühle wahrgenommen und respektiert werden und gleichzeitig angemessene und förderliche Begleitung realisiert werden kann. Weiterhin erfordert sexualpädagogisches Handeln mit Menschen mit Behinderung auch die Berücksichtigung behinderungsspezifischer Themen (z. B. Partnerfindung trotz Behinderung, die eigenen Möglichkeiten, Kinder zu bekommen und zu erziehen, Möglichkeiten unterstützter Sexualität). Diese werden in einer Befragung von

Lehrkräften an der Förderschule mit dem Förderschwerpunkt körperliche/motorische Entwicklung (FkmE) durchweg als brisante Themen (›heiße Eisen‹) bewertet (vgl. Ortland, 2005, S. 152). Es kann vermutet werden, dass dies den geforderten ›Tabubruch‹ im Anforderungsniveau noch potenziert.

Die tägliche Assistenz bei Menschen mit hohem Unterstützungsbedarf ist mit Herausforderungen verbunden, die von den begleitenden Personen eine intensivere Reflexion und Auseinandersetzung mit dem Thema sexuelle Selbstbestimmung erfordert. So berichtet z. B. die junge, schwer körperbehinderte Ronja, die in der Studie von Schabert (2008) interviewt wurde, von ihrem Wunsch, im Genitalbereich rasiert zu werden: »Meinen Sie (…), ich hab das einmal hingekriegt, das zu jemand zu sagen? Das ist ein Ding, das ist ein Ding der Unmöglichkeit (…), weil ich schon so oft mitgekriegt hab, dass die sagen: ›Nein, das mach ich nicht! Des ist ja schmutzig, richtig schmutzig.‹ Und dann möchte ich Ihnen mal was sagen. Dann haben wir eine Sportlehrerin und die duscht mit uns, und nach dem Duschen nimmt sie sich die Rasierklinge und rasiert sich die Haare weg. Und bei uns ist das ›wä – das mach ich nicht, das tu ich nicht. Pfui Teufel, was verlangst du da von mir!‹« (ebd., 127). Ronja ist bei dem Wunsch zur Gestaltung ihres Körpers aufgrund der Schwere ihrer motorischen Beeinträchtigung auf die fremde Hilfe angewiesen. Sexuelle Selbstbestimmung ist ihr in diesem Bereich nur möglich, wenn Mitarbeitende über ihre eigenen Schamgrenzen und subjektiv empfundenen Ekelgefühle hinweggehen und für sich diesen Tabubruch vollziehen.

Die Tabuierung von Sexualität hat bei allen Menschen ihre Berechtigung, wenn dies zum Schutz der Intimitäts- und Schamgrenzen und der sexuellen Selbstbestimmung aller Beteiligten realisiert wird. Die Tabuierung hat jedoch individuell negative Konsequenzen, wenn dadurch der individuelle Zugang zu der eigenen Entwicklungsressource der selbstbestimmten Sexualität verhindert wird. In der Sexualerziehung von Kindern und Jugendlichen mit und ohne Behinderung sind Tabubrüche, im Sinne des Aufhebens von Kommunikationsverboten, in vertretbarem Maße angezeigt und nötig, um die für sie relevanten Lernprozesse zu ermöglichen und erzieherisch zu begleiten. Sozial angemessene Kommunikation über Sexualität sowie gesellschaftlich angemessenes sexuelles Verhalten sollen erlernt werden. Hier hat sich gezeigt, dass Mythen über die (A-)Sexualität von Menschen mit Behinderung eine konstruktive und angemessene Begleitung erschweren oder sogar verhindern. Im Bereich der alltäglichen Begleitung von Menschen mit hohem Unterstützungsbedarf werden Mitarbeitende mit dem Wunsch nach Tabubrüchen konfrontiert. Pflegehandlungen erfordern Eingriffe in die Intimsphäre des anderen und erschweren die Ausbildung von Scham und Intimität (vgl. Ortland, 2007). Hier liegt die Herausforderung in dem Spannungsfeld von auf der einen Seite dem Recht auf sexuelle Selbstbestimmung der Menschen mit Behinderung und auf der anderen Seite dem Recht auf Schutz der eigenen Intimität und der eigenen sexuellen Selbstbestimmung der Mitarbeitenden.

1.2 Sexuelle Entwicklung bei Kindern und Jugendlichen mit Behinderung

Der Abbau von Mythen und Vorurteilen bzgl. der Sexualität von Menschen mit Behinderung (Mattke 2004; Walter 2013) kann über Wissensvermittlung im Bereich der sexuellen Entwicklung bei Menschen mit Behinderungen erreicht werden. Dies soll im Folgenden überblickshaft geschehen. Grundlegende Ausführungen zur sexuellen Entwicklung in Verbindung mit möglichen Besonderheiten bei Menschen mit Behinderung sind an anderen Stellen bereits ausführlich erfolgt (Ortland, 2008, 2011) und mit entsprechenden didaktisch-methodischen Vorschlägen versehen (Ortland, 2006, 2009).

Den folgenden Erörterungen liegt ein breites Verständnis von Sexualität zugrunde, das eine Eingrenzung auf genitale Sexualität ablehnt und fließende Grenzen zu sozialem Verhalten aufweist. Sexualität ist deutlich mehr als Geschlechtsverkehr. Die eigene Körperlichkeit zu erleben, sich als Mann oder Frau zu fühlen, sich als schön empfinden, das Erleben von Zärtlichkeit, Liebkosungen oder Selbstbefriedigung gehören u. a. wie auch analer, oraler oder genitaler Geschlechtsverkehr zur Sexualität. Jeder Mensch, unabhängig von seinen/ihren körperlichen oder kognitiven Voraussetzungen hat Sexualität, und diese umfasst den ganzen Menschen in seinem Erleben. Sie ist eine Lebensenergie, deren Aus- und Erleben als beglückend und Kraft gebend empfunden werden kann. Ein Mangel kann bedrücken oder auch zu Aggressionen führen. Alle Menschen haben ihr Leben lang Sexualität. Sie wird gelernt, in höchst unterschiedlicher Intensität ausgelebt und sehr individuell für das eigene Leben als notwendig oder wichtig bewertet. Sie verändert sich im Laufe eines jeden Lebens, ist in einzelnen Lebensphasen subjektiv unterschiedlich bedeutsam und ist in vielen, positiven und negativen, Facetten erfahrbar.

Die Entwicklung von Sexualität ist durch die sexuelle Motivation, die jeweiligen gesellschaftlichen, kulturell geprägten Sexualnormen, das eigene Sexualverhalten sowie die sexuelle Orientierung determiniert (vgl. Kluge, 2013, S. 72). Diese Determinanten können bei Menschen mit Behinderung eine Veränderung erfahren. So kann bzgl. der sexuellen Motivation z. B. die hormonelle Situation durch bestimmte Medikamente (z. B. Antiepileptika) verändert sein. Ebenso können dauerhafte Schmerzen die sexuelle Motivation negativ beeinflussen. In Bezug auf Sexualnormen sind sie mit Mythen oder Vorurteilen konfrontiert, die ihnen Sexualität absprechen, weil sie als ›ewige Kinder‹ infantilisiert werden. Sowohl sexualfeindliche Lebenswelten als auch veränderte eigene Lebensvoraussetzungen können ihre Möglichkeiten im Ausleben der Sexualität einschränken, so dass weniger oder andere Lernerfahrungen in Bezug auf das Sexualverhalten vorliegen. Homosexuelle Orientierungen führen häufig zu einer doppelten (behinderter Mann und schwul) oder dreifachen (Frau, behindert, lesbisch) Diskriminierung.

Die sexuelle Entwicklung kann in der Kindheit und Jugendzeit grob in drei Phasen unterteilt werden, die im Folgenden als Struktur dienen: Im frühen Kindesalter (0–6 Jahre) liegt der Schwerpunkt auf vielfältigen Erfahrungen mit dem eigene Körper und der Erprobung von Sozialkontakten außerhalb der Familie. In der mittleren Kindheit (Schuleintritt bis Beginn der Pubertät) wiederholen sich die Themen der frühen Kindheit in neuer Qualität. Das Jugendalter wird entwicklungspsychologisch unter der Perspektive der Bewältigung von Entwicklungsaufgaben beschrieben (vgl. Fend, 2003). Gerade bei Menschen mit kognitiven Beeinträchtigungen können sich entsprechende Erfahrungen in spätere Lebensalter verschieben.

Frühes Kindesalter

Die sehr frühen Erfahrungen im Leben eines jeden Menschen beeinflussen den Aufbau des Körperbildes und das Bindungsverhalten. Die Körperwärme der Bezugsperson, Liebkosungen, gehalten und getragen werden, ganzkörperlich angenehme Erfahrungen unterstützen ein positives Erleben des eigenen Körpers. Bereits pränatal vorhandene Schädigungen, Frühgeburten oder auch traumatische Erlebnisse für Mutter und Kind durch z. B. lebensbedrohlich verlaufende Geburten können dieses frühe Erleben und den Aufbau von Bindung sehr empfindlich stören (vgl. Kühn & Kalber, 2014). Mit Zunahme ihrer motorischen Möglichkeiten entdecken die Kinder ihren gesamten Körper und so auch die Möglichkeiten zu Selbststimulation im Genitalbereich. Es schließt sich die Fähigkeit zur Beherrschung des Schließmuskels an. Diese Fähigkeiten erlangen Kinder mit Behinderung nicht immer oder deutlich später, so dass sehr grundlegende Erfahrungen von Festhalten und Loslassen oft nicht oder später gemacht werden können. Auch zur Abgrenzung in der Trotzphase und zur Formulierung der vielen Fragen nach dem ›Warum‹ braucht es entsprechende sprachliche und kognitive Möglichkeiten. In einer Kindergruppe üben die Kinder rollenspezifisches Verhalten z. B. durch Vater-Mutter-Kind-Spiele. Enge Freundschaften können sich bilden und somit Beziehungserfahrungen gemacht werden. Die eigenen körperlichen Möglichkeiten in Bezug auf Kraft, Bewegung und Körperbeherrschung werden erprobt, so dass sich das Gefühl für den eigenen Körper weiter entwickeln kann. Doktorspiele dienen zur Erkundung der Unterschiede zwischen dem eigenen und dem anderen Geschlecht und tragen so zur Entwicklung der eigenen Geschlechtsidentität bei. Windeln sind hier oft hinderlich. Ebenso fangen die Kinder an, in sehr unterschiedlicher Ausprägung und abhängig von familiären Schamregeln, Schamgefühl zu entwickeln. Dies ist durch Pflegeabhängigkeit deutlich erschwert.

Mittlere Kindheit

In der mittleren Kindheit wiederholen sich die Themen der frühen Kindheit: Doktorspiele, Selbststimulation, Erfahrungen mit Verliebtsein, Fragen zu Geschlechtsverkehr, Schwangerschaft und Geburt sowie das Einfinden in die Geschlechterrolle als Junge oder Mädchen.

Diese Themen realisieren sich aber nun vor dem Hintergrund einer neuen sozialen Gruppe in der Schule, schulischer Sexualerziehung, neuer Zugang zu Medien, mehr

Freiräumen durch mehr Selbständigkeit und mehr eigenen Kompetenzen. Für Kinder mit Behinderung kann sich das anders darstellen und zwar sowohl in Bezug auf die Möglichkeiten, neue Erfahrungen zu machen, als auch auf die Bewertung der Erfahrungen im Rahmen der (sexuellen) Selbstkonzeptentwicklung. Veränderungen sind jedoch nicht allein vom Grad der Beeinträchtigung der eigenen Kompetenzen abhängig. Auf der personalen Ebene sind z. B. auch die eigene Selbstwertschätzung, die Form der Kontrollüberzeugungen oder die Bewertung der eigenen Behinderung (als Schicksal oder als Herausforderung) bedeutsam. Auf der sozialen Ebene spielen z. B. Verlässlichkeit der Erziehungsbedingungen, der Anregungsgehalt der Umgebung oder die Akzeptanz durch Eltern und Umfeld eine Rolle. Ebenso haben gesellschaftliche-strukturelle Faktoren auf die Entwicklung der Kinder und später Jugendlichen Einfluss (vgl. Leyendecker, 2006, S. 21 f).

Jugendalter

Im Jugendalter stehen alle Jugendlichen vor der Herausforderung der Ausbildung/ Weiterentwicklung der eigenen Identität. Exemplarische Entwicklungsaufgaben sind z. B. nach Fend (2003), den eigenen Körper bewohnen zu lernen, Umgang mit Sexualität zu lernen und Umbau der sozialen Beziehungen.

Für Jugendliche mit Behinderung kann die individuelle Bearbeitung der Entwicklungsaufgaben, die in einem ko-konstruktiven Prozess zwischen ihm/ihr und dem jeweiligen Umfeld (Familie, Schule etc.) in gegenseitiger Einflussnahme realisiert wird (vgl. Fend 2003, 208 f), mit besonderen Herausforderungen verbunden sein. Auf gesellschaftlich-struktureller Ebene erschweren z. B. mangelnde Möglichkeiten der Teilhabe in der Freizeit (BMAS 2013, S. 210) und der Mobilität (ebd., 175) die Möglichkeit, andere Menschen kennen zu lernen, Partner/innen zu finden oder sexuelle Erfahrungen zu machen. Stigmatisierungsprozesse und erlebte Diskriminierungen (Schröttle et al., 2012, S. 34) sowie die Vermeidung von Kontakten durch Menschen ohne Behinderung oder erlebte Kontaktabbrüche können im sozialen Bereich als abwertende Erfahrungen erlebt werden und verunsichern. Dies wird in einem autobiografischen Zitat aus der Jugendzeit des an Muskeldystrophie erkrankten Hans-Joachim Stelzer deutlich: »Kontaktschwierigkeiten kannte ich nicht! Sobald aber meine Kontaktversuche einen sexuellen Unterton erhielten, verklemmte und blockierte ich mich total. Ich fühlte mich schüchtern und irgendwie minderwertig. (...) Es war nicht die Furcht vor der ganz normalen Ablehnung, mit der man immer rechnen musste, wenn man einen Beziehungsversuch startete. (...) Ich fürchtete mich aber vor einer Ablehnung wegen meiner Behinderung. Mein Selbstbewusstsein war damals noch nicht so stark gefestigt, als dass ich souverän mit solch einer behinderungsbedingten Ablehnung umzugehen gewusst hätte« (Stelzer, 2011, S. 118 f). Häufig fehlen Vorbilder oder Gesprächspartner/innen mit Behinderung, mit denen Unsicherheiten, Ängste oder auch erfreuliche, erotische Erfahrungen thematisiert und geteilt werden könnten. Pflegeabhängigkeit kann ebenso das Erleben von Sexualität und auch die Bewertung der eigenen Lebenssituation mit Behinderung verändern. Die Progredienz einer Behinderung und den damit verbundenen Verlust an Selbständigkeit beschreibt Stelzer wiederum sehr eindrücklich: »Mein Status als ›Selbstabwischer‹ (auf der Toilette, B.O.) verabschiedete sich langsam aber kontinuierlich. (…) Dabei spielte es keine Rolle, dass meine weiblichen und männlichen Behindertenassistenten sehr einfühlsam mit dieser Situation umgingen. Mein Behindertsein schlug voll durch, an einer Stelle, wo ich ›seelisch entblößt‹, gefühlsmäßig aufgewühlt war und keine Schutzmechanismen zur Verfügung standen« (ebd., S. 220).

Durch die Behinderung, Pflegeabhängigkeit, erlebte Fremdbestimmung, das Leben in Macht- und Abhängigkeitsverhältnissen sowie oft fehlende oder nur kleine soziale Netzwerke sind die jungen Männer und Frauen besonders gefährdet, Opfer sexueller Gewalt zu werden (vgl. Zemp, 2011). Diese Gefährdung, aber auch die Angst vor ungewollten Schwangerschaften führt häufig zu prophylaktischer Verhütung (vgl. Schröttle et al., 2012, S. 41) und/oder zu einem sehr behütenden Erziehungsverhalten der Begleitpersonen. Dies ist bei Töchtern deutlicher ausgeprägt als bei Söhnen (vgl. Leue-Käding, 2004) und erschwert, sexuelle Erfahrungen zu machen. Sexuelle Erfahrungen sind in Kombination mit angemessener Sexualerziehung wiederum nötig, um zum einen sexuelle Übergriffe als solche erkennen und benennen zu können und zum anderen zu einer subjektiv befriedigenden Sexualität und Sicherheit im sexuellen Verhalten zu gelangen. Es zeigt sich ein Teufelskreis, den es zu durchbrechen gilt.

Abschließend ist bei allen möglichen Veränderungen der sexuellen Erfahrungen in der gesamten sexuellen Entwicklung zu betonen, dass Menschen mit Behinderung keine behinderte Sexualität haben. Häufig werden sie in ihrer individuellen sexuellen Entwicklung durch ihr eher sexualfeindliches Umfeld behindert und erhalten zu wenig förderliche, Mut machende und Freiräume eröffnende Unterstützung. Zum Abschluss sollen deshalb aktuelle, ausgewählte Ergebnisse einer Mitarbeitendenbefragung dargestellt werden, in der die zu Beginn schon benannte Verquickung verschiedener Faktoren deutlich wird (Ortland, 2013). Ebenso wird dargestellt werden, dass sich in institutionellen Zusammenhängen eigene Normen von angemessenen sexuellen Verhalten entwickeln können, welche gesellschaftlichen Normen diametral entgegenstehen.

1.3 Sexuelle Selbstbestimmung in einer Wohneinrichtung

In dieser nicht repräsentativen Erhebung wurden Mitarbeitende aus sechs Wohneinrichtungen der Eingliederungshilfe, in denen vorrangig Erwachsene mit geistiger Behinderung leben, mit einem Fragebogen schriftlich und in anonymisierter Form befragt. Aufgrund der breiten Datenlage (N = 640) geben die Ergebnisse deutliche Hinweise auf die Situation aus der Perspektive der Mitarbeitenden. Folgende Forschungsfragen leiteten die Studie:

- Welche *Erfahrungen* machen die Mitarbeitenden im Bereich »sexuelle Selbstbestimmung« mit den Bewohner(innen)? Wie *bewerten* sie diese Erfahrungen?
- Welche *Veränderungsnotwendigkeiten und -möglichkeiten* sehen die Mitarbeitenden in diesem Bereich?
- Welche *Unterstützung* benötigen Sie zur Realisierung von Veränderungen?

Erfahrungen der Mitarbeitenden und deren Bewertung

Zur Erfassung der sexuellen Verhaltensweisen, mit denen die Mitarbeitenden (MA) in ihrem Arbeitsalltag in den Wohngruppen konfrontiert werden, erhielten sie eine umfangreiche Itemliste (124 Items), auf der sie ankreuzen sollten, welche sexuellen Verhaltensweisen sie bei den männlichen oder weiblichen Bewohner/innen oder bei Bewohner-Paaren wahrnehmen. Dazu wurde drei Situationen unterschieden: Bewohner/in (bzw. Bewohner-Paare) alleine/fühlen sich unbeobachtet, Bewohner/in (bzw. Bewohner-Paare) in Situation mit Mitbewohner/innen oder Bewohner/in (bzw. Bewohner-Paare) in Situation mit Mitarbeitender/m.

Als ein zentrales Ergebnis der Befragung kann festgehalten werden, dass die Befragten mit einer Vielzahl von sexuellen Verhaltensweisen der Bewohner/innen in ihrem Arbeitsalltag konfrontiert werden: Homo- und heterosexuelles Verhalten, vielfältige Formen von Selbststimulation, umarmen/küssen/anfassen an Brust oder im Genitalbereich von Mitbewohner/innen oder Mitarbeitenden, Pornografiekonsum, analer, oraler oder genitaler Geschlechtsverkehr, Transsexualität, Schmieren mit Kot oder Menstruationsblut, Frage nach sexuellen Hilfsmitteln oder Unterstützung beim Geschlechtsverkehr und vieles mehr. Eine Prüfung der Ergebnisse in Bezug auf das Geschlecht der befragten Mitarbeitenden ergab keine signifikanten Unterschiede.

Von besonderem Interesse in Bezug auf die anfangs aufgeworfene Diskussion um Tabuierung der Sexualität bei Menschen mit Behinderung erscheinen hier die Ergebnisse in Bezug auf die sexuellen Verhaltensweisen, in die die Mitarbeitenden direkt von den Bewohner/innen involviert werden. In Abbildung 1 werden Verhaltensweisen, die mindestens jeder 10. Befragte erlebt hat, dargestellt.

Es wird deutlich, dass viele der Befragten sexuelle Verhaltensweisen der Bewohner/innen erleben, in die sie direkt involviert werden (z. B. umarmen, küssen, nach Freund/in gefragt werden), sie Beobachter/in intimer Handlungen sind (Selbstbefriedigung im Beisein der MA) oder direkt zum Objekt der Sexualität der Bewohner/innen werden (Wunsch nach Liebesbeziehung zu MA, sexuelle Erregung durch Anwesenheit der MA).

A Theorie und Forschung

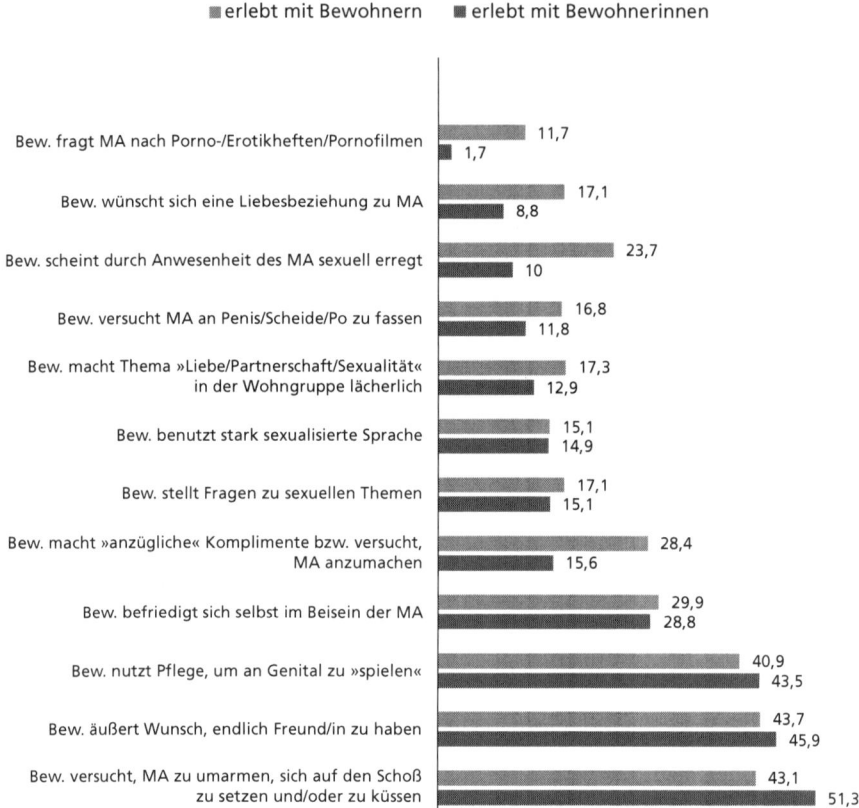

Abb. 1: Prozentualer Anteil der gültigen Nennungen bei »häufig« und »manchmal« auf die Frage »Welche der folgenden sexuellen Verhaltensweisen der Bewohner/innen begegnen Ihnen bei Ihrer Arbeit in der Wohneinrichtung (Items zu Bew. in Situation mit MA)?« aufsteigend sortiert nach den meisten gezeigten Verhaltensweisen der Bewohnerinnen

Die Befragten wurden weiterhin gebeten zu markieren, welche der von den Bewohner/innen gezeigten sexuellen Verhaltensweisen sie als störend im Gruppenalltag erleben. Diese Ergebnisse sind in Abbildung 2 dargestellt. Hier ist zu beachten, dass die Grundgesamtheit der Befragten bei den einzelnen Items jeweils unterschiedlich ist, da es sich nur um diejenigen handelt, die das Verhalten im Arbeitsalltag wahrnehmen. Es handelt sich also um die jeweilige Teilgruppe, die aus Abbildung 1 abzulesen ist. Beispiel: Von den insgesamt Befragten erleben 51,3 %, dass Bewohnerinnen sie versuchen zu umarmen, zu küssen oder bei ihnen auf den Schoß zu setzen. Von diesen stört das 14 %.

1 Sexualität bei Menschen mit Behinderung – immer noch ein Tabuthema?

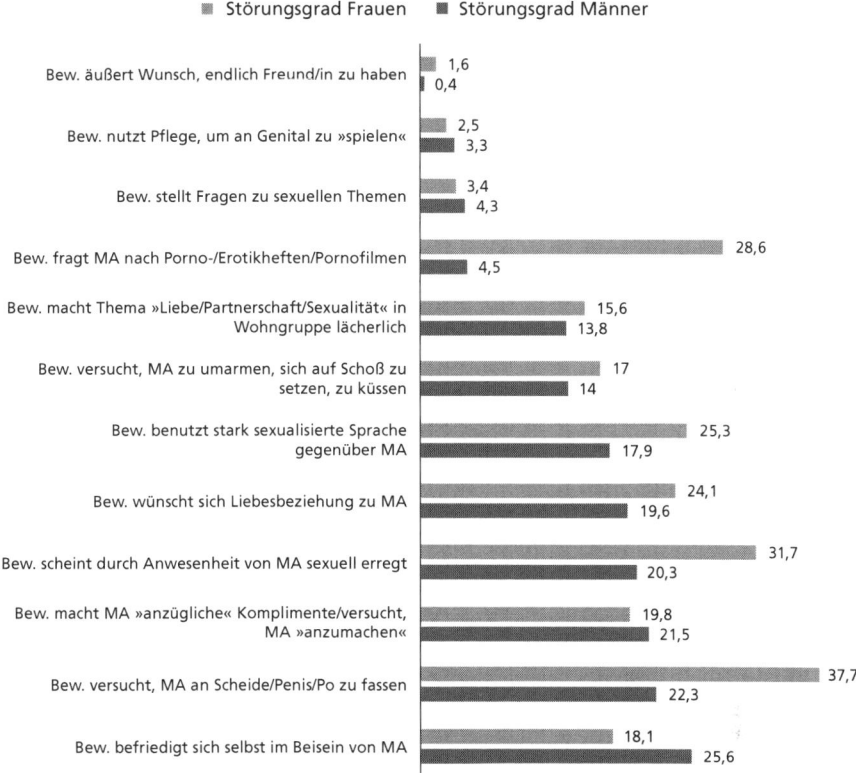

Abb. 2: Prozentualer Anteil der gültigen Nennungen auf die Aufforderung »Kreisen Sie bitte die Verhaltensweisen ein, die Sie im gruppenalltag für Einzelne oder alle Beteiligten als besonders störend bzw. hinderlicher leben«.

Es fällt bei den Ergebnissen der vorliegenden Studie auf, dass die Bewertung der verschiedenen sexuellen Verhaltensweisen der Bewohner/innen als störend/hinderlich im Gruppenalltag eher geringe Störungswerte erhält. Ein Vergleich mit den Ergebnissen der Lehrkräftebefragung an Förderschulen mit dem Förderschwerpunkt körperliche/motorische Entwicklung (FkmE) (Ortland, 2005) erhärtet diesen Eindruck.

Die Lehrkräfte sollten ebenfalls gezeigtes sexuelles Verhalten der Schüler/innen und die durch die Lehrkräfte empfundene Störung bewerten (vgl. Ortland, 2005, 107 ff). Die Verhaltensweisen, die als am meisten störend empfunden wurden, beziehen sich auf Eingriffe in die Intimsphäre der Mitschüler/innen oder Lehrkräfte selbst. Dieser inhaltliche Zusammenhang ist vergleichbar mit den Ergebnissen der befragten Mitarbeitenden in den Wohneinrichtungen. Hier konnte folgender Zusammenhang festgestellt werden: Je invasiver ein Verhalten ist und in die Intimsphäre der Mitbewohner/innen oder Mitarbeitenden eingreift, umso mehr der Befragten bewerten das Verhalten als störend im Gruppenalltag.

Allerdings unterscheidet sich die Anzahl der Lehrkräfte, die Verhaltensweisen der Schüler/innen als störend erleben, erheblich von der Anzahl der Mitarbeitenden, die Verhalten der Bewohner/innen als störend bewertet. Z.B. wird selbststimulierenden Verhalten in der Pflege von Schüler/innen von 85,4 % der befragten Lehrkräfte als störend bewertet. Von den befragten Mitarbeitenden aus Wohneinrichtungen, die dieses Verhalten erleben, bewerten es 3,3 % bei Bewohnern und 2,5 % bei Bewohnerinnen als störend. In Pflegesituationen wird selbststimulierendes Verhalten der Kinder/Jugendlichen mit Behinderung durch die Lehrkräfte also 25-fach als störender bewertet als bei den Erwachsenen mit Behinderung durch die Befragten. Die Eingriffe in die Intimsphäre der befragten Erwachsenen durch die Kinder/Jugendlichen bzw. Erwachsenen mit Behinderung werden durchschnittlich im schulischen Kontext als 3–4 Mal störender bewertet als im Wohngruppenkontext. Diese Unterschiede sind gravierend.

Es drängt sich die Frage auf, ob Mitarbeitende im Wohnkontext toleranter sind als Lehrkräfte an Förderschulen FkmE oder ob in Wohneinrichtungen andere Normen bzw. Tabus in Bezug auf sexuelle Verhaltensweisen der Menschen mit Behinderung gelten? Weder die Berücksichtigung der Unterschiedlichkeit des Kontextes noch mögliche Überlegungen zu sozialer Erwünschtheit der Antworten der befragten Mitarbeitenden sind m.E. ausreichend, um diesen großen Unterschied, gerade im Kontext Pflege, zu erklären.

Ein möglicher Erklärungsansatz für das geringe Störungsempfinden könnte darin liegen, dass die Mitarbeitenden die erwachsenen Bewohner/innen in ihren sexuellen Verhaltensweisen nicht ernst genug nehmen, d. h. sie zu wenig als Erwachsene anerkennen, deren sexuelle Verhaltensweisen stören, Schamgefühle hervorrufen und nicht im öffentlichen Kontext der Wohngruppe toleriert werden. Diese Annahme lässt sich durch die starke Dominanz behinderungsbedingter Erklärungsmodelle für die sexuellen Verhaltensweisen der Bewohner/innen stützen. Die Befragung erbrachte diesbezüglich das Ergebnis (vgl. Ortland, 2013, S. 85 ff.), dass die Bewohner/innen von den Mitarbeitenden vorrangig als ›Behinderte‹ gesehen werden, die sich nicht anders verhalten können als sie es tun. So erhielt z. B. das Item »Bewohner/innen haben durch Behinderung kein Verständnis von eigener Sexualität und angemessenen Verhaltensweisen« von 90,6 % der Befragten Zustimmung. 90 % der Befragten stimmten der Aussage »Bewohner/innen haben durch Behinderung kein Verständnis von Privat-/Intimsphäre« zu. Den Bewohner/innen werden somit – pointiert formuliert – als »Behinderten ohne Entwicklungspotential im Bereich Sexualität« Veränderungsmöglichkeiten aus sich heraus weitestgehend abgesprochen. Die damit verbundene Abwertung der Bewohner/innen als ›handlungsunfähig‹ in Bezug auf ihre sexuellen Verhaltensweisen ermöglicht es scheinbar vielen der Befragten, die Verhaltensweisen als nicht störend zu erleben. Dies wäre ein mögliches Erklärungsmodell.

Schaut man sich die Auswertung der Frage nach den angenommenen Gründen für die genannten vielfältigen sexuellen Verhaltensweisen der Bewohner/innen in der Gesamtschau an, so ergibt sich ein eher diffuses Bild: strukturelle und behinderungsbedingte Erklärungsmodelle haben in gleicher Intensität bei den Befragten

– trotz ihrer Widersprüchlichkeit – nebeneinander Bestand. So bekamen folgende Aussagen die angegebene Zustimmung der befragten Mitarbeitenden:

- »Bewohner/innen haben in der Einrichtung kaum Möglichkeit, Partner/in zu finden«: 89,9 %,
- »Bewohner/innen haben in Einrichtung keine Möglichkeit, ihre sexuellen Wünsche zu leben«: 84,8 %
- »Viele Mitarbeitende wollen nicht wahrhaben, dass Bewohner/innen Sexualität haben und leben wollen«: 75,9 %
- »Mitarbeitende beachten die Intim-/Privatsphäre in der Wohneinrichtung nicht (z. B. ins Bad kommen, ohne anzuklopfen)«: 64,6 %

Positive Konnotationen von sexuellen Verhaltensweisen finden sich ebenso.

- »Sexuelles Verhalten ist Ausdruck von Freude/Lust an Gefühlen/körperlichem Erleben«: 96,6 %
- »Sexuelles Verhalten als Ausdruck von Wunsch nach Nähe/Zuwendung«: 84,6 %
- »Bewohner/innen erleben sich durch die eigene Sexualität als gleichwertige Erwachsene«: 80,1 %

Trotz der von fast allen Befragten geteilten Annahme, dass die Bewohner/innen aufgrund ihrer Behinderung nicht in der Lage sind, andere sexuelle Verhaltensweisen zu erlernen, werden strukturelle Hindernisse in der Einrichtung sowie inadäquates Verhalten der Mitarbeitenden ebenso deutlich als Gründe für die sexuellen Verhaltensweisen gesehen. Auf der einen Seite wird z. B. den Bewohner/innen abgesprochen, aufgrund ihrer Behinderung ein angemessenes Verständnis von Privatheit und Intimsphäre zu erlernen, und auf der anderen Seite wird als Grund dafür der mangelnde Schutz der Privat- und Intimsphäre durch die Mitarbeitenden gesehen.

Ähnliche Widersprüche beschreiben Jeschke, Wille & Fegert (2006) in ihrer Analyse der Diskurse von Mitarbeitenden in Wohneinrichtungen für Menschen mit geistiger Behinderung. Exemplarisch sollen an dieser Stelle die Ausführungen zur Thematik der Sexualaufklärung aus ihrer Erhebung aufgegriffen werden. Das von Jeschke, Wille & Fegert interviewte Personal gibt als Gründe für nicht stattfindende Aufklärungsgespräche zum einen ungünstige Rahmenbedingungen und unklare Zuständigkeiten an und zum anderen, dass die Bewohner/innen die Aufklärung von sich aus nicht einfordern würden oder sich noch kein geeigneter Zeitpunkt finden ließe. Die Autoren/innen analysieren: »Das Verschweigen der potenziellen eigenen Scheu vor dem Thema und das Anführen nicht beeinflussbarer und legitimierbarer Gründe für die kaum stattfindende Sexualaufklärung im Zusammenhang mit der häufigen Betonung der eigenen Offenheit weist insgesamt darauf hin, dass auch hier die Alltagspraxis zugunsten des Selbstbildes der Mitarbeiterinnen und Mitarbeiter verzerrt wiedergegeben wird. Begründungen, die vom jeweiligen Interviewten nicht zu verantworten sind, entlasten diese bzgl. der Verantwortung für die tägliche Praxis und machen den Widerspruch zwischen der eigenen

Offenheit und der tatsächlich nur rudimentär stattfindenden Aufklärung lebbar« (ebd., 262).

Dieser Argumentationszusammenhang lässt sich m.E. auf die vorliegenden Ergebnisse übertragen: Die Konfrontation mit vielfältigen sexuellen Verhaltensweisen, bei denen die Bewohner/innen zum Teil deutlich in die Intimsphäre der Mitarbeitenden eingreifen und von den Befragten eine große Offenheit gegenüber sehr individuellen Formen sexueller Selbstbestimmung benötigt wird, lassen sich vielleicht nur als Bestandteil der täglichen Arbeit ›ertragen‹, weil sie als behinderungsbedingt verursacht bewertet werden oder ursächlich in von den Mitarbeitenden nicht beeinflussbaren strukturellen Bedingungen liegen. Damit würden die Mitarbeitenden keine explizite Verantwortung dafür tragen, aber auch keine oder nur sehr eingeschränkte Beeinflussungsmöglichkeiten haben. Dies könnte eine Erklärung sein für die geringe Anzahl der Mitarbeitenden, die Verhaltensweisen als störend/hinderlich im Gruppenalltag bewerten oder sich durch sexuelle Verhaltensweisen der Bewohner/innen subjektiv stark belastet fühlen.

Werden sexuelle Phänomene allerdings allein als behinderungsbedingt verursacht gesehen, so entfallen viele Handlungsoptionen. Eine solche Haltung kann negative Effekte haben, wie sie Jeschke, Wille & Fegert (2006, 286) beschreiben: »Die Festschreibung der Defizite schränkt die Betroffenen von vorherein in ihren Entwicklungsmöglichkeiten ein. (…) Die defizitorientierte Perspektive bestätigt sich immer wieder selbst und führt zu den – oft im Kontext einer Legitimation der Praxis – anzutreffenden Tautologien über die (vermeintliche) Bedürfnislosigkeit der Bewohnerinnen und Bewohner, z.B. bzgl. der Sexualaufklärung oder der (vermeintlichen) Unfähigkeit der Betroffenen, z.B. mit Übernachtung von Gästen bzw. mit Kondomen umzugehen« (ebd.).

Fabian (1996) macht in ihrer Analyse bisheriger Untersuchungen zum Zusammenhang zwischen Mitarbeitendeneinstellungen und deren Handlungsweisen gegenüber Menschen mit geistiger Behinderung folgenden Zusammenhang deutlich: »Eine Reihe von Untersuchungen (…) lassen auf einen Zusammenhang zwischen positiven Erwartungen an die Möglichkeiten der Klienten und dem Interaktionsverhalten der Mitarbeiter gegenüber den geistig behinderten Klienten schließen. Mitarbeiter, die den Möglichkeiten der Klienten gegenüber optimistischer eingestellt waren, zeigten häufiger akzeptierende und funktionale Interaktionen, schätzten sich selbst als hilfsbereiter den Klienten gegenüber ein und gestalteten das Umfeld des Klienten weniger restriktiv« (ebd., S. 66). Mit behinderungsbedingten Erklärungsmodellen sind keine positiven Erwartungen an die Klienten verbunden, sondern eher das Gegenteil ist der Fall. Die Befragten mit diesen Einstellungen haben wahrscheinlich keine Veränderungserwartungen an die Klienten. Damit ist wiederum aus der angenommenen Unveränderbarkeit des Verhaltens der Bewohner/innen erklärbar, dass Verhaltensweisen als eher weniger störend bewertet werden und die eigene Belastung als eher gering eingeschätzt wird. Es handelt sich dabei um eine Einschätzung, die dringend durchbrochen werden muss.

1.4 Abschließende Überlegungen

Die Ergebnisse der Befragung zeigen, dass besondere Normen der Sexualität in Wohneinrichtungen für die Bewohner/innen zu herrschen scheinen. Diese werden allerdings bedingt durch die Behinderung oder ungünstige strukturelle Bedingungen erklärt. Es braucht die offene Diskussion über diese oft unausgesprochenen Normen.

Weiterhin wäre es vor diesem Hintergrund m.E. wichtig, die Befragten bzw. die Mitarbeitenden in Wohneinrichtungen zu ermutigen, ihr mögliches Unwohlsein oder auch ihre Ratlosigkeit mit Verhaltensweisen der Bewohner/innen, ihre Verletzungen der eigenen Intimität durch übergriffiges Verhalten der Bewohner/innen, ihren Ekel, wenn sie Kot, Ejakulat oder Menstruationsblut entfernen müssen, und noch vieles mehr zu artikulieren. Vielleicht ist es nötig, ihnen Mut zu machen, sich gestört fühlen zu dürfen, wenn ihnen ein Bewohner in den Schritt packt oder neben ihnen masturbiert. Die Möglichkeit zur Artikulation dieser Gefühle und daraus resultierender Unterstützungsbedarfe wäre ein wichtiger Schritt zur Enttabuierung des Themas Sexualität bei Menschen mit Behinderung.

»Ab und zu werde ich gefragt, woher ich all die Energie nehme und wie ich das alles geschafft habe und noch schaffe. Dann antworte ich: mit viel Unterstützung von Menschen, die keine Probleme mit meiner Behinderung hatten und mir trotzdem etwas zutrauten. Und durch meinen Glauben an mich selbst und meine Hoffnung auf ein gutes Leben, die ich nie aufgegeben habe. Um es mit Beethoven zu sagen: ›Die Hoffnung nährt mich, sie nährt ja die halbe Welt und ich habe sie mein Lebtag zur Nachbarin gehabt, was wäre sonst aus mir geworden.‹ Der alte Herr muss diese Worte für mich geschrieben haben – ganz gewiss, denn Hoffnung war immer mein Motor« (Soyhan, 2012, S. 219).

Literatur

Bundesministerium für Arbeit und Soziales (BMAS) (Hrsg.) (2013): Teilhabebericht der Bundesregierung über die Lebenslagen von Menschen mit Beeinträchtigungen. Bonn.
Duden-online: Tabu (www.duden.de/rechtschreibung/Tabu#Bedeutung2), Zugriff am 11.07.14
Fabian, A.S. (1996): Arbeitszufriedenheit bei Betreuern geistig behinderter Menschen. München. Wien: Profil Verlag.
Fend, H. (2003[3]): Entwicklungspsychologie des Jugendalters. Weinheim, Basel: Leske + Budrich.
Fries, A. (2005): Einstellung und Verhalten gegenüber körperbehinderten Menschen – aus Sicht und im Erleben der Betroffenen. Oberhausen: Athena-Verlag.
Gründer, M. & Stemmer-Lück, M (2013): Sexueller Missbrauch in Familie und Institutionen. Psychodynamik, Intervention und Prävention. Stuttgart: Kohlhammer.
Jeschke, K., Wille, N. & Fegert, M. J. (2006): Die Sicht des Fachpersonals auf sexuelle Selbstbestimmung. In: Fegert, J.M., Jeschke, K., Thomas, H. & Lehmkuhl, U. (2006): Sexuelle Selbstbestimmung und sexuelle Gewalt. Ein Modellprojekt in Wohneinrichtungen für junge Menschen mit geistiger Behinderung (S. 227-294). Weinheim: Juventa.
Kluge, N. (2013): Der Mensch – ein Sexualwesen von Anfang an. In: Schmidt, R.-B. & Sielert, U. (Hrsg.): Handbuch Sexualpädagogik und sexuelle Bildung (2. Auflage) (S. 71-79). Weinheim: Juventa.

Kühn, T. & Kalber, A. (2014): Eltern Frühgeborener – von Anfang an dabei. In: Hebammenforum. Heft 2, 110-115.
Lapper, A. (2005): Autobiografie einer Optimistin. München: Blanvalet.
Lautmann, R. (2008): Gesellschaftliche Normen der Sexualität. In: Schmidt, R.-B. & Sielert, U. (Hrsg.): Handbuch Sexualpädagogik und sexuelle Bildung (S. 209-223). Weinheim: Juventa.
Leue-Käding, S. (2004): Sexualität und Partnerschaft bei Jugendlichen mit einer geistigen Behinderung. Probleme und Möglichkeiten einer Enttabuisierung. Heidelberg: Winter.
Leyendecker, C. (2006): »Normalerweise bin ich nicht behindert?!« Entwicklung des Selbstkonzepts und Coping-Prozesse im Leben mit einer körperlichen Schädigung. In: Ortland, B. (Hrsg.): Die eigene Behinderung im Fokus (S. 12-30). Bad Heilbrunn: Klinkhardt.
Mattke, U. (2004): Das Selbstverständliche ist nicht selbstverständlich. Frage- und Problemstellungen zur Sexualität geistig behinderter Menschen. In: Wüllenweber, E. (Hrsg.): Soziale Probleme von Menschen mit geistiger Behinderung. Fremdbestimmung, Benachteiligung, Ausgrenzung und soziale Abwertung (S. 46-64). Stuttgart: Kohlhammer.
Ortland, B. (2005): Sexualerziehung an der Schule für Körperbehinderte aus Sicht der Lehrerinnen und Lehrer. Bad Heilbrunn: Klinkhardt.
Ortland, B. (2006): Die eigene Behinderung als Thema der Sexualerziehung – ein sexualfreundlicher Zugang. In: Dies. (Hrsg.): Die eigene Behinderung im Fokus (S. 179-201). Bad Heilbrunn: Klinkhardt.
Ortland, B. (2007): Pflegeabhängigkeit und Sexualität. In: Faßbender, K.-J. & Schlüter, M. (Hrsg.): Pflegeabhängigkeit und Körperbehinderung. Theoretische Fundierungen und praktische Erfahrungen (S. 177-196). Bad Heilbrunn: Klinkhardt.
Ortland, B. (2008): Behinderung und Sexualität. Grundlagen einer behinderungsspezifischen Sexualpädagogik. Stuttgart: Kohlhammer.
Ortland, B. (2009) Die eigene Behinderung als Thema in der Sexualerziehung. Unterrichtsbausteine und -materialien. Buxtehude: Persen-Verlag.
Ortland, B. (2011): Verliebt, versorgt, vergessen? Sexualfeindliche Lebenswelten als Hemmnis sexueller Entwicklung und Anlass sexualpädagogischen Handelns. In: Maier-Michalitsch, N. & Grunick, G. (Hrsg.): Leben pur – Liebe, Nähe, Sexualität bei Menschen mit schweren und mehrfachen Behinderungen (S. 12-33). Düsseldorf: verlag selbstbestimmtes leben.
Ortland, B. (2013): Sexualpädagogische/-andragogische Konzeptionen für Wohneinrichtungen für Erwachsene mit Behinderung – Erfahrungen, Bedarfe und Unterstützungsnotwendigkeiten aus der Perspektive der Mitarbeitenden. Unveröffentlichter Forschungsbericht. Katholische Hochschule NRW, Abteilung Münster.
Schabert, S. (2008): Versuche selbstbestimmter Lebensführung körperbehinderter Erwachsener. Konsequenzen für eine realitätsnahe Körperbehindertenpädagogik. Hamburg: Verlag Dr. Kovac.
Schröttle, M., Hornberg, C., Glammeier, S., Sellach, B., Kavemann, B., Puhe, H. & Zinsmeister, J. (2012): »Lebenssituation und Belastungen von Frauen mit Behinderungen in Deutschland. Eine repräsentative Studie.« Ein Forschungsprojekt des Interdisziplinären Zentrums für Frauen- und Geschlechterforschung (IFF) der Universität Bielefeld im Auftrag des Bundesministeriums für Familie, Senioren, Frauen und Jugend. Berlin. (Veröffentlichung der Langfassung der Studie und der Kurzfassung im Internet unter: http:// www.uni-bielefeld.de/ IFF/for/zentrale_ergebnisse_kurzfassung.pdf).
Soyhan, Z. (2012): Ungebrochen. Mein abenteuerliches Leben mit der Glasknochenkrankheit. Bielefeld: Patmos-Verlag.
Stelzer, H.-J. (2011): Mut zum Ich – Der sprechende Kopf. Biografische Schlaglichter eines rettungslosen Optimisten. Berlin: Pro BUSINESS GmbH.
Walter, J. (2013): Vorwort. In: Clausen, J. & Herrath, J. (Hrsg): Sexualität leben ohne Behinderung. Das Menschenrecht auf sexuelle Selbstbestimmung (S. 5-6). Stuttgart: Kohlhammer.
Zemp, A. (2011): Prävention von sexueller Gewalt bei Menschen mit Behinderung. In: Maier-Michalitsch, N. & Grunick, G. (Hrsg.): Leben pur – Liebe, Nähe, Sexualität bei Menschen mit schweren und mehrfachen Behinderungen (S. 163-171). Düsseldorf: verlag selbstbestimmtes leben.

2 Lebenssituation und Gewalterfahrungen von Frauen mit sogenannter geistiger Behinderung in Deutschland.
Ausgewählte Aspekte und Ergebnisse einer repräsentativen Studie im Auftrag des BMFSFJ.[1]

Monika Schröttle

2.1 Einleitung

Die in Medien, Politik, sozialer Praxis und Wissenschaft vielbeachtete Studie »Lebenssituation und Belastungen von Frauen mit Beeinträchtigungen und Behinderungen in Deutschland« im Auftrag des BMFSFJ (vgl. Schröttle et al. 2012/2013) war eine der ersten Studien, die mit einem breiten methodischen Zugang Frauen mit unterschiedlichen Behinderungen, sowohl in Einrichtungen als auch in Privathaushalten, repräsentativ befragt hat. Sie zeigte ein gravierendes Ausmaß von Gewalterfahrungen von Frauen mit Behinderungen auf. Diese waren zwei- bis dreimal häufiger als Frauen im Bevölkerungsdurchschnitt unterschiedlichen Formen von Gewalt im Lebensverlauf ausgesetzt und hatten fast durchgängig Erfahrungen mit Diskriminierungen gemacht.

Auch Frauen mit Behinderungen, die in Einrichtungen leben, waren den Ergebnissen nach häufig von Gewalt betroffen. Sie waren außerdem einem hohen Maß an struktureller Benachteiligung ausgesetzt, welche Gewalt befördern und die Suche nach Unterstützung in Gewaltsituationen erschweren kann. Beides ist nicht mit den in der UN-Behindertenrechtskonvention festgeschriebenen Rechten vereinbar.

Da in der politischen und sozialen Praxis ein hoher Bedarf besteht, aus den umfangreichen Daten der repräsentativen Studie weitere differenzierte Kenntnisse über die Ursachen und Risikofaktoren für Gewalt *in stationären Einrichtungen der Behindertenhilfe* zu ziehen, wurde im Rahmen des Forschungsprojektes »Gewalterfahrungen von in Einrichtungen lebenden Frauen mit Behinderungen« (Schröttle & Hornberg 2014) eine vertiefende sekundäranalytische Sonderauswertung der Daten von insgesamt 401 in Einrichtungen lebenden Frauen durchgeführt. Es handelt sich dabei zum einen um 318 Frauen mit Lernschwierigkeiten und kognitiven Beeinträchtigungen, die in Einrichtungen für

---

[1] Der nachfolgende Text wurde gespeist aus einer Zusammenfassung der Ergebnisse einer aktuellen Studie zu Gewalt gegen Frauen in Einrichtungen der Behindertenhilfe im Auftrag des BMFSFJ, die im September/Oktober 2014 veröffentlicht wird.

Menschen mit sogenannten geistigen Behinderungen leben und die in vereinfachter Sprache befragt worden waren. Zum anderen wurden 83 psychisch erkrankte Frauen in stationären Wohneinrichtungen befragt.

Im Rahmen der Studie wurden Auswertungen zur Lebens- und Wohnsituation der in den stationären Einrichtungen lebenden Frauen sowie zu deren Gewalterfahrungen im Lebensverlauf mit einem Fokus auf Risikofaktoren und Barrieren für Schutz und Unterstützung Betroffener durchgeführt. Zudem wurden in Kooperation mit der Fachpraxis Maßnahmenvorschläge für die verbesserte Prävention und Intervention bei Gewalt in Einrichtungen entwickelt.

Der nachfolgende Text bezieht sich vor allem auf die kognitiv beeinträchtigten Frauen, die in Einrichtungen leben. Alle Frauen wurden von spezifisch geschulten Interviewerinnenteams in vereinfachter Sprache befragt (vgl. zur Methodik Schröttle & Hornberg, BMFSFJ 2013).

2.2 Kindheitserfahrungen und aktuelle Lebenssituation kognitiv beeinträchtigter Frauen in Einrichtungen

Die aktuelle Lebenssituation der kognitiv beeinträchtigten Frauen, die in stationären Einrichtungen leben, ist vielfach geprägt durch einen Mangel an Selbstbestimmung und Privatheit sowie einen unzureichenden Schutz der Intimsphäre. So stehen oft keine eigenen Wohnungen zur Verfügung, das Zusammenleben wird in (größeren) Wohngruppen organisiert, Bad- und Toilettenräume sind nicht abschließbar und der Alltag sowie die Lebensgestaltung werden durch Einrichtungsroutinen bestimmt und reglementiert. Vielen Frauen fehlen nach eigenen Angaben Rückzugsmöglichkeiten wie auch enge, vertrauensvolle Beziehungen; insgesamt ist die Möglichkeit, Sexualität, Paar- und Familienbeziehungen zu leben, in den Einrichtungen strukturell erheblich eingeschränkt oder gar nicht erst vorgesehen. Zudem verfügen kognitiv beeinträchtigte Frauen in Einrichtungen zumeist nur über geringe finanzielle, Bildungs- und berufliche Ressourcen. Wenn sie erwerbstätig sind, arbeiten sie zumeist in Werkstätten für Menschen mit Behinderungen, mit geringer Entlohnung und vielfach keiner ausreichenden Information und wenig Verfügungsmacht über die eigenen Finanzen. Auch hierdurch werden die Optionen für alternative, selbstbestimmte Lebensentwürfe außerhalb des stationären institutionellen Kontextes stark begrenzt.

Da die Behinderungen bei kognitiv beeinträchtigten Frauen überwiegend bereits seit Geburt oder Kindheit bestehen, sind viele an Betreuung und Unterstützung durch Dritte und in Institutionen gewöhnt; ein selbständiges und eigenverantwortliches Leben zu führen, eigene Entscheidungen zu treffen, anderen gegenüber Grenzen zu setzen, wurde von vielen nicht gelernt. Subjektiv werden die vorhandenen Beeinträchtigungen und Begrenzungen jedoch vielfach als weniger belastend wahrgenommen als von Frauen, deren Behinderung(en) erst im Lebensverlauf eingetreten war(en). Die Lebenszufriedenheit der kognitiv beeinträchtigten Frauen in Einrichtungen ist relativ hoch, was aber vor dem Hintergrund oft fehlender alternativer Erfahrungen und Möglichkeiten durchaus auch kritisch gesehen werden kann.

Bei den befragten kognitiv beeinträchtigten Frauen finden sich Hinweise auf erhöhte Belastungen und Risiken in Kindheit und Jugend: viele sind nicht bei beiden Elternteilen aufgewachsen und der Anteil der in Heimen oder bei Pflegepersonen ganz/teilweise Untergebrachten ist hoch; auch lässt sich gegenüber dem Bevölkerungsdurchschnitt eine deutlich erhöhte Betroffenheit durch sexuellen Missbrauch in Kindheit und Jugend feststellen. Dennoch liegen aber gerade im Vergleich mit den psychisch beeinträchtigten Frauen in Einrichtungen bei der Mehrheit der kognitiv beeinträchtigten Frauen keine hoch belasteten Kindheiten vor.

2.3 Gewaltbetroffenheit(en) und Gewaltkontexte

Nach den Ergebnissen der Studie waren die kognitiv beeinträchtigten Frauen im Erwachsenenleben in deutlich höherem Maße von psychischer, körperlicher und sexueller Gewalt betroffen als Frauen im Bevölkerungsdurchschnitt. Sie waren in ihrem Erwachsenenleben mehrheitlich von Gewalt betroffen. Mehr als zwei Drittel der Befragten (68 %) gaben an, seit dem 16. Lebensjahr psychische Gewalt oder psychisch verletzende Handlungen erlebt zu haben, über die Hälfte (52-58 %)[2] waren von körperlichen Übergriffen betroffen und gut jede Fünfte (21 %) berichtete erzwungene sexuelle Gewalthandlungen. Von sexueller Belästigung waren fast 40 % betroffen. Auffällig hoch ist der Anteil der kognitiv beeinträchtigten Frauen, die zu Fragen nach sexueller Gewalt und sexueller Belästigung keine Angaben gemacht haben (11-23 %), was auf Scham und Angst, Gewalt zu berichten, hindeuten kann und damit auf ein erhöhtes Dunkelfeld und eine mögliche Untererfassung sexueller Gewalt bei dieser Zielgruppe verweist.

Kognitiv beeinträchtigte Frauen hatten Gewalt häufig durch Partner und Familienangehörige erlebt, nicht selten aber auch durch Personen in den Wohnheimen und Werkstätten für Menschen mit Behinderungen. Es handelte sich hier häufig um Mitbewohner und Mitbewohnerinnen sowie andere Menschen mit Behinderungen in Arbeitskontexten. Diese zentralen Täter-Opfer-Kontexte (Fa-

---

2   58 % gaben körperliche Gewalt an; bei 52 % war diese nach Angaben der Betroffenen eindeutig im Erwachsenenleben aufgetreten.

milie, Partnerschaft und Nutzer/innen der Einrichtungen) werden in der Präventionsarbeit in Einrichtungen immer noch zu wenig berücksichtigt.

Tab. 1: Gewaltbetroffenheit kognitiv beeinträchtigter Frauen in Einrichtungen im Erwachsenenleben (Quelle: Schröttle & Hornberg 2014, S. 65)

Basis: Alle befragten Frauen, Mehrfachnennungen	Kognitiv beeinträchtigte Frauen/vereinf. Sprache N=318 (%)
Psychische Gewalt	68
Körperliche Gewalt	58 (52 eindeutig erst im Erwachsenenleben) [1]
Sexuelle Gewalt/erzwungene sexuelle Handlungen	21 [2]
Sexuelle Belästigung	39 [2]

[1] Die Differenz ergibt sich daraus, dass in der Einstiegsfrage eine zusätzliche Frage gestellt wurde, ob dies war, als die Befragte schon erwachsen war. Bei Unsicherheit oder Schwierigkeit der zeitlichen Zuordnung wurden die Angaben herausgerechnet.
[2] 11–23 % keine Angabe.

Neben der manifesten Gewalt spielt auch latente Gewalt in Form von Ängsten, Bedrohungs- und Unsicherheitsgefühlen eine Rolle. Kognitiv beeinträchtigte Frauen äußerten hierzu häufig Unsicherheitsgefühle und Ängste in Bezug auf fremde und kaum bekannte Personen im öffentlichen Raum. Darüber hinaus benennt aber jede sechste bis siebte in einer Einrichtung lebende Frau Ängste und Unsicherheitsgefühle, die sich auf potentielle Gewalt durch Personen in der Einrichtung beziehen – insbesondere durch andere Mitbewohner/innen, aber auch durch Personal. Das Leben in den Einrichtungen scheint von einem relevanten Teil der Frauen als bedrohlich und unzureichend sicher oder geschützt wahrgenommen zu werden.

In der folgenden Tabelle lässt sich erkennen, dass für einen relevanten Teil der in Einrichtungen lebenden kognitiv beeinträchtigten Frauen eine Privat- und Intimsphäre kaum möglich ist. Insbesondere das Fehlen abschließbarer Zimmer, Wasch- und Toilettenräume sowie die eingeschränkte Möglichkeit, selbst bestimmen zu können, mit wem die Frau zusammenlebt, schränken deren Selbstbestimmung und die Wahrung von (Körper-)Grenzen erheblich ein.

Tab. 2: Wohnsituation (Quelle: Schröttle & Hornberg 2014, S. 50)

Basis: Alle befragten Frauen, die Folgefragen zur Wohnsituation beantwortet haben. Mehrfachnennung	
	Kognitiv beeinträchtigte Frauen/vereinf. Sprache N=302 (%)
Zimmer für sich allein	80
abschließbares Zimmer	77
abschließbare Toilettenräume	62
abschließbares Waschräume	60
Wohnbereich nur für Frauen	16 (+8 teilweise)
Möglichkeit, zu entscheiden, mit wem zusammenzuwohnen	39 (+9 teilweise)
Möglichkeit, sich in Wohnung barrierefrei zu bewegen	89 (+2 teilweise)
Möglichkeit, sich in Wohngegend barrierefrei zu bewegen	85 (+3 teilweise)

2.4 Risikofaktoren für Gewalt

Im Rahmen der Risikofaktorenanalyse konnten spezifische Ursachenzusammenhänge und gewaltbegünstigende Faktoren für Gewalt gegen Frauen mit Behinderungen in Einrichtungen gefunden werden.

- So wurde sichtbar, dass spezifische *Formen und Ausprägungen von Behinderungen* mit einer erhöhten Vulnerabilität einhergehen können, Opfer von Gewalt zu werden, weil sie mit einer eingeschränkten Wehrhaftigkeit und/oder spezifisch gefährdenden Lebens- und Abhängigkeitssituationen und/oder spezifischen Reaktionen der Umwelt einhergehen. Besonders gefährdet sind der Untersuchung nach und in Übereinstimmung mit bisherigen wissenschaftlichen Erkenntnissen neben Frauen mit psychischen Erkrankungen auch kognitiv beeinträchtigte Frauen, außerdem Frauen mit schweren Körper- und Mehrfachbehinderungen sowie Frauen mit erheblichen Hör-, Sprech- und Sehbeeinträchtigungen. Darüber hinaus spielen mit der Behinderung einhergehende Abhängigkeitsverhältnisse eine Rolle. Frauen, die in erhöhtem Maße im tägli-

chen Leben auf Unterstützung angewiesen sind, tragen ein erhöhtes Risiko, Opfer von Gewalt zu werden.
- Das Risiko, *Opfer von Gewalt in einer stationären Einrichtung* zu werden, ist für kognitiv beeinträchtigte Frauen höher als für andere Frauen mit Behinderungen in Einrichtungen.
- *Schädigende und beeinträchtigende (auch gewaltsame) Kindheitserfahrungen* sind, wie alle bisherigen Studien aufzeigen und wie auch die aktuelle Auswertung bestätigt, ein zentraler Risikofaktor für Gewalt im Erwachsenenleben. Auch die in Einrichtungen lebenden Frauen mit Behinderungen waren dann am häufigsten von Gewalt im Erwachsenenleben betroffen, wenn sie bereits in Kindheit und Jugend Opfer von körperlicher, sexueller und/oder psychischer Gewalt geworden waren. Darüber hinaus konnten biographische Brüche in Kindheit und Jugend, das Aufwachsen bei nur einem Elternteil sowie die frühe Unterbringung in Einrichtungen das Risiko für Gewalt im Lebensverlauf erhöhen. Hinzu kommt das Problem der unzureichenden Förderung und Schwächung des Selbstbewusstseins im Rahmen der Sozialisation der Frauen, welches ebenfalls mit einer erhöhten Betroffenheit durch Gewalt und einer verminderten Wehrhaftigkeit einhergehen kann. Insbesondere kognitiv beeinträchtigte Frauen waren dann seltener von Gewalt im Erwachsenenleben betroffen, wenn die Eltern als zugewandt, wertschätzend und liebevoll beschrieben wurden. Die Ergebnisse verweisen darauf, dass der Schutz und die Förderung von kognitiv beeinträchtigten Kindern, aber auch die Unterstützung von Eltern behinderter Kinder maßgebliche Ansatzpunkte für eine wirkungsvolle Gewaltprävention sein können.
- *Geringe berufliche, ökonomische, soziale und psychosoziale Ressourcen*: Der Zusammenhang von *Bildung, sozio-ökonomischen Ressourcen* und *Gewalt* konnte für die Untersuchungsgruppen der Frauen mit Behinderungen in Einrichtungen nicht statistisch nachgewiesen werden, da zu wenige Frauen der Untersuchungsgruppe in diesem Bereich über entsprechende Ressourcen verfügen. Auch bestehen in der internationalen Forschung dazu widersprüchliche Einschätzungen. Da aber Frauen mit Behinderungen in Einrichtungen sehr häufig geringe Bildungs-, berufliche und ökonomische Ressourcen haben, ist davon auszugehen, dass dies ihre Chancen, sich gegen Gewalt erfolgreich zur Wehr zu setzen und aus Gewaltverhältnissen zu lösen, deutlich erschwert. In Bezug auf *soziale Ressourcen* konnte die Studie feststellen, dass Frauen in Einrichtungen, die enge, vertrauensvolle Beziehungen haben (was in dieser Population vergleichsweise selten der Fall ist), weniger häufig Opfer von Gewalt wurden. Sofern diese dennoch Gewalt erlebt hatten, konnte sie eher institutionell aufgedeckt und polizeilich bekannt werden; auch suchten diese Frauen mehr als andere im Gewaltfall Unterstützung durch Dritte. Insofern stellt das Vorhandensein enger sozialer Beziehungen einen protektiven Faktor im Hinblick auf Gewalt und Gewaltfolgen dar. Weitere protektive Faktoren sind *psychische und psycho-soziale Ressourcen*: Frauen, die, auch aufgrund günstigerer Sozialisationsbedingungen und stärkender sozialer Umfelder, höhere Chancen haben, Selbstbewusstsein und Selbstwertgefühl zu entwickeln, sind seltener von Gewalt betroffen, können sich besser gegen diese zur Wehr setzen und im Gewaltfall eher Unterstützung finden. Demgegenüber haben Frauen, die sich unzureichend

ernstgenommen und weniger respektvoll behandelt fühlen, deutlich häufiger Gewalt erlebt. Dies verweist auf die hohe Bedeutung gerade auch von sozialen und psychosozialen Ressourcen und ihrer Stärkung für die Gewaltprävention.
- *Lebensbedingungen in stationären Einrichtungen*: Zwar sind Frauen mit Behinderungen, die in stationären Einrichtungen der Behindertenhilfe leben, nicht generell häufiger von Gewalt betroffen als Frauen mit Behinderungen in privaten Haushalten; die Lebenssituation in den Einrichtungen ist aber mit spezifischen Risikokonstellationen verbunden, die insbesondere bei kognitiv beeinträchtigten Frauen die Gefahr, Opfer von Gewalt durch andere Mitbewohner/innen und Personal zu werden, erhöht. Darüber hinaus deuten die in beiden Befragungsgruppen geäußerten Angst- und Bedrohungsgefühle im Hinblick auf Gewalt durch Mitbewohner/innen (eingeschränkt auch durch Personal) auf ein Klima latenter Gewalt hin. *Risikofaktoren* für erhöhte Gefährdungen durch Gewalt in Einrichtungen sind: das Fehlen enger, vertrauensvoller Beziehungen, bestehende Abhängigkeitsverhältnisse sowie das Angewiesensein auf Unterstützung bei der Körperpflege. Allen voran stellt aber das Fehlen einer Kultur des Ernstnehmens, des respektvollen und grenzwahrenden Umgangs sowie des Eingehens auf die Bedürfnisse der Bewohnerinnen und Bewohner einen zentralen Risikofaktor dar.
- *Gesamtgesellschaftliche Rahmenbedingungen und Diskriminierungen* bilden einen maßgeblichen Ursachenzusammenhang, auch für Gewalt gegen Frauen in Einrichtungen. Frauen, die in erhöhtem Maße von Diskriminierungen, Einschränkungen und Bevormundung sowie struktureller Benachteiligung betroffen waren, haben erheblich häufiger Gewalt im Erwachsenenleben, in der Einrichtung und in der aktuellen Lebenssituation erfahren.
- *Das weitgehende Fehlen von (internen und externen) Unterstützungsangeboten* stellt einen weiteren Risikofaktor dar. Die Studienergebnisse verweisen darauf, dass Frauen in Einrichtungen im Falle einer Gewaltbetroffenheit kaum auf wirkungsvolle Schutz- und Unterstützungsangebote zurückgreifen können. Wenn im Gewaltfall von den Betroffenen überhaupt Dritte informiert und eingeschaltet werden, handelt es sich zumeist um Eltern und Betreuungspersonen, die aber oft interne Lösungen präferieren, welche nur bedingt wirkungsvoll sind und keinen nachhaltig Schutz, gerade auch vor Tätern mit Behinderungen in Einrichtungen bieten. Eine selbständige Inanspruchnahme externer Angebote und Institutionen, etwa von Beratungsstellen, Frauenhäusern und Polizei ist insbesondere für kognitiv beeinträchtigte Frauen in Einrichtungen bislang kaum möglich.

2.5 Erforderliche Maßnahmen

Aus der hier nur im Überblick skizzierten Risikofaktorenanalyse lassen sich Ansatzpunkte für eine verbesserte Prävention und Intervention im Hinblick auf Gewalt gegen kognitiv beeinträchtigte Frauen in Einrichtungen ableiten. Erforderliche

Maßnahmen wurden im Rahmen eines *Workshops* mit Praktikerinnen und Praktikern aus der Verbandsarbeit, der Lobbyarbeit für Menschen mit Behinderungen und aus der Arbeit in Einrichtungen entwickelt. Diese beziehen sich im Wesentlichen auf vier Bereiche:

Maßnahmen zur Primärprävention und zum generellen Empowerment

Maßnahmen zur Primärprävention von Gewalt gegen Frauen in Einrichtungen sind erforderlich, die sich zum einen auf den besseren *Schutz* von Kindern mit Behinderungen vor Gewalt und sexuellem Missbrauch beziehen, um Schädigungen und fortgesetzte Gewalt im Lebensverlauf zu verhindern. Zum anderen ist eine spezifische *Förderung und Stärkung* von kognitiv beeinträchtigten Kindern und deren Eltern erforderlich, um dem Risiko von Gewalt im Vorfeld entgegenzuwirken. Darüber hinaus sind generelle Maßnahmen zum Empowerment von Frauen mit Behinderungen sinnvoll, die neben Selbstbehauptungs- und Selbstverteidigungstrainings auf eine Stärkung der (Selbst-) Vertretungsstrukturen und aktiven (politischen) Beteiligung abzielen sollten. Dazu gehört auch die Stärkung der psychischen und psychosozialen sowie ökonomischen und beruflichen Ressourcen von Frauen mit Behinderungen in Einrichtungen, die eine zentrale Basis für ein selbstbestimmtes und gewaltfreies Leben bildet.

Maßnahmen zum verbesserten Schutz und zur Unterstützung und Intervention bei Gewalt in Einrichtungen

Die Analyse der unterschiedlichen Risiken verweist auf die Notwendigkeit *zielgruppenspezifischer* und auf *unterschiedliche Gewaltkontexte* bezogener Präventions- und Interventionskonzepte zum Abbau von Gewalt gegen Frauen in Einrichtungen und zur besseren Unterstützung Betroffener. Mit Blick auf *körperliche und sexuelle Gewalt in Einrichtungen* muss insgesamt ein stärkerer Fokus auf Gewalt durch andere Mitbewohner und Mitbewohnerinnen in Einrichtungen gelegt werden. Hier sind zum Schutz vor Gewalt in Einrichtungen Interventionsstrategien für fremdgefährdende Mitbewohner und Mitbewohnerinnen zu implementieren. Gewaltpräventive Aktivitäten in Bezug auf potentielle Gewalt durch Personal sollten zudem auch psychische und strukturelle Gewalt, grenzverletzende Umgangsweisen sowie Einschränkungen im Selbstbestimmungsrecht der Bewohnerinnen und Bewohner in den Blick nehmen.

Generell ist ein Ausbau qualifizierter interner und externer niedrigschwelliger Unterstützungs- und Beratungsangebote erforderlich, der in Kooperation der Einrichtungen mit bestehenden Angeboten bzw. Institutionen zum Schutz gewaltbetroffener Frauen jeweils vor Ort entwickelt werden muss. Gute Erfahrungen im Bereich der internen Anlaufstellen wurden zum einen mit neutralen zentralen Anlaufstellen innerhalb der Einrichtungen gemacht, in denen bei (Verdacht auf) sexuelle Gewalt Informationen gesammelt und das weitere Vorgehen abgestimmt werden. Zum anderen wurde das Konzept der Frauenbeauftragten in Einrichtungen[3] als erfolgreich und niedrigschwellig für Betroffene eingeschätzt, allerdings nur wenn es in ein umfassendes internes Konzept zur Gewaltprävention in der Einrichtung eingebunden ist. Darüber hinaus sollten Vernetzungen mit externen Beratungsstellen geknüpft und die Begleitung von Frauen zu externen Angeboten im Hilfebedarf festgeschrieben werden. Als sehr positiv und niedrigschwellig haben sich darüber hinaus feste Sprechstunden von Mitarbeiterinnen externer Fachberatungsstellen in den Einrichtungen erwiesen.

Zum Schutz der in Einrichtungen lebenden Menschen sind im Rahmen einrichtungsinterner Leitlinien und Rahmenkonzepte sowie bei der Implementierung im Qualitätsmanagement verbindliche Handlungsabläufe für den Umgang mit Verdachtsfällen auf (sexuelle) Gewalt festzulegen. Diese sind als Leitungsaufgabe zu verankern und in kontinuierlichen Schulungen an die Mitarbeitenden der Einrichtungen zu vermitteln. Nutzer/innen der Einrichtungen sollten konsequent in die Planung und Vorbereitung sowie die Umsetzung entsprechender Qualitätsstandards einbezogen werden. Dafür sind zusätzliche Zeitfenster und Ressourcen einzuplanen. Zudem sollten in den Einrichtungen im Rahmen von Schulungen und systematischem Qualitätsmanagement folgende Themenbereiche reflektiert werden: der Umgang mit Nähe und Distanz sowie Grenzüberschreitungen im Einrichtungsalltag, das Recht der Nutzer/innen auf Selbstbestimmung in allen sie betreffenden Angelegenheiten, sexuelle Aufklärung und Selbstbestimmung, der Zusammenhang von Macht und Gewalt in Einrichtungen, der Umgang mit gewalttätigen bzw. fremdgefährdenden Nutzer/innen sowie die Reflexion und Veränderung struktureller Rahmenbedingungen, die die Selbstbestimmung beeinträchtigen, Gewalt fördern und den Rechten von Menschen mit Behinderungen, wie sie auch in der UN-Behindertenrechtskonvention festgeschrieben sind, entgegenstehen. In der Studie ist deutlich geworden, dass Fragen des konkreten respektvollen Umgangs in Alltagssituationen, des Ernstnehmens, der Achtung von Bedürfnissen und der Aufmerksamkeit und Wahrung von Grenzen in Bezug auf die Privat- und Intimsphäre der Nutzer/innen zentral sind für eine wirksame Gewaltprävention in Einrichtungen. Diese Aspekte sollten systematische Beachtung in Alltag und Organisation der Einrichtungen finden.

Rechtliche, politische und gesellschaftliche Veränderungen

Die Studie konnte zeigen, dass auch die rechtlichen, politischen und gesellschaftlichen Rahmenbedingungen maßgeblich zur hohen Gewaltbetroffenheit von kognitiv beeinträchtigten Frauen mit Behinderungen und zum unzureichenden Schutz Betroffener beitragen. Im Bereich Recht und Strafverfolgung bei Gewalt gegen

---

3 Dabei werden Mitbewohnerinnen der Einrichtungen zu Frauenbeauftragten ausgebildet und fungieren als Ansprechpersonen für Frauen bei Problemen. Genauere Informationen zu dem Angebot finden sich im Internet unter: http://www.weibernetz.de/frauenbeauftragte/

Menschen mit kognitiven Beeinträchtigungen wurden erhebliche Defizite identifiziert, die auf die Notwendigkeit rechtspolitischer und rechtspraktischer Veränderungen verweisen. Erforderlich sind unter anderem Sensibilisierungsmaßnahmen und Schulungen für alle an der Strafverfolgung beteiligten Berufsgruppen, damit diese besser mit kognitiv beeinträchtigten Zeugen/Zeuginnen umgehen und deren Aussagen ernst nehmen und realistischer einschätzen können. Außerdem sind barrierefreie Zugänge zur Justiz, professionelle Prozessbegleitung, die Verbesserung der Stellung von Menschen mit Behinderungen im Verfahrensrecht sowie Veränderungen im Gewaltschutzgesetz und in der Strafgesetzgebung zu Straftaten gegen die sexuelle Selbstbestimmung einzuleiten.

Darüber hinaus muss eine ausreichende Finanzierung und Ausstattung der Einrichtungen und Institutionen gewährleistet sein, damit dort die Selbstbestimmung von Menschen mit Behinderungen gefördert und strukturelle wie personale Gewalt abgebaut werden kann. Auch für den Aufbau barrierefreier externer und interner Unterstützungsangebote für von Gewalt betroffene Frauen (und Männer) in Einrichtungen müssen von politisch-administrativer Seite entsprechende Mittel zur Verfügung gestellt werden.

Auf gesamtgesellschaftlicher Ebene ist darüber hinaus eine verstärkte Öffentlichkeitsarbeit erforderlich. Diese sollte sich zum einen auf die Vermittlung barrierefreier Informationen über Anlaufstellen und Unterstützungsmöglichkeiten für von Gewalt betroffene Frauen mit Behinderungen beziehen; zum anderen auf die Stärkung der Betroffenen und ihrer Umfelder, das Recht von Frauen mit Behinderungen auf ein gewaltfreies und selbstbestimmtes Leben einzufordern und durchzusetzen. Darüber hinaus ist ein Abbau von gesellschaftlichen Diskriminierungen gegenüber Menschen mit Behinderungen, auch in Form von gezielter, Stereotypisierungen entgegenwirkender Öffentlichkeitsarbeit, eine wichtige Basis für die Prävention von Gewalt und die generelle Stärkung Betroffener.

Sexuelle Aufklärung

Insbesondere zur Prävention von sexueller Gewalt gegenüber kognitiv beeinträchtigten Frauen sind intensivierte Maßnahmen der sexuellen Aufklärung erforderlich. Da Frauen mit sogenannten geistigen Behinderungen in Einrichtungen häufig nicht sexuell aufgeklärt sind und keine selbstbestimmte Sexualität leben (können), ist es wichtig, sie umfassend über Sexualität, Schwangerschaft, Verhütung, ihr Recht auf die eigenständige Aufnahme sexueller Beziehungen und die eigene Entscheidung über schwangerschaftsverhütende Maßnahmen aufzuklären. Damit dies tatsächlich eine gewaltpräventive Wirkung entfalten kann, ist es wichtig, hier auch unzulässige Grenzverletzungen und sexuelle Gewalt zu thematisieren und die Fähigkeit zur Selbstbehauptung und Selbstverteidigung bei sexuellen Übergriffen im Sinne des Empowermentansatzes zu stärken. Damit soll der Gefahr entgegengewirkt werden, dass Frauen mit kognitiven Beeinträchtigungen im Zuge von Aufklärungsmaßnahmen und erhöhten sexuellen Aktivitäten durch Dritte manipuliert, instrumentalisiert und sexuell ausgebeutet werden, was im Ergebnis eine Zunahme sexueller Gewalt und ungewollter sexueller Handlungen zur Folge haben könnte. Auch dürfte es im Sinne der langfristigen Gewaltprävention sinnvoll sein, sexuell aktive Frauen mit kognitiven Beeinträchtigungen in Einrichtungen kontinuierlich begleitend sexualpädagogisch zu beraten, wenn sie dies wünschen.

Literatur

Schröttle, M., Hornberg, C. (2014): Gewalterfahrungen von in Einrichtungen lebenden Frauen mit Behinderungen. Ausmaß, Risikofaktoren, Prävention. Ein Forschungsprojekt des Instituts für empirische Soziologie (IfeS) an der Universität Erlangen-Nürnberg und des Interdisziplinären Zentrums für Frauen- und Geschlechterforschung (IFF) der Universität Bielefeld im Auftrag des Bundesministeriums für Familie, Senioren, Frauen und Jugend. Berlin.

Schröttle, M., Hornberg, C., Glammeier, S., Sellach, B., Kavemann, B., Puhe, H. & Zinsmeister, J.. (2012/2013): »Lebenssituation und Belastungen von Frauen mit Behinderungen in Deutschland. Eine repräsentative Studie.« Ein Forschungsprojekt des Interdisziplinären Zentrums für Frauen- und Geschlechterforschung (IFF) der Universität Bielefeld im Auftrag des Bundesministeriums für Familie, Senioren, Frauen und Jugend. Berlin. (Veröffentlichung der Langfassung der Studie und der Kurzfassung im Internet unter: http://www.uni-bielefeld.de/ IFF/for/zentrale_ergebnisse_kurzfassung.pdf).

3 Sexuelle Gewalt gegen Jungen und Männer mit einer so genannten geistigen Behinderung

Ahmed Amor

3.1 Einleitung

In der Gesellschaft so wie in der Fachwelt verschärft sich die Aufmerksamkeit zu der häufig tabuisierten Thematik der sexuellen Gewalt immens. Die sexuelle Gewalt gegen Mädchen und Frauen mit einer kognitiven Beeinträchtigung gerät über die letzten Jahre immer mehr ins Interesse der Fachwelt, aber auch durch die Medien werden entsprechende Fälle immer öfter aufgegriffen und erschüttern die Gesellschaft. Im Vergleich dazu werden sexuelle Übergriffe gegen Jungen und Männer mit einer so genannten geistigen Einschränkung bisher kaum thematisiert. Dies wird schon alleine dadurch deutlich, dass es kaum einschlägige Studien diesbezüglich gibt.

So wurde in den letzten zwei Jahrzehnten anhand von Prävalenzstudien in verschiedenen Ländern versucht, den Anteil der Missbrauchsopfer innerhalb der männlichen Population zu erfassen. Die Studien lassen auf eine fünf- bis zehnprozentige Betroffenheit der männlichen Bevölkerung durch sexuelle Gewalt schließen. Die bundesdeutschen Studien kommen zu ähnlichen Resultaten wie die anderen Länder – insbesondere denen der USA (vgl. Mosser, 2009, S. 21).

Besonders gefährdet scheinen Menschen mit einer so genannten geistigen Beeinträchtigung zu sein, die institutionell betreut werden (vgl. Schröttle in diesem Band). Obwohl viele Mitarbeiter von sexueller Gewalt an Männern innerhalb der Institution berichten, scheint der Mann als potentielles Opfer nicht gleicherweise Thema zu sein wie es bei Frauen mit Behinderung der Fall ist (vgl. Zemp, Pircher & Schoibl, 1997, S. 36). Männer als potentielle Opfer von sexueller Gewalt wahrzunehmen, passt nicht ins gesellschaftliche sowie in das Selbstbild vom Mann. Daher ist die Gültigkeit eines vereinfachten Täter-Opfer-Schemas zu hinterfragen, welches immer von männlicher Macht gegenüber weiblicher Ohnmacht ausgeht (vgl. Mosser, 2009, S. 78).

Aufgrund der wenigen empirischen Ergebnisse sind die geschlechtsspezifischen Resultate weit gestreut. Jungen ohne eine so genannte Behinderung machen in etwa 20 % der Opfer von sexueller Gewalt aus. Schätzungen wiederum sagen, dass ca. vier bis neun Prozent aller Jungen in ihrem Leben sexuelle Gewalt erfahren (vgl. Dietzel, 2004, S. 16 ff.). Somit ist ca. jeder zwölfte Junge von sexueller Gewalt betroffen. Der Großteil der Jungen, die einen oder mehrere sexuelle Übergriffe erlitten haben, ist während der Aufdeckung im Alter von ca. zehn Jahren. Dennoch ist zu berücksichtigen, dass der Anteil jüngerer Kinder, die bereits in früheren Jahren sexuelle Gewalt erfahren, aufgrund ihrer kommunikativen Möglichkeiten sowie den angewandten Befragungsmethoden häufig nicht repräsentiert sind. Je jünger ein Kind ist, desto länger besteht die Möglichkeit, dass es sexueller Gewalt ausgeliefert ist. Erschwerend kommt hinzu, dass diese Art der Gewalt als intensiver und gewalttätiger empfunden wird, wenn eine enge Bindung zu dem Täter besteht (vgl. ders.). Je enger die Beziehung zum Täter ist, umso unwahrscheinlicher ist es, dass die Betroffenen sich einer dritten Person anvertrauen. Becker (1995) zufolge ist davon auszugehen, dass Jungen häufig im Vorschul- und Grundschulalter bereits sexuelle Gewalt erfahren. Laut eines Zwischenberichts des Bundesministeriums für Familie, Frauen, Senioren und Jugend stellt sexuelle Gewalt in den seltensten Fällen eine Einzeltat dar. Die Übergriffe erstrecken sich über eine Zeitspanne von mehreren Monaten bis zu fünf Jahren. In zehn Prozent der Fälle ist das Kind sogar zwischen fünf bis zehn Jahren der sexuellen Gewalt ausgeliefert. Bei den hier erwähnten Betroffenen ist zu beachten, dass sie selbst in der Lage waren, Hilfe anzufordern, und diese, einhergehend mit der Beendigung der Übergriffe, bekommen haben. Betroffene, die nicht in der Lage sind, sich selbst Unterstützung zu holen, wie manche Menschen mit einer so genannten geistigen Behinderung, wurden in diesem Bericht nicht berücksichtigt (vgl. Becker, 1995, S. 20 ff.).

Eine weitere Untersuchung des Bundesministeriums für Familie, Frauen, Senioren und Jugend ergab, dass von 250 Hilfeeinrichtungen 412 Fälle von sexueller Gewalt an Jungen gemeldet wurden. Lediglich 84 (20 %) der betroffenen Jungen wurde direkt eine Beratung oder Therapie angeboten und 59 (15 %) wurden an eine therapeutische Betreuung weiter vermittelt. Die übrigen 269 Jungen (66 %) erhielten keine Beratung, kein therapeutisches Angebot oder einen Verweis auf eine andere Fachstelle (vgl. Bange, 2000, S. 285 f.).

Auf Basis dieses Wissens soll im Folgenden dargestellt werden, warum Jungen und Männer mit einer so genannten geistigen Einschränkung oft hochgradig gefährdet sind, Opfer eines sexuellen Übergriffes zu werden. Außerdem wird erläutert, welche Auswirkungen die gesellschaftlich Wahrnehmung und der Umgang mit Behinderung auf die Thematik der sexuellen Gewalt hat.

3.2 Das Gefährdungsfeld

Unter dem Gefährdungsfeld versteht Leue-Käding (2004 b) die Umstände, unter denen Menschen mit einer so genannten geistigen Behinderung leben und welche dazu führen, dass ihre sexuelle Entwicklung eingeschränkt und gefährdet sein kann. Diese Rahmenbedingungen im Leben von Menschen mit so genannten Behinderungen können unter bestimmten Umständen dazu führen, dass Menschen zu Opfern oder Tätern von sexueller Gewalt werden. Das Gefährdungsfeld kann sexuellen Missbrauch begünstigen. Denn in der Lebenswirklichkeit eines Menschen mit einer Behinderung existieren verschiedene Faktoren, die eine Gefährdung der Sexualität mit sich bringen (ebd., S. 92 f). Leue-Käding (2004) beschreibt folgende vier Faktoren als Ursache für die Entstehung des Gefährdungsfeldes bei Menschen mit einer so genannten geistigen Behinderung: Erhöhte soziale Abhängigkeit, Infantilisierung von Menschen mit einer geistigen Behinderung, Störungen in der Kommunikation sowie Isolation und Deprivationserfahrung.

Im Folgenden habe ich das Gefährdungsfeld in Anlehnung an Leue-Käding mit anderen relevanten Faktoren aus der Fachliteratur erweitert, da auch diese Umstände Einfluss auf die sexuelle Entwicklung von Menschen mit einer so genannten geistigen Behinderung nehmen können.

1. Menschen mit Behinderung – Das dritte Geschlecht
2. Fehlende Anlaufstellen bzw. Informationsdefizit
3. Glaubwürdigkeit bei Menschen mit einer geistigen Behinderung
4. Isolation und Deprivationserfahrung

Erhöhte soziale Abhängigkeit

Insbesondere der pflegerische Hilfebedarf von vielen Menschen mit einer geistigen Beeinträchtigung bringt den Verlust individueller und intimer Lebensführung mit sich. Die tägliche Pflege durch häufig wechselndes Personal beider Geschlechter, regelmäßige Arztbesuche und verschiedene Therapieangebote führen zu häufigen Körperkontakten. Diese intimen und persönlichen Kontakte beinhalten oft verschiedenste Berührungen über die »normale« Schamgrenze hinaus. Speziell Menschen mit geistigen Beeinträchtigungen können kaum Einfluss auf diese Intimität nehmen oder werden in manchen Fällen dafür sogar sanktioniert. Dementsprechend müssen Scham oder auch Wut durch Gleichgültigkeit ersetzt werden. Die Entwicklung eines positiven Selbstwert-, Scham- und Körpergefühls wird somit verhindert oder gravierend beeinflusst.

Der Verlust der körperlichen Intimität ist besonders problematisch, wenn sich der zu pflegende Junge in der Pubertät befindet und seine sexuellen Wünsche, Bedürfnisse und körperlichen Veränderungen zunehmend in den Vordergrund rücken sollten. Die fehlende Intimität gefährdet die emotionale und sexuelle Entwicklung.

Dieser Zustand der Gleichgültigkeit ist für die Ausführung einer sexuellen Straftat äußerst begünstigend. Die Täter können von wenig Widerstand ausgehen. Durch bereits erfahrene Fremdbestimmung sind Menschen mit einer geistigen Behinderung es häufig gewohnt zu tun, was von ihnen verlangt wird. Dies ist ursächlich dafür, dass die Opfer sogar Wohlwollen ausdrücken, ohne dies tatsächlich zu fühlen (vgl. Leue-Käding, 2004, S. 92 ff.).

Aufgrund der Abhängigkeit sind insbesondere Jungen und Männer mit Behinderung, die in Institutionen leben oder diese regelmäßig besuchen, wie zum Beispiel Förderschulen, Tagesbildungsstätten oder Werkstätten für Menschen mit Behinderung, besonders gefährdet, Opfer eines sexuellen Übergriffs zu werden. Emotionale und physische Macht- und Abhängigkeitsverhältnisse begünstigen derartige Grenzüberschreitungen. Bronfranchi weist darauf hin, dass die Übergriffe zu über 30 Prozent an Orten stattfinden, die in direktem Zusammenhang mit der

Behinderung des Opfers stehen wie zum Beispiel in Wohnheimen oder bei Personentransporten von oder zur Institution (vgl. Ortland, 2008, S. 114 f).

Die Infantilisierung von Menschen mit einer geistigen Behinderung

Ein weiterer Faktor des Gefährdungsfeldes ist die Infantilisierung von Menschen mit einer geistigen Einschränkung. Sie werden als ewig naive und geschlechtslose Kinder eingestuft, die vor Enttäuschungen beschützt werden müssen (vgl. Mattke, 2004, S. 47). In der Regel sind Sexualität und geistige Behinderung nach wie vor unvereinbare Begriffe. Eltern, insbesondere Mütter, neigen dazu, ihre erwachsenen Kinder zu infantilisieren und dadurch die emotionale und sexuelle Entwicklung der Heranwachsenden zu ignorieren und somit zu gefährden (vgl. Leue-Käding, 2004, S. 92 f).

Jungen und Männer mit einer geistigen Behinderung, welche die Möglichkeit haben, ihren Körper selbst zu erforschen, und in der Lage sind, ihre sexuellen Bedürfnisse selbst zu befriedigen, stoßen häufig auf negative Reaktionen ihres Umfeldes. Ihnen wird nicht selten gezeigt, dass dies ein pathologisches »anormales« Verhalten sei. Es kann dazu kommen, dass mit dem Verweis aus der Einrichtung oder der Pflegefamilie gedroht wird. So wird dem heranwachsenden Menschen suggeriert, dass er akzeptiert wird, solange er »lustlos« ist und Kind bleibt. Massive psychische Konflikte sind vorprogrammiert und Schuldgefühle können ausgelöst werden. Außerdem beeinflusst dieser Umgang mit der Sexualität die Entwicklung des Selbstwertgefühls (vgl. Leue-Käding, 2004, S. 92 ff.).

Störungen in der Kommunikation

Menschen mit einer geistigen Behinderung verfügen aufgrund ihrer kognitiven Einschränkungen häufig über unzureichende Fähigkeiten, sich spontan gegen Übergriffe sexueller Natur zu wehren. Dies erschwert ihnen, sexuelle Gefahren als solche zu identifizieren und dementsprechend rechtzeitig zu reagieren. Selbst im Fall eines gewaltsamen Übergriffs werden entsprechende Abwehrmechanismen langsamer oder überhaupt nicht aktiviert, da oft keine Verbindung zu sexueller Gewalt geknüpft werden kann (vgl. Becker, 1995, S. 93, s. a. Heinz-Grimm, 1992, S. 399). Die eingeschränkte Kommunikationsfähigkeit erschwert Menschen mit einer geistigen Behinderung in vielen Fällen eine adäquate Reaktion auf einen sexuellen Übergriff. So stellen insbesondere Menschen mit einer Schwerstmehrfachbehinderung leichte Opfer für die Täter dar (vgl. Becker, 1995, S. 94).

Außerdem konnte Mattke (2004) aufzeigen, dass selbst bei aktivem Sprachvermögen Menschen mit einer geistigen Behinderung meist nicht in der Lage sind, zum Beispiel Genitalien oder sexuelle Vorgänge zu benennen, da ihnen die Begrifflichkeiten hierfür fehlen. Entsprechend problematisch ist es für Opfer mit einer geistigen Einschränkung das Geschehene gegenüber Dritten zu verdeutlichen (ebd., 2004, S. 56). Es scheint keine therapeutischen Maßnahmen zu geben, welche die

Kommunikation auf der nonverbalen Ebene unterstützt (vgl. Leue-Käding, 2004a, S. 55). Zemp Pircher und Schoibl hingegen berichten von Erfolgen beim Einsatz von anatomischen Puppen. Die Puppen fungierten als Kommunikationsmittel bei der Befragung von Männern, die nicht über verbale Kommunikationsmöglichkeiten verfügten oder einen niedrigen Aufklärungsstand hatten und somit nicht in Worte fassen konnten, was ihn wiederfahren war (ebd., 1997, S. 33 ff).

Erschwerend kommt hinzu, dass Erlebnisse, die von den Betroffenen als traumatisch wahrgenommen werden, oft erst nach mehreren Monaten oder Jahren, unabhängig von den kommunikativen Möglichkeiten, thematisiert werden (vgl. Schmidt, 2005, S. 663 ff.).

Isolations- und Deprivationserfahrungen

Die Geburt eines Kindes mit einer Behinderung kann bei den Eltern und dem sozialen Umfeld ambivalente Gefühle erzeugen, welche das Kind häufig widergespiegelt bekommt. Es kann sogar dazu kommen, dass das soziale Umfeld der Familie sich aus Unsicherheit gegenüber der Behinderung distanziert. Diese schon früh erfahrene soziale Ambivalenz und Zurückweisung erlebt der Mensch mit Behinderung oft sein Leben lang. Auch wenn ein Kind mit einer kognitiven Beeinträchtigung in einem Heim aufwächst, bildet sich in der Regel eine »Kette kontinuierlicher Benachteiligung« (Steinhausen, 2000 zit. nach Leue-Käding, 2004, S. 95). Durch die Lebensbedingungen in einem Heim und den sozialen, kommunikativen und biologischen Ausgangspunkten ist das Kind in besonderem Maße gefährdet, mit einem negativen Selbstwertgefühl zu leben, da Sehnsüchte und Wünsche eher unerfüllt bleiben. Diese haben Auswirkungen auf das Bindungsverhalten. Selten bekommen Kinder in Heimen die Zuwendung und Liebe, die sie für ihre Entwicklung dringend benötigen. Kinder, die keine fürsorglichen und liebevollen Interaktionen erleben konnten, haben aufgrund ihrer Lebensgeschichte oft Probleme bei der Kontaktanbahnung, da sie über keine Strategien zum Beziehungsaufbau verfügen (vgl. Leue-Käding, 2004, S. 92 ff.) und dementsprechend wenig Erfahrungen im Umgang mit sozialen Interaktionen sammeln konnten.

Menschen mit Behinderung – das dritte Geschlecht

Exner zufolge existieren in unserer Gesellschaft drei Geschlechter. Frauen, Männer und »Behinderte«. Dies sei bereits an der Aufteilung öffentlicher Toiletten zu sehen. Das Symbol der behindertengerechten Toilette zeigt eine geschlechtsneutrale Person. So werden Menschen mit einer Behinderung als geschlechtslose Neutren betrachtet, denen in der Regel geschlechtstypische/-spezifische Rollen wie zum Beispiel der Liebhaber, die Mutter, der Vater abgesprochen werden. So werden Männer mit Behinderung von Männern ohne Behinderung häufig weder als Verbündete noch als Kollegen und schon gar nicht als Konkurrenz in sozialen Stellungen oder der Suche nach einer Partnerin wahrgenommen. Ähnlich verhalten sich Frauen gegenüber Männern mit einer geistigen Beeinträchtigung. Ab dem Moment, in dem das soziale Umfeld die Beeinträchtigung wahrgenommen hat, wird der

Mensch mit der so genannten Behinderung, oft nur noch auf der Grundlage dieses Stigmas bewertet und behandelt. Insbesondere macht sich dies bei Männern bemerkbar, die von Geburt an mit dem Stigma der geistigen Behinderung leben. Ihnen wird innerhalb ihrer Umwelt permanent die Rolle des »Behinderten« zugeschrieben und nicht die des Mannes. Auch innerhalb der Familie, bei Freunden und auch durch Medien wird das gesellschaftliche Rollenbild des Mannes geprägt. Die entsprechenden Anforderungen werden von der sozialen Umwelt jedoch nicht auf den Mann mit Behinderung übertragen. Dies wird durch die davon betroffenen Jungen und Männer nicht nur wahrgenommen, sondern kann zugleich eine positive Entwicklung der Geschlechterrolle verhindern. Je früher diese negativen Erfahrungen gemacht werden und je mehr sie sich häufen, desto gravierender sind die Folgen für die Identitätsbildung (ebd., 1997, S. 1–6).

Die Geschlechtsrolle wird durch die biologische, soziale und kulturelle Zugehörigkeit sowie durch den individuellen Entwicklungsstand definiert, den eine Person subjektiv erlebt. Bei einer Befragung nach dem erlebten Geschlecht gaben 32,5 % der befragten Männer mit einer Behinderung an, sich selbst nicht als Mann wahrzunehmen (vgl. Zemp, Pircher & Schoibl, 1997, S. 35).

Fehlende Anlaufstellen bzw. Informationsdefizit

Neben der Infantilisierung, wie sie zuvor dargestellt wurde, kommt erschwerend hinzu, dass Menschen mit einer geistigen Behinderung selten in der Lage sind, sich selbstständig Informationen einzuholen (vgl. Mattke, 2004, S. 52).

Nicht selten werden ihnen Informationen zur Pubertätsentwicklung und speziell zur genitalen Sexualität bewusst vorenthalten in der Hoffnung, dass das geistig behinderte Kind die Veränderungen am eigenen Körper nicht wahrnehmen wird (vgl. Mattke, 2004, S. 52). Aus Ahia Zemps Studie wird ersichtlich, dass Menschen mit einer geistigen Behinderung wenig Aufklärung in Bezug auf Sexualität erfahren haben. Insbesondere in den Bereichen Verhütung und Homosexualität war kein oder sehr mangelhaftes Wissen vorhanden (vgl. Zemp, Pircher, 1996, S. 64). Der Großteil der Männer (52 %) äußerte sich nicht zu den Fragen und 14 % konnten nicht alle der Fragen beantworten. So ist es nicht verwunderlich, dass 61 % der befragten Männer sich mehr Informationen zum Thema Sexualität wünschen würde (vgl. Zemp & Pircher, 1996, S. 33 ff.).

Entsprechende Beratungsstellen unterliegen häufig dem Defizit, dass sie sich nicht in der Lage sehen, mit Menschen mit kognitiven Beeinträchtigungen zu arbeiten. Außerdem bieten sie selten Informationsmaterial in leichter Sprache oder zum Beispiel Blindenschrift an (vgl. Mickler, 2009, S. 7).

Glaubwürdigkeit

In der medizinischen, pädagogischen sowie in der juristischen Praxis gelten Aussagen von Menschen mit einer geistigen Behinderung als »weniger glaubhaft«. Dies stellt eine zusätzliche Barriere bei der Aufdeckung von sexueller Gewalt bei dieser Opfergruppe dar (vgl. Brill, 1998, S. 4). Unter anderem ist dieser Tatbestand darauf zurückzuführen, dass angenommen wird, dass Menschen mit einer kognitiven Beeinträchtigung leicht zu verwirren sind und sexuelle Handlungen nicht detailliert darstellen können. Die damit einhergehende geringe Glaubwürdigkeit nimmt erheblichen Einfluss auf die Verfolgung dieser Straftaten.

So sieht das deutsche Rechtssystem im Fall von Zeugenaussagen durch Kinder mit einer geistigen Behinderung die Erstellung eines Glaubwürdigkeitsgutachtens vor. Diese Gutachten führen nicht selten zu dem Ergebnis, dass die Aussagen aufgrund von verminderter Intelligenz, reduzierter Beobachtungsfähigkeit, verstärkter Lügentendenz oder einer eingeschränkten praktischen Urteilsfähigkeit juristisch nicht verwertbar sind. Objektive Beweise, wie zum Beispiel genitale Infektionen sowie Veränderung im Verhalten des Opfers, bekommen erst durch verbale Aussagen juristische Gewichtung. Auch finden keine Hilfsmittel in der Kommunikation wie zum Beispiel anatomische Puppen einen juristischen Anklang (vgl. Schmidt, 2005, S. 663 ff.).

3.3 Betroffenheit von sexueller Gewalt als Junge oder Mann mit Behinderung

Da bereits die »normale« Sexualität von Menschen mit einer Behinderung weitgehend Tabu behaftet ist, kommt bei dem Thema gleichgeschlechtliche sexuelle Gewalt gegenüber Jungen und Männern ein weiteres Tabu hinzu (vgl. Blinkle, 2000, S. 98). So sind viele betroffene Jungen und Männer der Meinung, dass der sexuelle Missbrauch, an dem zwei Männer »beteiligt« sind, mit Homosexualität gleichzusetzen ist. Dabei ist gleichgeschlechtliche sexuelle Gewalt mit Homosexualität genauso wenig in Zusammenhang zu bringen wie sexuelle Gewalt gegen Mädchen und Frauen mit Heterosexualität. Beides stellt ausschließlich sexuelle Gewalt dar (vgl. Bange, 2001, S. 6).

Auch Jungen und Männer mit einer Behinderung sind den gängigen Rollenerwartungen männlicher Sozialisation ausgesetzt und reagieren auch im Kontext von erlebter sexueller Gewalt häufig mit Schweigen oder Bagatellisieren. Im Falle einer gleichgeschlechtlichen Gewalterfahrung neigen Männer mit einer geistigen Behinderung häufig dazu, diese durch besonders »männliches« Verhalten zu kompensieren. Das Einnehmen eines sehr männlichen Rollenbildes stellt für sie Schutz dar. Zemp, Pircher und Schoibl ergänzen, dass Männer entsprechend der sozialisationsbedingten Geschlechtsrollen im Vergleich zu Frauen weniger bereit sind, über persönliche und emotionale Erfahrungen zu berichten (ebd., 1997, S. 23).

Blinkle (2000) weist darauf hin, dass es als Folge eines sexuellen Übergriffs zu geschlechtsspezifischen Symptomen kommen kann. Bei Jungen und Männern kann beispielsweise ein Geschlechtsrollenverlust in Verbindung mit Minderwertigkeitsgefühlen entstehen. Sie sind oft nicht in der Lage, zu ihren Schwächen und Gefühlen zu stehen, zeigen Abwertungstendenzen sowie ein auffälliges Schamgefühl, verspüren eine unfüllbare Leere oder neigen zu Autoaggressionen, Jähzorn, extrem kontrolliertem oder grenzenlosem Verhalten. Besonders bei Jungen, die gleichgeschlechtliche sexuelle Gewalt erfahren haben, besteht eine enorme Angst davor, homosexuell zu sein. Da Homosexualität von der Mehrheit der Gesellschaft als ein anormales Beziehungsverhalten gesehen wird, distanzieren sich betroffene Jungen folglich von dieser Art der Sexualität. Durch die Übergriffe verursachte ambivalente Gefühle oder auch eine vermeintliche Erregung während der Übergriffe führen häufig zu dem Glauben, dass die erlebte Situation eine gleichgeschlechtlich sexuelle Verhaltensweise darstellte. Selten gelingt es den Betroffenen, sich trotz des Übergriffs von diesem Gedanken zu distanzieren. Dies führt in der Regel zu Unsicherheiten sich selbst gegenüber und so auch zur Ungewissheit, ob es nicht vielleicht doch Spaß gemacht hat und man nicht doch homosexuell geworden sei, und somit auch zu einer Selbstschuldzuweisung (ebd., 2000, S. 99 ff.). Es entsteht ein besonders starkes Schamgefühl, wenn die Betroffenen eine anale Vergewaltigung erlebt haben. Dies liegt daran, dass Analverkehr aus gesellschaftlicher Perspektive eine Perversion darstellt. Eine anale oder auch orale Vergewaltigung verursacht bei den meisten Übergriffen starke Schmerzen und wird von den Betroffenen als sehr demütigend und erniedrigend erlebt (vgl. Bange, 2001, S. 4). Fachberatungsstellen berichten Tschan (2005) zufolge, dass viele Klienten aufgrund von Angst und Scham sich häufig erst mehrere Jahre oder Jahrzehnte nach einer sexuellen Gewalterfahrung Hilfe in Anspruch nahmen. Personen, die sexuelle Gewalt erlebt haben, neigen aus vielerlei Gründen dazu, nicht von ihren Erlebnissen oder ihrer scheinbar unausweichlichen Situation zu berichten. Das Entsetzen über den Übergriff und die Unfähigkeit, das Vorgefallene zur Sprache zu bringen, können dazu führen, dass die eigene Betroffenheit selbst nicht mehr verbal artikuliert werden kann. Vielmehr äußert sich die Betroffenheit durch Symptome im körperlichen, emotionalen und kognitiven Funktionsbereich und kann zur Entstehung von dissoziativen Identitätsstörungen führen (ICD-10: multiple Persönlichkeitsstörung). Diese so genannte Störung wird häufig erst im Alter von 30-50 diagnostiziert, was darauf schließen lässt, dass die betroffenen Personen bis in dieses Alter hinein mit einem hohen und okkulten Leidensdruck leben müssen (vgl. ebd., S. 49 ff.).

3.4 Folgen der sexuellen Gewalthandlungen für die Opfer

Die Folgen der erlebten sexuellen Gewalt sind sehr individuell für die Betroffenen. Abhängig von der eigenen Persönlichkeit, dem sozialen Umfeld sowie der Art und Weise der erlebten Gewalt, variieren die Folgen. Sie werden in psychosoziale, psychische und psychosomatische Folgen unterschieden, welche zusätzlich in Kurzzeit- und Langzeitfolgen differenziert werden. Kinder und Jugendliche, die von sexueller Gewalt betroffen sind, senden in der Regel Signale in verschiedenartiger Form, um auf ihre Leidenssituation aufmerksam zu machen. Diese Signale werden bei Menschen mit einer Behinderung nicht selten übersehen, da die Behinderung als Ursache für das Verhalten vermutet wird (vgl. Ortland, 2008, S. 114). So kann ein sexueller Übergriff sogar autistische und stereotype Verhaltensweisen hervorrufen (Blinkle, 2000, S. 99). Lenz (1996) erwähnt in seiner Studie verschiedene Verhaltensauffälligkeiten seiner Probanden wie zum Beispiel gesundheitliche Probleme, Kontaktschwierigkeiten und Isolation, suizidale Tendenzen, Essstörung, Orientierungsprobleme im Alltag sowie im Leben, Arbeitsunfähigkeit, finanzielle Überschuldung, Alkoholmissbrauch und das Ausleben sadistischer Phantasien an Schwächeren (ebd., 1996, S. 143 ff.). Kinder, die sexuelle Gewalt erleben, agieren Blinkle (2000) zufolge tendenziell aggressiv. Dies kann sich unter anderem durch exzessives, öffentliches Selbstbefriedigen in der Öffentlichkeit äußern, was häufig bei Anwesenden als Bedrohung und Angriff interpretiert werden kann. Nicht selten agieren auch Jungen und Männer mit Behinderung aggressiv, um ihr Gegenüber zu verängstigen und so vorbeugend selbst die Position des Stärkeren einzunehmen. Gewalt und Machtausübung können auch in Form von Rache eine Kompensationsmöglichkeit für die Betroffenen darstellen. Doch auch das Einnässen und Einkoten kann als eine Reaktion verstanden werden. Verhaltensweisen dieser Art führen in der Regel beim sozialen Umfeld zu Ekel einhergehend mit körperlicher Distanz. Diese Distanz wird aufgrund der Erfahrungen von den Betroffenen begrüßt (vgl. Blinkle, 2000, S. 99 ff.).

Psychosomatische Folgen von sexueller Gewalt bei Jungen und Männern mit einer geistigen Behinderung

Personen mit einer anhaltenden somatoformen Schmerzstörung (ICD-10) sind von der Echtheit ihren Schmerzen und ihrer Ursache überzeugt und erwarten von ihrem Arzt eine dementsprechende Diagnose. Wird dieser nicht fündig, wird der Patient in der Regel einen anderen Arzt aufsuchen. Dieser wird unter Umständen unter den genannten Schmerzsymptomen eine Ursache als Zufallsbefund feststellen und dem Wunsch des Patienten, der eine körperliche Erklärung sucht, gerecht werden. Dies führt nicht selten zu Schädigungen durch den Arzt an dem Patienten in Form von Extraktion der Zähne bis hin zu Operationen mit Organentnahme. Häufig lassen sich in den Krankenakten der Betroffenen mehrere andere Beschwerden in der Krankengeschichte finden, wie zum Beispiel Bauchschmerzen bereits in der Kindheit, Kloßgefühl und Brennen im Mund, die psychosomatischer Natur sein können und somit auch auf einen Missbrauch des Patienten schließen lassen können (vgl. Egle & Nickel, 2005, S. 326 f).

Einer deutschen Studie zufolge findet bei ärztlichen Diagnosen eine Geneigtheit zu »*systematischen Fehldiagnosen*« statt (vgl. Mosser, 2009, S. 99). Diese äußern sich dadurch, dass Erkrankungen bei Männern häufig auf somatische Probleme zurückgeführt werden. Bei Frauen hingegen werden in erhöhtem Maße psychische und psychosomatische Beeinträchtigungen vermutet. Es scheint eine Ausblendung von psychischen Belastungen beim Mann stattzufinden. Dies ist unter anderem auch darauf zurückzuführen, dass Männer seltener aufgrund psychischer Beschwerden einen Arzt aufsuchen und somit körperliche Beschwerden gar nicht oder nicht ausreichend mit psychischen Problemen in Betracht gezogen werden (vgl. Mosser, 2009, S. 99). Verschiedene Studien bei Kindern, Jugendlichen und Erwachsenen ergaben, dass psychosomatische Störungen im Kontext von sexueller Gewalt häufig in Form von Schlafstörungen, Alpträumen, Einnässen im Schlaf, Panikattacken, Atem- und Schluckbeschwerden, Essstörungen, Bauch- und Unterleibschmerzen, Hormonerkrankungen, Hauterkrankungen, Asthma und auch Lähmungen auftreten. Auch ein hoher Muskeltonus im Hüft-, Knie- und Genitalbereich kann Folge eines sexuellen Übergriffs sein (vgl. Becker, 1995, S. 26 ff.).

Psychische und psychosoziale Folgen von sexueller Gewalt bei Jungen und Männern

Häufige Reaktionen bei Betroffenen von sexueller Gewalt sind Ohnmachtsgefühl, regressives Verhalten, Zweifel an der eigenen Wahrnehmung und Entwicklungsstörungen. Bei Kindern in der Altersgruppe zwei bis sechs mit sexuellen Gewalterfahrungen zeigen sich im Vergleich zu Kindern ohne diese Erlebnisse Entwicklungsrückstände. Eine geringe Selbstachtung kommt bei den Betroffenen erschwerend hinzu. Laut Becker ergab eine klinische Untersuchung, dass Betroffene von familiärer sexueller Gewalt zu 60 % ein negatives Selbstbild haben. Häufig zeigen sich bei Betroffenen Lern- und Konzentrationsschwierigkeiten, welche mit einem Leistungsabfall einhergehen. Da aber auch Leistungssteigerung eine mögliche Folge darstellen kann, ist beides nur ein mögliches Indiz. Manche Kinder, die sexuelle Gewalt erfahren haben, zeigen sexualisierte Verhaltensweisen, die sowohl auf einen oder mehrere Übergriffe schließen lassen können. Darunter fallen beispielsweise »auffällig distanzloses« Verhalten, das Auffordern zu sexuellen Handlungen, Masturbieren in der Öffentlichkeit, häufiges Zurschaustellen der Genitalien sowie das Nachspielen der Handlungen mit Puppen oder anderen Kindern. Auch selbstverletzende Verhaltensweisen sowie Selbstmordgedanken und Versuche können durch sexuelle Gewalt ausgelöst werden. Jungen, die sexuell missbraucht wurden, neigen im Vergleich zu Mädchen eher dazu, ihre Aggressionen nach außen auszuleben (vgl. Becker, 1995, S. 28 ff.).

Aggressives Verhalten kann als eine Art der destruktiven Verarbeitung von ambivalenten Emotionen verstanden werden. Die sexuellen Gewalterfahrungen werden zum Beispiel durch Wut und Aggression ausgelebt, da der betroffenen Person in dieser Situation häufig keine anderen effektiv erscheinenden Handlungsmöglichkeiten zur Verfügung stehen. Vielen Männern ist es über Jahre nicht möglich, ihre Gewalterfahrungen mitzuteilen und dementsprechend greifen sie auf eine andere Form der Mitteilung zurück (vgl. Zemp, Pircher & Schoibl, 1997, S. 66).

Zemp, Pircher und Schoibl (1997) berichten in ihrer Studie von einer auffällig hohen Anzahl von Männern (31 %), die unter epileptischen Anfällen leiden. Sie erklären sich dieses hohe Ergebnis mit den geschlechtsspezifischen Verarbeitungsmustern von Männern, da diese dazu neigen, psychische Probleme auf der somatischen Ebene zu verarbeiten. Diese Reaktion ist als Fluchtversuch vor einer Übergriffsituation zu deuten und zeigt zugleich, dass der betroffenen Person keine alternativen Handlungsmöglichkeiten zur Verfügung stehen oder diese in der Vergangenheit als erfolgreich erlebt wurden. In der Praxis werden solche Verhaltensweisen häufig fehlgedeutet und als mögliche Epilepsie interpretiert. Auch wenn ein negativer Befund für Epilepsie vorliegt, neigen Ärzte dazu, dennoch Antiepileptika und Sedativa zu verschreiben. Die Einnahme dieser Medikamente kann Nebenwirkungen wie Müdigkeit, Schwindel, verwaschene Sprache und Sehstörungen hervorrufen. Durch diese »Ruhigstellung« wird der betroffenen Person oft die letzte Möglichkeit genommen, Hilfssignale zu senden (ebd., S. 66). Bei Männern und Frauen, die sexuelle Gewalt als Kind erfahren haben, besteht die Möglichkeit, dass sie die Erlebnisse verdrängen konnten. Die Folgen können lebenslange Depressionen, Psychosen, Neurosen, Zwangsstörungen und Ängste sein. Dementsprechend hoch ist die Anzahl der Inanspruchnahme von psychotherapeutischer und psychiatrischer Behandlung bei Menschen, die sexuelle Gewalt in ihrer Vergangenheit erlebt haben (vgl. Tschan, 2005, S. 49 ff.).

Böhme und Julius (1997) nennen sechs verschiedene Faktoren, die bei sexueller Gewalt an Jungen dazu beitragen, Symptome in Form von zum Beispiel posttraumatischer Belastungsstörung zu begünstigen oder zu verstärken. Zu diesen traumatogenen Faktoren zählen: Die Art der sexuellen Gewalthandlungen, die Reaktion der sozialen Umwelt auf den Opferstatus, die Dauer und Häufigkeit der erlebten sexuellen Gewalthandlungen, das Alter bei Beginn der sexuellen Ausbeutung, der familiäre Hintergrund sowie die Strategie des Täters. Auch als relevant, aber durch die Statistiken nicht direkt nachgewiesen, sind die Beziehung zum Täter sowie sein Alter im Vergleich zum Opfer. Auch das Gefilmt- und Fotografiert-Werden während der sexuellen Gewalthandlungen (Pornografie) und die Furcht vor der Veröffentlichung des Materials erzeugt traumatogene Situationen für die Betroffenen (ebd., 1997, S. 216 ff.).

Die Durchschnittsbevölkerung weist zu ca. zwei bis fünf Prozent diagnostizierte Traumastörungen auf. Bei Menschen mit einer Lernbeeinträchtigung oder einer geistigen Behinderung liegt die Rate wesentlich höher. Jedes Trauma kann jedes psychische Symptom hervorrufen, muss dies aber nicht zwangsläufig tun. Dies ist abhängig von der Dauer und der Intensität der erlebten sexuellen Gewalterfahrungen sowie der Persönlichkeit des Opfers, des Täter sowie dem psychosozialen Umfeld. Typische Folgen von traumatischen Ereignissen sind bei einmaligen oder wenigen Traumata die posttraumatische Belastungsreaktion und nach lang andauernden, mehrjährigen traumatischen Erfahrungen folgt häufig eine posttraumatische Belastungsstörung (PTBS, die eine emotional instabile Persönlichkeitsstörung darstellt) (Nicolai & Schwerdtfeger, 2001, S. 63).

Zemp, Pircher und Schoibl ergänzen, dass die Folgen von sexueller Gewalt in der Kindheit häufig mit sexuellen Störungen einhergehen, die sich zum Beispiel durch Erektionsschwierigkeiten und vorzeitiger Ejakulation bemerkbar machen können. Da dies nicht konform mit dem rollentypischen Bild eines potenten Mannes steht, neigen die hiervon Betroffenen häufig zu Depressionen (ebd., 1997, S. 9).

Behinderung als Folge von sexueller Gewalt

Ein in der Fachliteratur selten erwähnter Punkt bei der Thematik sexueller Gewalt ist die Möglichkeit, dass sexuelle Gewalt die Ursache für verschiedene Formen von Behinderung sein kann. Auch von Seiten der Beratungsstelle (I.M.M.A.) wird bestätigt, dass Behinderungen in Form von Lernbeeinträchtigung und Sprachstörungen häufig bei den Betroffenen feststellbar waren. Es bestehen auch Beschreibungen von geistigen Behinderungen, die infolge eines Gewalttraumas entstanden sein sollen (vgl. Brill, 1998, S. 6). Einen wechselseitigen Zusammenhang von sexueller Gewalt und Behinderung sehen Schröttle & Hornberg (2013) aufgrund der Tatsache, dass Frauen mit Behinderung häufig schon in Kindheit und Jugend stark betroffen sind von Gewalt. Die Autorinnen schlussfolgern, dass »(frühe) Gewalterfahrungen im Leben der Frauen maßgeblich zu späteren gesundheitlichen und psychischen Beeinträchtigungen und Behinderungen beigetragen haben« (ebd., S. 264).

In einem Fallbeispiel von Engel (1991) wird dargestellt, wie sich sexuelle Gewalt auf Kinder auswirken kann. Ein Kind erfährt durch seinen Stiefvater seit dem achten Lebensjahr sexuelle Gewalt. Der Stiefvater droht dem Kind damit, seinen Geschwistern körperliche Gewalt anzutun, wenn es die Übergriffe gegenüber einer dritten Person erwähnt. Das Kind entwickelte vermutlich aufgrund des erpresserischen Akts eine Sprachstörung, was nach geringer Zeit zum Wechsel an eine Sprachheilschule führte. Es folgten Lernstörungen, Absencen ähnliche Zustände und soziale Probleme, was wiederum zum Wechsel an verschiedene Förderschulen führte. Den Besuch der Förderschule empfand das Kind als besonders unangenehm. Eine Verkettung von negativen Begebenheiten in der kindlichen Entwicklung, die eine nahende Behinderung begünstigen oder diese manifestieren, geht ihren Lauf (vgl. Brill 1998 S. 6; s. a. Engel 1991).

Wie zuvor schon erwähnt, stellt die posttraumatische Belastungsstörung eine mögliche Folge von einem oder mehreren traumatischen Ereignissen wie zum Beispiel sexueller Gewalt dar. Die Symptome der Belastungsstörung werden in den meisten Fällen auf die Behinderung zurückgeführt. Entsprechende Symptome werden daher nicht als solche gedeutet und verstanden (vgl. Tschan, 2005. S. 50-51).

Das folgende Modell soll die mögliche Situation eines Menschen mit Behinderung darstellen, der einen Übergriff in Form von sexueller Gewalt erlebt hat oder erlebt. Der sexuelle Übergriff führt zu einem Verhalten, das wiederum vom sozialen Umfeld als unangebrachtes, »behinderungsspezifisches« Verhalten der Behinderung zugeschrieben wird. Die Reaktion des sozialen Umfelds sowie die Reaktion der von sexueller Gewalt betroffenen Person führen häufig zur Isolation des Opfers. Dies wiederum begünstigt die Entwicklung weiterer Formen von Behinderung sowie weiterer Übergriffe. Sexuelle Gewalt produziert und reproduziert Behinderung.

A Theorie und Forschung

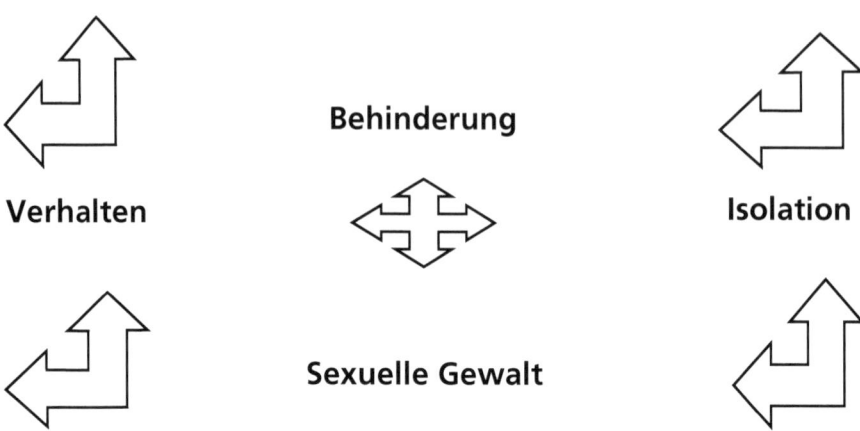

Abb. 1: Modell zur Verdeutlichung der sich gegenseitig auslösenden Faktoren nach Ahmed Amor

3.5 Fazit

Wie die vorangegangen Ausführungen verdeutlichen, sollten in Einrichtungen der Behindertenhilfe auch Jungen und Männer als potentielle Opfer von sexuellen Grenzüberschreitungen betrachtet werden. Damit sexuelle Gewalt in Einrichtungen vermieden werden kann, ist eine offene und tabufreie Kommunikation unter den Mitarbeitern notwendig. Um eine Basis hierfür zu schaffen, sollten klare Verhaltensregeln innerhalb der Institution abgesprochen werden und auch dementsprechende Fortbildungen angeboten werden.

Um jedoch eine wirkliche Veränderung im Kontext sexueller Gewalt an Jungen und Männern mit einer so genannten geistigen Behinderung zu erreichen, ist deren gesellschaftliche Integration unabdingbar. Nur dies ermöglicht es ihnen, sich in sozialen Kontakten zu üben, ein besseres Verständnis kommunikativer Abläufe zu erwerben und ein selbständigeres Leben zu führen, frei von unnötigen Abhängigkeiten. Auf diesem Wege ließe sich das Gefährdungsfeld sexueller Gewalt nachhaltig verkleinern, in dem zurzeit viel zu viele Menschen mit einer sogenannten geistigen Behinderung leben.

Literatur

Bange, D. (2000): Sexueller Missbrauch an Jungen: Wahrnehmungstabus bei Männern in der sozialen Arbeit und in der Sozialverwaltung; In: Lenz, H.-J.: Männliche Opfererfahrungen: Problemlagen und Hilfeansätze in der Männerberatung (S.285-300) Weinheim: Juventa Verlag.

Bange, D. (2001): Homosexualität und sexuelle Gewalt gegen Jungen. www.projekte.sozialnetz.de/homosexualitaet/medien/bange_sex_gewalt_gg_jungen.pdf). Zugriff am (11.05.2011

Becker, M. (1995): Sexuelle Gewalt gegen Mädchen mit Behinderung. Daten und Hintergründe. Heidelberg: Universitätsverlag C. Winter.

Blinkle, R. (2000): Gewalterfahrungen eines geistig behinderten Mannes. In: Lenz, H.-J. (2000): Männliche Opfererfahrungen: Problemlagen und Hilfeansätze in der Männerberatung (S. 92) Weinheim: Juventa Verlag.

Brill, W. (1998): Sexuelle Gewalt gegen behinderte Menschen – ein Überblick über den aktuellen Stand der Diskussion. www.wernerbrill.de/downloads/sexuelleGewaltgegen Behinderte.pdf). Zugriff am 02.05.2011

Dietzel, A. (2004): Gehörlos – sprachlos – missbraucht?! Eine Unterrichtsreihe für die präventive Arbeit mit hörgeschädigten Mädchen und Jungen. Hamburg: Verlag Dr. Kovač.

Egle, U. & Nickel, R. (2005): Anhaltende somatoforme Schmerzstörung. In: Egle, U., Hoffmann, S. & Joraschky, P.: Sexueller Missbrauch, Misshandlung, Vernachlässigung: Erkennung, Therapie und Prävention der Folgen früher Stresserfahrungen (3.. Auflage) (S. 326-343). Stuttgart. New York: Schattauer Verlag.

Exner, K. (1997): Deformierte Identität behinderter Männer und deren emanzipatorische Überwindung. In: Warzecha, B.: Geschlechtsdifferenz in der Sonderpädagogik: Forschung – Praxis – Perspektiven (S. 67-87). Hamburg: Lit Verlag (www. bidok.uibk.ac.at/library/exner-deformiert.html), Zugriff am 16.04.2011

Julius H. & Boehme U. (1997): Sexuelle Gewalt gegen Jungen: Eine kritische Analyse des Forschungsstandes (2. Auflage). Göttingen: Hogrefe

Leue-Käding, S. (2004a): Sexualität und Partnerschaft bei Jugendlichen mit einer geistigen Behinderung. Probleme und Möglichkeiten einer Enttabuisierung. Heidelberg: Universitätsverlag Winter.

Leue-Käding, S. (2004b): Sexuelle Gefährdung von Menschen mit geistiger Behinderung. In: Wüllenweber, E..: Soziale Probleme von Menschen mit einer geistigen Behinderung; Fremdbestimmung, Benachteiligung, Ausgrenzung und soziale Abwertung (S. 89-112). Stuttgart: Kohlhammer.

Mattke, U. (2004): Das Selbstverständliche ist nicht selbstverständlich. Frage- und Problemstellungen zur Sexualität geistig behinderter Menschen. In: E. Wüllenweber (Hrsg).: Soziale Probleme von Menschen mit einer geistigen Behinderung; Fremdbestimmung, Benachteiligung, Ausgrenzung und soziale Abwertung (S .46-64). Stuttgart: Kohlhammer.

Mickler, B. (2009): Sexualisierte Gewalt an behinderten Menschen. www.brennessel.org/cms/index.php?download=2009teil6.pdf), Zugriff am 20.04.2011

Mosser, P. (2009): Wege aus dem Dunkelfeld; Aufdeckung und Hilfesuche bei sexuellem Missbrauch an Jungen. Wiesbaden: Verlag für Sozialwissenschaften.

Nicolai, E.-M. & Schwerdtfeger, A. (2001): Sprachlosigkeit als Folge von sexueller Gewalt und als Folge einer Hörschädigung. In: Walter A. von: Hörschädigung und sexuelle Gewalt. Bonn: Mebes und Noack.

Ortland, B. (2008): Behinderung und Sexualität. Grundlagen einer behinderungsspezifischen Sexualpädagogik. Stuttgart: Kohlhammer.

Schmidt, M. (2005): Begutachtung von Kindern und Jugendlichen. In: Egle, U., Hoffmann, S. & Joraschky, P.: Sexueller Missbrauch, Misshandlung, Vernachlässigung: Erkennung, Therapie und Prävention der Folgen früher Stresserfahrungen (3. Auflage) (S. 663-675). Stuttgart. New York: Schattauer Verlag.

Schröttle, M. & Hornberg,, C. (2013): Lebenssituation und Belastungen von Frauen mit Behinderung und Beeinträchtigung in Deutschland. Langfassung. www.bmfsfj.de/RedaktionBMFSFJ/Broschuerenstelle/Pdf-Anlagen/Le-benssituation-und-Belastungen-von-Frauen-mit-Behinderungen-Langfassung-Ergeb-nisse_20der_20quantitativen-Befragung,property=pdf,bereich=bmfsfj,spra-che=de,rwb=true.pdf). Zugriff am 30.04.2014

Tschan, W. (2005): Missbrauchtes Vertrauen. Sexuelle Grenzverletzungen in professionellen Beziehungen (2. Auflage). Basel: Karger.

Zemp, A. & Pircher E. (1996): Weil das alles weh tut mit Gewalt: Sexuelle Ausbeutung von Mädchen und Frauen mit Behinderung; Studie; Bundesministerin für Frauenangelegenheiten und Verbraucherschutz. www.bidok.uibk.ac.at/library/zemp-ausbeutung.rtf.html.). Zugriff am 15.04.2011

Zemp, A., Pircher E. & Schoibl H. (1997): Sexualisierte Gewalt im behinderten Alltag. Jungen und Männer mit Behinderung als Opfer und Täter. Projektbericht. Bundesministerium für Frauenangelegenheiten und Verbraucherschutz. www.bidok.uibk.ac.at/library/zemp-gewalt.rtf.html). Zugriff am 15.04.2011

4 »Niemand glaubt mir.«
Aspekte der Glaubhaftigkeit der Aussagen von Menschen mit geistiger Behinderung

Ulrike Werner

4.1 Einleitung

Fachkräfte der Behindertenhilfe sind in der Regel in der empathischen, wertschätzenden Gesprächsführung ausgebildet, kennen die spezifischen Besonderheiten der Gesprächsführung auch im Umgang mit kognitiv oder sprachlich beeinträchtigten Menschen und können ggf. deren Hilfsmittel zur Kommunikation berücksichtigen.

Weniger bekannt sind den Fachkräften der Behindertenhilfe dagegen Interview- und Beurteilungsverfahren der forensischen Glaubhaftigkeitsbeurteilung.

Im Zusammenhang mit Äußerungen von Menschen mit Behinderungen über sexuelle Gewalt gibt es in vielen Handreichungen und Leitfäden Hinweise, die Aussagen der Betroffenen uneingeschränkt ernst zu nehmen, den Äußerungen uneingeschränkt Glauben zu schenken (z. B. Bundesvereinigung Lebenshilfe 2011). Dies ist der Tatsache geschuldet, dass viele Betroffene die Befürchtung haben und die Erfahrung gemacht haben, dass ihnen nicht geglaubt wird (Schröttle et al., 2011). Der Schwierigkeit, zwischen zwei Fehlerarten zu unterscheiden, nämlich entweder Hinweise oder tatsächliche Äußerungen von sexueller Gewalt zu übersehen einerseits oder einer Überinterpretation und der fälschlichen Annahme sexueller Gewalt andererseits, widmen sich diese Leitfäden eher vorsichtig. »Bei der Aufklärung steht die Aussage des Opfers im Mittelpunkt, bei der Aufarbeitung das Opfer selbst« (Bundesvereinigung Lebenshilfe, 2011, S. 8).

Um es noch einmal anders zu formulieren: Es besteht im Allgemeinen bei Menschen mit Behinderungen nicht mehr und nicht weniger Grund zur Skepsis als bei Menschen ohne Behinderung, wenn eine erste Äußerung über sexuelle Gewalt gemacht wird. Doch spätestens bei der (mit der/dem Betroffenen abgesprochenen) Weiterverwendung der Äußerungen, um Konsequenzen für den Täter festzulegen, haben Vertrauenspersonen oder Fachkräfte, die mit Erstaussagen konfrontiert wurden, oft die Aufgabe, den nächsten Stellen der eigenen Einrichtung deutlich zu machen, wie sicher man sich sein kann, dass die Ereignisse tatsächlich den Schilderungen entsprechen, keine unabsichtlichen oder absichtlichen Übertragungen früherer Geschehnisse auf aktuelles Geschehen stattfanden, keine Beeinflussungen durch Dritte erfolgten und welche unmittelbaren und langfristigen Maßnahmen angemessen wären.

Wohnheim- oder Werkstattleitungen fragen, wie sicher die Person zwischen Phantasie, dem Nacherzählen schockierender Szenen aus Filmen und eigenem Erleben unterscheiden kann. Nicht selten müssen Bagatellisierungen abgewehrt werden. Manchmal ist aber auch genau das Gegenteil nötig, um eine unangemessene Katastrophisierung oder Vorverurteilung zu vermeiden. Hier wird zu einem frühen

Zeitpunkt eine Plausibilitätseinschätzung verlangt. Vertrauenspersonen widerstrebt es zu diesem Zeitpunkt mitunter, Alternativhypothesen überhaupt in Betracht zu ziehen. Solche können z. B. unabsichtlicher Transfer eines Erlebnisses oder einer Wahrnehmung auf den Beschuldigten, Fremdbeeinflussungen, intentionale Fremdbeschuldigung oder absichtlicher Transfer sein.

Häufig wird daher zu Recht zu ruhigem, besonnenem Handeln und zur Hinzuziehung von entsprechend spezialisierten Beratungsstellen geraten:

> »Wenn auf Grund eines unsachgemäßen Vorgehens der Verdacht nicht aufgeklärt bzw. die Tat nicht nachgewiesen werden kann, ist dies für das Opfer doppelt verletzend. Nicht nur besteht die Gefahr, dass die sexuellen Übergriffe fortgesetzt werden, sondern die betroffene Person wird das Gefühl bekommen, dass ihr nicht geglaubt wird und sie keine Hilfe erhalten kann« (Beck et al., 2012, S. 9).

Die Weitervermittlung an bzw. Hinzuziehung spezialisierter Fachkräfte sollte, auch im Sinne der Inklusion, der bevorzugte Weg und gängige Praxis sein. Nicht selten stellt dies jedoch einen Filterprozess dar: Nur diejenigen Menschen mit Behinderung, die in der Lage sind, ihre Aussage mehrfach, auch vor unvertrauten Personen in einem fremden Setting zu wiederholen, haben die Möglichkeit, dass ihre Aussagen Grundlage für weitergehendes Handeln wie Abmahnungen, Kündigung, Versetzung von Fachkräften, Umzug von Mitbewohnern, Strafanzeigen oder ähnliches werden. Manche Menschen mit Behinderung sind bei ihren Berichten sehr auf die Anwesenheit vertrauter Personen in vertrauter Umgebung angewiesen und möchten ihre Erlebnisse nicht wieder und wieder erzählen müssen. Daher wird in vielen Leitfäden auf die Notwendigkeit einer bewertungsfreien, zeitnahen Dokumentation hingewiesen und unterschiedlich anschaulich dargestellt.

Eine möglichst frühzeitige Aufzeichnung, am besten der Erstaussage als Sprachaufnahme und Transskript oder als möglichst wortgetreues Protokoll – inklusive der Fragen, die gestellt wurden – durch die angesprochene Vertrauensperson wäre in einem solchen Fall für die Betroffenen von großer Bedeutung. Wird die Tonaufnahme nicht benötigt, weil der Person anders geholfen werden kann oder sie eine Strafanzeige ablehnt, schadet diese Vorgehensweise nicht, wenn sie einfühlsam und verständlich erklärt wird, die Beraterin selbstverständlich damit umgeht und das Gespräch nach allgemeinen fachlichen Grundsätzen geführt wird.

Die so festgehaltenen Aussagen könnten bei Bedarf die Grundlage einer so genannten »kriterienorientierten Aussagenanalyse« und diese wiederum Teil der Glaubhaftigkeitsbeurteilung der Aussage bilden. Sie sind aber auch zur Reflektion des Gesagten und zur Beurteilung der intern notwendigen Handlungsschritte äußerst hilfreich.

Um es zu betonen: Es soll auf keinen Fall eine »Befragung auf eigene Faust« erfolgen oder vorweggenommen werden. Aber in der Regel sind in Institutionen Handlungsschritte festgelegt, zu denen u. a. auch gehören kann, dass die Leitung, der Sozialdienst oder der psychologische Dienst mit dem möglichen Opfer sprechen. Je nach Zielrichtung dieser Gespräche werden natürlich auch Fragen nach den Geschehnissen und nach dem Erleben der Person gestellt. Je sicherer eine Fachkraft weiß, wie sie ein mögliches Opfer fragen kann ohne zu beeinflussen, umso besser die Chancen, dass Aussagen verwertbar sind und Täter angemessene Konsequenzen erfahren.

Im Folgenden werden einige Aspekte der kriterienorientierten Aussagenanalyse und einige Prinzipien einer möglichst suggestionsfreien Befragung dargestellt.

4.2 Begutachtung der Glaubhaftigkeit der Aussagen geistig behinderter Menschen

Im Alltagssprachgebrauch wird häufig von der Glaubwürdigkeit einer Person im Gegensatz zu der hier behandelten Glaubhaftigkeit von Aussagen gesprochen. Die dahinter liegende Vorstellung eines festen Persönlichkeitsmerkmals ist jedoch wenig hilfreich, um tatsächliches Geschehen zu erkennen. Daher wird die Glaubhaftigkeit von Aussagen und Aussageumständen, nicht von Personen, in den Mittelpunkt gerückt.

Generell ist es die Aufgabe von Richtern, Staatsanwälten oder Sachverständigen in rechtlichen Auseinandersetzungen, die Glaubhaftigkeit von Aussagen zu beurteilen. Nur in Ausnahmefällen, bei Vorliegen »besonderer Umstände« werden Glaubhaftigkeitsgutachten benötigt. Als Sachverständige werden, je nach Fragestellung, Psychologen oder auch Psychiater beauftragt.

In der Regel wird ein Glaubhaftigkeitsgutachten dann beauftragt, wenn eine Strafanzeige erfolgt ist, aber keine oder unzureichende Sachbeweise vorliegen, wie dies bei Sexualdelikten häufig der Fall ist. Da es um Merkmale der Aussage geht, um ihre Entstehung, Entwicklung und Bewertung, sind für ein solches Gutachten Kenntnisse der Aussagenpsychologie notwendig.

Weitere Sachkunde kann erforderlich sein, weil die aussagende Person sehr jung ist (Entwicklungspsychologie), sie Entwicklungsdefizite, Einschränkungen der kognitiven Leistungsfähigkeit oder psychopathologische Auffälligkeiten aufweist (Psychopathologie) oder ein sehr langer Zeitraum zwischen den Vorfällen und dem Verfahren liegt (Gedächtnispsychologie).

Unterschieden wird zwischen der Aussagetüchtigkeit einer Person (Ist die Person fähig, zu einem bestimmten Sachverhalt eine gerichtsverwertbare Aussage zu machen?) und der Glaubhaftigkeit der Aussage (Hat das berichtete Geschehen einen Erlebnisbezug?).

Die Aussagetüchtigkeit (Volbert & Steller, 2005) ist als Zusammenspiel von Fähigkeiten, Aufgaben und Befragungsbedingungen zu verstehen. Sie setzt eine adäquate Situationswahrnehmung, eine Speicherung über einen längeren Zeitraum, die Wahrnehmung und Unterscheidung verschiedener Informationsquellen und einen weitgehend selbständigen Abruf des Geschehens voraus. Erst bei Menschen mit schwersten geistigen Behinderungen gilt sie als dauerhaft aufgehoben.

Die Glaubhaftigkeit der Aussage wird durch die Analyse der Aussagenentstehung, der Kompetenz und Persönlichkeit der aussagenden Person und der Aussagenqualität (kriterienorientierte Aussagenanalyse) beurteilt.

4.3 Kriterienorientierte Aussagenanalyse

Volbert (1995) formuliert die zentrale Frage bei der Beurteilung von Zeugenaussagen von Kindern:

> »Könnte dieses Kind mit den gegebenen individuellen Voraussetzungen unter den gegebenen Befragungsumständen und unter Berücksichtigung der Beeinflussung von Dritten diese spezifische Aussage machen, ohne dass sie auf einem realen Erlebnishintergrund basiert?«

Diese Frage kann sinngemäß auch bei Menschen mit kognitiven und/oder sprachlichen Beeinträchtigungen gestellt werden.

Damit Alternativhypothesen geprüft werden können, sind (a) Kenntnisse über die gegebenen individuellen kognitiven, sprachlichen, emotionalen und motivationalen Voraussetzungen (Personenvariablen) sowie über (b) Ereignisvariablen und (c) Einflüsse durch Dritte und die Art der Befragung nötig. Kenntnisse über Personenvariablen liegen in Einrichtungen für Menschen mit Behinderungen meist vor: Ergebnisse von Intelligenztests, Beschreibungen der sprachlichen, kognitiven und motorischen Fähigkeiten sowie der Sozialkompetenz werden z. B. in Förderplänen, Kompetenzanalysen oder Eingliederungsplänen beschrieben. Einflüsse durch Dritte können nicht immer ausgeschlossen werden, sollten aber beachtet und dokumentiert werden.

Auf Ereignisvariablen und die Art der Befragung wird im Folgenden eingegangen.

Undeutsch (1967) formuliert die Hypothese, dass Aussagen über selbst erlebte Ereignisse sich in ihrer Qualität von erfundenen Aussagen deutlich unterscheiden. Es stellt hohe kognitive Anforderung an Menschen dar, ein komplexes Handlungsgeschehen ohne Erlebnisgrundlage zu erfinden. Diese sogenannte Undeutsch-Hypothese wurde von Steller und Köhnken (1989) systematisiert. Diese leiten aus der Vorlage mehrerer Autoren eine international beachtete Liste von neunzehn so genannten Realkennzeichen ab. Je mehr dieser Kennzeichen in einer Aussage zu finden sind, umso sicherer liegt ein realer Erlebnishintergrund vor. Bei jungen Kindern oder Menschen mit kognitiven Beeinträchtigungen können auch wenige prägnante Merkmale ausreichen, einen Erlebnisbezug zu belegen. Erst durch den Bezug auf die spezifischen Fähigkeiten und Erfahrungen eines Aussagenden kann die Glaubhaftigkeit beurteilt werden.

> »Obwohl diese Grundannahme für Kinder und Erwachsene als allgemein bestätigt angesehen wird und von einigen Forschern nun deshalb schon seit längerem daraufhin hingewiesen wurde, die Forschung auf spezielle Personengruppen, wie etwa Menschen mit intellektuellen Einschränkungen oder sonstigen Behinderungen, auszuweiten, anzuwenden bzw. durch empirische Studien Erkenntnisse diesbezüglich zu gewinnen, blieb dieser Vorschlag in manchen Aspekten offenkundig weitestgehend unberücksichtigt« (Berger, 2005, S. 5).

Die Menge der möglichen Kennzeichen allein sollte Vertrauenspersonen oder Beraterinnen von Menschen mit Behinderungen verdeutlichen, wie wichtig eine Tonaufnahme oder mindestens ein wörtliches Protokoll der Fragen und Aussagen ist. Einerseits wird so die eigene, systematische Reflektion der Äußerungen ermöglicht, andererseits können spezialisierte Fachkräfte ggf. diese Aussagen dann verwenden oder mitverwenden. Die inhaltliche Beschäftigung mit diesen Kennzeichen sollte aber auch dazu führen, dass Fachkräfte Mut bekommen, die Aussagen von kognitiv oder sprachlich beeinträchtigten Menschen als vollwertig und im Rechtssystem verwertbar anzusehen, da die Kriterien ja gerade in Bezugnahme auf die individuellen Fähigkeiten einer Person beurteilt werden (Berger, 2005).

Realkennzeichen sind aber ungeeignet zur Unterscheidung zwischen einer wahren und einer suggerierten Aussage (Urteil des Bundesgerichtshofs vom 30.7.1999 betreffend StPO § 244 Abs. 4 Satz 2). Daher ist eine Beschäftigung mit dem Themenbereich Suggestion ebenfalls erforderlich.

Folgende so genannte Realkennzeichen weisen auf selbst erlebtes Geschehen hin (Steller & Köhnken, 1989):

Allgemeine Merkmale

1. Logische Konsistenz
   Ist die Aussage in sich stimmig? Lassen sich verschiedene Ausgangspunkte in Einklang bringen?
2. Ungeordnete sprunghafte Darstellung
   Die Handlung wird im freien Bericht sprunghaft und nicht chronologisch geschildert, ohne dass dabei gegen die logische Konsistenz verstoßen wird.
3. Quantitativer Detailreichtum
   Personen, Dinge, Orte, Ereignisse, Handlungen o. a. werden (im Rahmen der sprachlichen und kognitiven Möglichkeiten einer Person) detailliert beschrieben.

Spezielle Inhalte

4. Raum-zeitliche Verknüpfungen
   Die Kernhandlung ist mit bestimmten örtlichen Verhältnissen, zeitlichen Gegebenheiten, bestimmten eigenen Gewohnheiten oder Gewohnheiten von Personen aus dem sozialen Umfeld verwoben.
5. Interaktionsschilderungen
   Es werden Handlungen (Aktionen und Reaktionen) beschrieben, die sich gegenseitig bedingen und aufeinander beziehen, oder auch allmähliche Steigerungsformen und Zuspitzungen von Handlungen.
6. Wiedergabe von Gesprächen
   Inhalte von Gesprächen oder einzelne Äußerungen beteiligter Personen werden wiedergegeben.
7. Schilderungen von Komplikationen im Handlungsverlauf
   Es wird von unvorhergesehenen Schwierigkeiten, einer ungewöhnlichen Wendung des Geschehens oder einem spontanen Abbruch der Handlung berichtet.

Inhaltliche Besonderheiten

8. Schilderung ausgefallener Einzelheiten
   Es treten in der Aussage ungewöhnliche Details auf, die aber nicht unrealistisch sind.
9. Schilderung nebensächlicher Einzelheiten
   Es werden Einzelheiten geschildert, die für das Kerngeschehen in der Aussage unnötig sind.
10. Phänomengemäße Schilderung unverstandener Handlungselemente
    Es werden Handlungen von der aussagenden Person nicht durchschaut oder falsch interpretiert, aber sachgerecht beschrieben.
11. Indirekt handlungsbezogene Schilderungen
    Es werden Handlungen geschildert, die dem Kerngeschehen ähnlich sind, die aber zu anderer Zeit und mit anderen Personen stattgefunden haben.
12. Schilderung eigener psychischer Vorgänge
    Gedanken oder eigene gefühlsbezogene motorische oder physiologische Abläufe werden beschrieben, die mit dem Kerngeschehen zusammenhängen.
13. Schilderung psychischer Vorgänge des Angeschuldigten
    Es werden vermutete Gedanken oder gefühlsbezogene motorische oder physiologische Abläufe des Beschuldigten beschrieben.

Motivationsbezogene Inhalte

14. Spontane Verbesserungen der eigenen Aussage
    Der Inhalt der eigenen Aussage wird spontan präzisiert oder berichtigt.
15. Eingeständnis von Erinnerungslücken
    Es findet sich das Zugeben von Erinnerungslücken oder Eingeständnis von Wissenslücken bezüglich des Vorfalls.
16. Einwände gegen die Richtigkeit der eigenen Aussage
    Die Glaubhaftigkeit der eigenen Aussage oder die Glaubwürdigkeit der eigenen Person wird von der aussagenden Person selbst in Frage gestellt.
17. Selbstbelastungen
    Es wird ein vermeintliches Fehlverhalten gegenüber dem Beschuldigten geschildert, oder die aussagende Person zeigt sich selbstkritisch.
18. Entlastung des Angeschuldigten
    Auf eine Belastung oder Mehrbelastung des Beschuldigten wird verzichtet, obwohl dieses naheliegend war, oder die aussagende Person nimmt eine Entlastung des Angeschuldigten vor.

Deliktspezifische Inhalte

19. Deliktspezifische Aussagenelemente
    Die Aussage weist Elemente auf, die Alltagswissen widersprechen, aber dennoch delikttypisch sind.

Fallbeispiel (Namen und Begebenheiten wurden anonymisiert):
Ein langjähriges Mitglied des Werkstattrates einer Werkstatt für Menschen mit Behinderung berichtet der Sozialdienstmitarbeiterin von ihm zugetragenen Beschwerden über einen Gruppenleiter. Frau Otto aus dem Berufsbildungsbereich habe sich mit einer Beschwerde an ihn gewandt und nun möchte er diese Beschwerde weitergeben. Er spricht davon, dass die junge Frau während eines Sportangebotes »angefasst« wurde »und das immer noch nicht aufgehört habe«. Die Vorfälle lägen jetzt fast ein Jahr zurück, seien ihm aber erst jetzt zu Ohren gekommen. Was genau passiert sei, wüsste er auch nicht. Jedenfalls nehme die junge Frau jetzt an dem Sportangebot nicht mehr teil. Die Sozialdienstmitarbeiterin nimmt die Beschwerde ernst und schaltet den psychologischen Dienst ein, um das weitere Vorgehen abzustimmen. Es liegt eine Situation vor, in der es sehr wahrscheinlich ist, dass die betroffene Frau nur ungern über die zurückliegenden Ereignisse sprechen möchte, dies mit großer Wahrscheinlichkeit nicht vor unvertrauten Personen oder gar gegenüber der Polizei tun würde. Gleichzeitig scheint es keine Lösung zu sein, die Sache ruhen zu lassen und den Gruppenleiter einfach in Zukunft genauer zu beobachten, da die Menschen mit Behinderung, die derzeit schon involviert sind, dadurch das Signal erhielten, dass »wieder mal« nichts passiere. Tatsächlich liegen den Beschwerdeempfängern aber nur sehr vage Andeutungen über das Verhalten des Gruppenleiters vor. Die Äußerungen der jungen Frau werden durch ihre begrenzten sprachlichen Möglichkeiten evtl. mehrdeutig oder angreifbar sein. Um Maßnahmen wie Versetzung, Abmahnung, Strafanzeige oder Kündigung gegenüber der damaligen Werkstattleitung zu begründen, müssten aber möglichst sichere Informationen vorliegen.
Es folgen:

1. Gespräch der Psychologin mit der jungen Frau – ggf. mit einer Person ihres Vertrauens an ihrer Seite. Ziele des Gespräches sind die Erfassung des Geschehens, die Erfassung ihrer Wünsche über die weitere Hilfe sowie eine Plausibilitätseinschätzung der berichteten Geschehnisse
2. Sicherung der Schilderungen durch Protokollierung oder Aufnahme
3. Beurteilung, welche weiteren Maßnahmen erforderlich sind
4. Information des Beschwerdeerbringers und der Werkstattleitung über den Ablauf mit der Bitte um vorläufige Verschwiegenheit. Dadurch soll vermieden werden, dass die Betroffene zum Werkstattgespräch wird, und dass der Gruppenleiter in irgendeiner Weise Druck aufbauen oder Stimmung gegen die Beschwerdeführer machen kann.

Aus dem Gesprächsprotokoll (Transskript):
...
Beraterin: Herr Meier hat uns mitgeteilt, dass Sie sich mal bei ihm beschwert haben. Mögen Sie erzählen, was damals passiert ist?
Betroffene: Hm. (Pause)

Beraterin:	Dafür ist der Werkstattrat ja auch da, dass man denen Sachen sagen kann, über die man sich geärgert hat oder die schlecht gelaufen sind.
Betroffene:	(nickt und lächelt) ja!
Beraterin:	Herr Meier hat erzählt, dass Sie sich schon vor längerer Zeit beschwert hätten. Als Sie noch in der Sport AG waren. Darüber würde ich gerne mehr erfahren. Können Sie mir darüber etwas erzählen?
Betroffene:	(längere Pause) Hmmm ... Ja.
Beraterin:	Pause ... ich dachte, ich frage Sie am besten selbst. Etwas über Andere zu erfahren ist ein bisschen schwierig.
Betroffene:	Ja ... das ist richtig ... dann bin ich raus gegangen aus Sport.
Beraterin:	Erzählen Sie doch mal. Was ist denn damals vorgefallen?
Betroffene:	Also Herr Brand war damals noch drin, in dem ... Sport -AG, da ...
Beraterin:	(Pause)... hmmm (nickt)
Betroffene:	und der hat immer die Mädchen angefasst und so. Und mich natürlich auch. Das war auch im BBB (Berufsbildungsbereich) schon so, aber das macht ja jetzt Frau Allwang.
Beraterin:	Ja, das macht jetzt Frau Allwang.
Betroffene:	Das war auch schon im BBB so. Und da bin ich zum Werkstattleiter, aber die ham nichts gemacht.
Beraterin:	Die ham nichts gemacht.
Betroffene:	Die ham den auch nich rausgeschmissen oder so ... und bei Sport-Dings war das dann genauso. Immer angefasst, und anne Füße, da hab ich Angst gekriegt ... und dann bin ich rausgegangen. Seit dem geh ich da nich mehr hin.
Beraterin:	Der hat Sie angefasst ...
Betroffene:	(aufgebracht) Macht der bei anderen auch, aber die lassen sich das gefallen! Die erkennen das als Spaß. Aber ich hab das nicht als Spaß erkannt, weil er so ne ... na ... Gewalt hat. Und da hab ich Angst gekriegt.
Beraterin:	Können Sie noch genauer erzählen, was da vorgefallen ist? Wovor Sie Angst gekriegt haben?
Betroffene:	Na übern Kasten sind wir, mussten wir klettern. Ja, also, mein Fuß ... er macht seine Hand um mich. (Pause) So (zeigt es).
Beraterin:	Wo war das?
Betroffene:	Auf'm Kasten. Ja. Und mein Fuß so runtergezogen. Und da hab ich Angst gekriegt und hab gesagt: »Sie sollen es sein lassen!« Aber irgendwie hat er nich reagiert, und da hab ich Angst gekriegt.
Beraterin:	Hmm, Angst. Wovor genau hatten Sie Angst?
Betroffene:	Dass er mich runterzieht. Dass ich runterfalle.
Beraterin:	Dass Sie runterfallen, davor hatten Sie Angst?
Betroffene:	Ja.

Beraterin:	Hat er das mit den Anderen auch gemacht?
Betroffene:	Das weiß ich nich, ... aber er fasst andere Mädchen auch an ... fasst die an den Hintern ... sogar!
Beraterin:	Hmmm.
Betroffene:	Das find ich nich ok.
Beraterin:	Hmmm.
Betroffene:	Oder mein Freund, der arbeitet auch hier. Ne? Inner Gärtnerei. Da hat der (Herr Brand.) ihn mal mit'n Gabelstapler ... so richtig ... inne Hacken, ne? Und hat ihn mal mit n Pullover angegriffen und richtig nach hinten gezogen, dass der Pullover richtig gerissen ist. Also ... er greift Leute an.
Beraterin:	Er greift die an.
Betroffene:	Ja. Er nimmt die an Hals und zieht bis man keine Luft mehr kriegt ... das ist doch nicht normal?
Beraterin:	Das klingt hart.
Betroffene:	Keiner mag den. Keiner mag Herrn Brand.
Beraterin:	Also, ich habe verstanden, dass der so Sachen macht, bei denen man sich sehr erschreckt?
Betroffene:	Ja, Ja ...(Pause)
Beraterin:	Dass er einem in die Hacken fährt ... oder am Fuß zieht?
Betroffene:	Er wird einfach handgreiflich. Das isses.
Beraterin:	Können sie das noch genauer erzählen – handgreiflich kann ja so viel heißen?
Betroffene:	(stöhnt)
Beraterin:	Ich möchte es gerne genau verstehen.
Betroffene:	Diss is schon lange her. Ob Ihnen des jetzt erzähle oder nich. Was woll'n Sie da jetzt machen?
Beraterin:	Stimmt, das ist schon lange her.
Betroffene:	Pause ... eigentlich is das für mich abgeschlossen ... ich hab mit dem Menschen nichts mehr zu tun.
Beraterin:	Sie haben eigentlich gar nichts mehr damit zu tun. Das verstehe ich. Ich mache mir aber auch Sorgen, ob es anderen auch so geht.
Betroffene:	Weiß ich nich, kann ja nich reingucken in andere.
Beraterin:	Nee. Das kann man nicht. Aber vielleicht können wir andere schützen, wenn Sie genauer erzählen, was passiert ist.
Betroffene:	Wie er mich einfach am Fuß gefasst hat. Und ich hab Angst gekriegt, dass ich runterfalle. Und ich kann es nicht haben. Dieses Anpacken. Das hat er auch immer wieder gemacht.
Beraterin:	Und was haben Sie dann gemacht?
Betroffene:	Es ihm gesagt. Und irgendwann hat es mir gereicht. Und dann bin ich hoch zu Kurt. Und dann zum Werkstattleiter. Aber die ham irgendwie nich reagiert. Oder das hier (zeigt groben Griff in die Taille), das hat er auch mehrere Male gemacht.
Beraterin:	Der hat Ihnen in die Seite gefasst, Sie zeigen das gerade.

Betroffene:	Ja so anne Seiten ... oder so mit den Fingern. Und da war ich noch im BBB. Und da bin ich dann rausgegangen zu Ludwig, weil ich da geschützter war. Sozusagen (lacht).
Beraterin.	Sie sind da jetzt raus. Das haben Sie ganz alleine gelöst.
Betroffene:	Ja. Ich weiß nich, was dies für'n Mensch is, ... der hat immer die Mädchen ... da (zeigt Taille) oder anne Schulter ... oder am Hintern ... ei, das macht kein Gruppenleiter!
Beraterin:	Hmm. Und was ist dann passiert?
Betroffene:	Und einmal ... da warn wir aufm Sportplatz, da hat er aufn Weg gemacht.
Beraterin:	Gemacht?
Betroffene:	Gepinkelt, mein ich.
Beraterin:	So dass Sie das sehen konnten?
Betroffene:	Also ich habs gesehen. Obs die anderen gesehen haben, weiß ich nicht, die warn ja vorne.
Beraterin:	Wie hat er das genau gemacht?
Betroffene:	Na – er is an die Seite, hat sich dahin gestellt, und man hat's genau gesehen, was er da gemacht hat. Da stellt man sich nich nur so hin ... was soll er n sonst gemacht haben ... und er hat so zu mir rübergeguckt. Das is für mich n schlimmer Mensch.
Beraterin:	Was haben Sie noch gesehen?
Betroffene:	Na – wie er sich hingestellt hat, sonst nichts. Ich geh dem jetzt ganz ausm Weg, weil ich dem nich traue ...
Beraterin:	Sie trauen dem nicht ... aber den anderen Gruppenleitern trauen Sie, da fühlen Sie sich sicher?
Betroffene:	Ja. Klar – nur der, der ist unmöglich, aber jetzt ist er ja sowieso im Urlaub ... da soll er ruhig bleiben ... den soll man sonst wo hinschicken. ...

Einschätzung

Frau Otto hat den Vorfall circa ein Jahr zuvor schon mehrfach geschildert (Sozialdienst Nr.1, Werkstattleiter, Werkstattrat). Zum Zeitpunkt der Beschwerde lagen nur ungenaue Informationen über den Inhalt dieser Schilderungen vor. Sie hat aktuell kein persönliches Interesse mehr, die Dinge aufzuklären, und sieht darin keine Vorteile. Ihre kognitiven und sprachlichen Fähigkeiten sind bekannt, wurden testpsychologisch aus anderem Anlass untersucht und berücksichtigt.

Frau Otto berichtet auf die offene Fragestellung »Was ist denn damals vorgefallen?« von einem Vorfall, bei dem der Gruppenleiter während eines Sportangebotes durch Ziehen am Fuß und durch Umfassen Angst auslöste. Sie schildert außerdem grobe Griffe in die Taille und dass der Gruppenleiter während eines Sportangebots uriniert habe. Weiterhin schildert sie, dass es weitere Betroffene gab und verwendet Formulierungen wie z. B. »Der hat immer die Mädchen angefasst«– »immer dieses Anpacken«.

Bei der Schilderung der Situation während des Sportangebots liegen unter Berücksichtigung ihrer sprachlichen und kognitiven Fähigkeiten sowie der Motivation folgende der oben beschriebenen Merkmale, die auf selbst erlebtes Geschehen hinweisen, vor:

- Detailreichtum (Merkmal 3).
- Wiederholte und ungeordnete Darstellung (Merkmal 2).
- Logische Konsistenz (Merkmal 3).
- Die Kernhandlung ist mit den Verhältnissen des Werkstattalltags verwoben (Merkmal 4).
- Es liegen Interaktionsschilderungen und die Wiedergabe von Gesprächen vor (Merkmale 5 und 6).
- Frau Otto schildert nebensächliche Einzelheiten (Merkmal 9): »Da hab ich gesagt: Sie sollen es lassen.«
- Eigene psychische Zustände wie Angst (Merkmal 12).
- Sie gesteht Erinnerungslücken ein (Merkmal 15): »Dis is jetz schon lange her.«
- Zudem kann sie emotional belastende Einzelheiten für ihre Verhältnisse gut darstellen (Merkmal 12): »Irgendwann hats mir gereicht« und »Ich kann es nicht haben.«
- Das grobe Anfassen der Taille schildert sie gestisch und fügt (für die Beschwerde eigentlich irrelevante) Gedanken und Schlussfolgerungen hinzu (Merkmal 9).

Die o.g. Formulierungen werden auf Nachfragen von Frau Otto immer in einen Handlungszusammenhang gestellt, der mindestens als unsensibel und angsterzeugend beschrieben werden muss. Sie hat Angst zu fallen, empfindet die Berührungen als grob, unangenehm und unpassend und erlebt ein Ignorieren ihrer Unmutsbekundungen. Diese Schilderungen können mit hoher Wahrscheinlichkeit als erlebnisbasiert gelten.

Die Schilderung des Erlebnisses ihres Freundes (»in die Hacken fahren«) wird mit großer Entrüstung erzählt. Hier, wie auch bei verschiedenen anderen Details, handelt es sich um fremdes Erleben und um Bewertungen, die im Anschluss stattgefunden haben.

Ob die häufigen Hinweise auf das »Anfassen« anderer Mädchen selbst beobachtet sind, ist eher unsicher. Im Vergleich zu den anderen Begebenheiten schildert sie dies eher kurz und floskelhaft. Die Formulierung »Ich seh's nur bei Anderen, keine Ahnung, ob es die stört« kann für ihre Verhältnisse durchaus als kritische Selbstreflektion oder Entlastung des Gruppenleiters (Merkmale 17, evtl. 18) angesehen werden, was eher für tatsächlich beobachtetes Geschehen sprechen würde.

Bei dem von ihr beobachteten »Pinkeln« könnte es sich um ein von ihr unverstandenes Handlungselement handeln (evtl. Merkmal 10). Hier liegen zwar (im Rahmen ihrer Möglichkeiten) detaillierte Schilderungen vor, d.h. mit hoher Wahrscheinlichkeit hat sie tatsächlich etwas beobachtet, aber es bleibt unklar, was genau gesehen wurde (»Was soll er denn sonst gemacht haben?«).

Aufgrund obiger Schilderungen wurde der Gruppenleiter zeitnah vom Werkstattleiter (der zuvor nicht reagiert hatte) und der Geschäftsführung mit den Vorwürfen konfrontiert und abgemahnt. Nach weiteren Abmahnungen, in denen respektloses und unsensibles Verhalten gegenüber Menschen mit Behinderungen direkt beobachtet wurde, verließ der Gruppenleiter die Werkstatt.

Der Vorfall spielte sich ab, bevor es ein umfassendes Präventionskonzept in der betreffenden Werkstatt gab. Es war u. a. Anlass, ein solches zu entwickeln, um die bittere Erfahrung von Frau Otto, ihre Erlebnisse mehrmals erfolglos zu schildern, anderen Menschen mit Behinderung zu ersparen.

4.4 Gespräch

Im Bereich des Rechts ist die Befragung (richterlich, staatsanwaltlich, polizeilich) prozessrechtlich relevant, durch besondere Verfahrensvorschriften geregelt und Vernehmungslehre ein Bestandteil der polizeilichen Ausbildung. In Einrichtungen der Behindertenhilfe kann es also nicht um Befragung auf »eigene Faust« gehen, sondern darum, sich mit Kenntnissen anderer Fachrichtungen vertraut zu machen, um Äußerungen von Menschen mit geistiger Behinderung ernst zu nehmen, ihre Plausibilität einzuschätzen, Grenzen des eigenen Handelns zu erkennen und ggf. weitere Maßnahmen zu veranlassen.

In einem Gespräch, das die sexuelle Selbstbestimmung einer Person betrifft, geht es zuerst darum, eine möglichst entspannte und angstfreie Atmosphäre herzustellen.

Dass ein Gespräch über solche Vorfälle in einem ungestörten Raum stattfinden sollte, versteht sich von selbst, wird aber von Praktikern immer wieder als Herausforderung empfunden – entweder sind es offene Gemeinschaftsräume, enge Büros oder lieblose Nebenräume –, angenehme und ungestörte Gesprächsräume sind in Werkstätten oder in Wohnheimen für Menschen mit Behinderung kein Standard. Die Grundhaltung sollte freundlich, wertschätzend und einfühlsam sein. Wichtig ist, als Fachkraft auch in einem Gespräch über sexuelle Gewalt entspannt zu bleiben, Ruhe auszustrahlen, hektisches Sprechen zu vermeiden, Blickkontakt herzustellen und Aufmerksamkeit und Interesse durchgängig auszudrücken. Zur Sicherung der Schilderungen kann eine Audioaufzeichnung oder ein möglichst wortgetreues Protokoll inklusive der gestellten Fragen dienen. Die Audioaufzeichnung erleichtert die Konzentration auf das Gespräch.

Insgesamt ist es wichtig, eine neutrale Haltung zu bewahren. In Anbetracht der zum Teil bedrückenden oder erschreckenden Erlebnisse ist es wichtig, bewertende Äußerungen wie »Das ist ja furchtbar!« zurückzuhalten, wenn es um das Erfassen des Geschehens geht. Auch sollten Personen nicht bewertet werden und keine Vorwürfe gemacht werden: z. B. »Warum haben Sie das denn nicht eher erzählt?« oder »Warum sind Sie da überhaupt hingegangen?«

Belastungen sollten nicht zuerst oder von selbst von der Fachkraft thematisiert werden, z. B. als Einleitung »Ich weiß, dass das jetzt sehr schwer für Sie/Dich ist«. Betroffene zeigen oftmals starke emotionale Reaktionen, mit denen Berater umgehen müssen. Hilfreich ist, die Gefühle wahrzunehmen, evtl. etwas abzuwarten, aber anschließend eher auf einen weniger belastenden Aspekt der Problematik einzugehen. Im Unterschied zur therapeutischen Gesprächsführung werden die emotionalen Inhalte nicht vertieft.

Verliert die Betroffene den Faden oder versucht abzulenken, kann man geduldig versuchen, wieder zum Gespräch zurückführen. Je nach kognitiven Voraussetzungen ist manchmal kein Verständnis dafür da, dass etwas »nicht zum Thema« gehört, daher ist vorsichtiges, freundliches Zurückführen nötig. Bei mangelnder Konzentration kann eine kurze Pause eingelegt werden.

Wichtig ist, je nach den sprachlichen und kognitiven Fähigkeiten des Gegenübers, ruhig, einfach und klar zu sprechen und Abstraktionen zu vermeiden. In einer Frage sollte nur ein Sachverhalt erfragt werden. Kurze Sätze, einfache Satzstrukturen sind vorzuziehen. Wenn die Betroffene im Redefluss ist, ist es wichtig, sie nicht zu unterbrechen, sondern Nachfragen anschließend zu stellen.

4.5 Vermeidung suggestiver Beeinflussung

Unter Suggestion versteht man Formen der Beeinflussung, bei der eine Person (ohne es zu bemerken) Informationen übernimmt, welche ihr durch Gespräche, Befragungen oder nachträgliche Informationen übermittelt worden sind (Volbert, 2008). Wie leicht Menschen beeinflussbar sind, hängt von verschiedenen Faktoren ab und ist schwer einzuschätzen. Für Kinder, ältere Menschen, Menschen mit Persönlichkeitsstörungen und Menschen mit geistiger Behinderung weisen Forschungsergebnisse darauf hin, dass sie besonders empfänglich für Suggestionen sind (z. B. Volbert, 1997). Deshalb ist es wichtig, solche Einflüsse möglichst gering zu halten. Einige praktische Empfehlungen dazu sind im Folgenden aufgeführt.

Betroffene sollten bei einem Bericht über ein Erlebnis von vermuteter sexueller Gewalt explizit auf die Möglichkeit hingewiesen werden nachzufragen, wenn sie eine Frage nicht verstanden haben. Auch die Erlaubnis »Ich weiß nicht« zu sagen oder über etwas nachzudenken sollte ausdrücklich erwähnt werden. Hilfreich sind Formulierungen, die der Betroffenen deutlich machen, dass man verstehen möchte, was passiert ist, aber nicht dabei war. Aus demselben Grund kann man auch vor »blöden« Fragen warnen. Nachfragen können mit Verständnisproblemen seitens der Fachkraft begründet werden: »Ich habe das noch nicht ganz verstanden.« Bei kognitiv beeinträchtigten oder ängstlichen Menschen könnte sonst der Eindruck entstehen, sie hätten – wie vielleicht oft mit Autoritätspersonen erlebt – nicht gut genug berichtet oder etwas falsch gemacht. Äußerungen wie »Daran müssen Sie sich aber doch auf jeden Fall erinnern!« setzen Betroffene unter Druck und verführen zu Erfindungen.

Aus der Gedächtnispsychologie ist bekannt, dass ein Zeuge im freien Bericht mehr richtige Informationen von sich gibt als auf Fragen. Bei Fragen werden mehr Erinnerungsfehler produziert als im freien Bericht, und bei geschlossenen Fragen entstehen mehr Fehler als bei offenen Fragen. Bei freiem Bericht sind oftmals zur

Ergänzung zusätzliche Fragen nötig, sollten aber so offen wie möglich gehalten werden.

Deshalb wird zunächst um einen zusammenhängenden Bericht gebeten. Dazu werden offene Fragen benutzt. Im obigen Beispiel »Was ist damals passiert?« oder »Können Sie mir mehr dazu erzählen?«

Es geht darum, die Frageform so zu wählen, dass nicht einfach mit »ja« oder »nein« beantwortet werden kann. Beispiele für beeinflussende (suggestive) Befragung sind: »Hat er Sie nun sexuell belästigt oder nicht?« oder »Da haben Sie doch bestimmt um Hilfe gerufen?« Es geht nicht nur darum, bestimmte Frageformen zu vermeiden, sondern auch durch die eigene Voreingenommenheit unbeabsichtigt zu beeinflussen. Ist eine fragende Person davon überzeugt, dass sexuelle Gewalt stattgefunden hat, wird sie möglicherweise unbeabsichtigt Fragen so stellen, dass die eigene Haltung bestätigt wird.

Es ist wichtig, Betroffenen Zeit zum Berichten und Antworten zu lassen und den Spontanbericht nicht zu unterbrechen. Fällt es der Betroffenen schwer, zusammenhängend zu berichten, kann es nötig sein, den Redefluss unspezifisch zu verstärken, d. h. zu ermuntern weiterzusprechen, ohne bestimmte Inhalte dadurch hervorzuheben. Nach dem Ende des Spontanberichts kann z. B. der letzte Satz wiederholt oder mit eigenen Worten wiederholt werden, um den Gesprächsfaden wieder aufzunehmen oder zum Weitersprechen zu ermuntern. Oder man kann die Betroffene direkt bitten, weiter zu erzählen, genauer zu erzählen. Dies benötigt bei kognitiv oder sprachlich beeinträchtigten Menschen manchmal Geduld, ist aber ein wesentliches Element. Insgesamt ist es hilfreich, wie bei vielen Gesprächen mit Menschen mit Lernschwierigkeiten und intellektuellen Beeinträchtigungen, einfache Sätze und Fragen, keine Fremdwörter und keine Mehrfachfragen zu benutzen (Arntzen, 1989, bff, 2011). Das Ergebnis von Befragungen bei Menschen mit geistiger Behinderung ist mehr von der Art der Befragung als von den Fähigkeiten der Befragten abhängig (Schäfers, 2009).

Steller & Volbert (2005) empfehlen ein so genanntes trichterförmiges Vorgehen, d. h. die Fragen sind anfangs weit und unspezifisch und werden erst allmählich spezifischer.

Dabei können Leerfragen gestellt werden, z. B. »Gibt es noch etwas, das Sie erzählen möchten, was ich bisher gar nicht gefragt habe?« oder »Passierte sonst noch etwas?«

Eine weitere Möglichkeit sind spezifische Fragen ohne inhaltliche Vorgaben wie: »Erzählen Sie von dem letzten Mal, als etwas passiert ist«. Problematischer sind Wahlfragen wie z. B. »War es in der Turnhalle, im Umkleideraum oder draußen?«, die jedoch manchmal nötig sind, um zu Schilderungen zu kommen. Hier sollte eine offene Möglichkeit, z. B. »oder ganz woanders?«, angefügt werden oder Konträrfragen verwendet werden (falsche Möglichkeit und offene Möglichkeit).

Auch Stichwortfragen können helfen, zu relativ freien Berichten zu kommen, wenn entsprechende Vorinformationen vorliegen. Insgesamt ist darauf zu achten, keine Vorgaben zu machen und die eigene Frageform immer zu protokollieren.

4.6 Fazit

Kenntnisse über Beeinflussung (Suggestion) und Kennzeichen erlebnisbasierter Aussagen sind auch außerhalb des forensischen Kontextes, im Beratungs- und Therapiesetting sinnvoll, da es für die Beratung einer betroffenen Person nicht unbedeutend ist, ob einer Äußerung über sexuelle Gewalt tatsächliches Erleben zugrunde liegt oder nicht (Volbert & Steller, 2005). Dies gilt auch für die Arbeit mit Menschen mit Behinderung. Die Gefahr, auf Menschen mit Behinderung suggestiv einzuwirken und ihre Aussagen damit unter Umständen wertlos zu machen, ist durch möglichst wortgetreue Dokumentation und Kenntnisse über das Phänomen der Suggestion reduzierbar. Eine möglichst sachliche und objektive Sichtweise auf Aussagen und die zugrunde liegenden Geschehnisse zu erhalten, muss nicht im Widerspruch zu dem Anspruch stehen, einer Person, die eine Mitteilung über ein Geschehnis macht, das mit sexueller Gewalt im Zusammenhang steht, einfühlsam und wertschätzend zu begegnen, diese Person zuverlässig zu schützen und zu begleiten. Bei Beratungs- oder Therapieanlässen wird eine vorausgehende, gründliche Abklärung der Problemlage und Diagnostik nicht in Frage gestellt und dies als immanenter Teil von Beratung und Therapie angesehen.

Geht es im institutionellen Rahmen um die Frage, ob einer Erstmitteilung über sexualisierte Gewalt arbeitsrechtliche Konsequenzen oder eine Strafanzeige folgen soll, wird ebenfalls von den Fachkräften eine Einschätzung der Schwere der Vorfälle und eine erste Plausibilitätsprüfung erwartet, um das mögliche Opfer entsprechend beraten und ggf. zu einer Anzeige motivieren zu können.

Literatur

Arntzen, F. (1989): Vernehmungspsychologie. München: Verlag C.H.Beck.
Beck, H. (2012): Entwurf einer Handlungsempfehlung zum Umgang mit Grenzverletzungen, sexuellen Übergriffen und sexueller Gewalt gegen Menschen mit Behinderungen in voll- und teilstationären Einrichtungen der Behindertenhindertenhilfe. www.frankfurt-university.de/fachbereiche/fb4/projektefb4/handlungsempfehlungengrenzen.html). Zugriff am 21.08.2014
Berger, O. (2005): Aspekte der Zeugenkompetenz und Validierung der kriterienorientierten Aussageanalyse von Jugendlichen mit Intelligenzminderung. Dissertation. Universität Regensburg. www.epub.uni-regensburg.de/10348). Zugriff am 23.08.2014
BGH (1999): Anforderungen an Glaubhaftigkeitsgutachten. Wissenschaftliche Anforderungen an aussagenpsychologische Begutachtungen. In: NJW (37), 2746-2751.
Bundesverband Frauenberatungsstellen und Frauennotrufe. Frauen gegen Gewalt e.V. (Bff) (2011). Leitfaden für den Erstkontakt mit gewaltbetroffenen Frauen mit Behinderung. www.frauen-gegen-gewalt.de/Aktuelles /Nachrichten). Zugriff am 23.08.2014
Bundesverband Frauenberatungsstellen und Frauennotrufe. Frauen gegen Gewalt e.V. (Bff) (2010): Stellungnahme zum Entwurf eines Gesetzes zur Verbesserung der Effektivität des Strafverfahrens. www.frauen-gegen-gewalt.de/bff-stellungnahmen.html). Zugriff am 23.08.2014

Bundesvereinigung Lebenshilfe (2011): Zur Prävention und zum Umgang bei (Verdachts)-Fällen von sexueller Gewalt. Eine Empfehlung der Lebenshilfe für Menschen mit geistiger Behinderung. www.lebenshilfe.de/wData/downloads/stellungnahmen/BVLH/2011-07-15-Empfehlung-Praevention-von-sexueller-Gewalt.pdf). Zugriff am 24.6.2014

Greuel, L., Fabian, T. & Stadler, M. (Hrsg.) (1997): Psychologie der Zeugenaussage. Ergebnisse der rechtspsychologischen Forschung. Weinheim: Beltz.

Greuel, L. (2012): Glaubhaftigkeitsbegutachtung. Methoden und Perspektiven der forensischen Aussagepsychologie. In: Egg, R. (Hrsg.): Psychologisch-psychiatrische Begutachtung in der Strafjustiz (S. 33-67), Wiesbaden: Kriminologische Zentralstelle (Band 63; Schriftenreihe Kriminologie und Praxis).

Niehaus, S. (2013): Opferzeugen mit Intelligenzminderung. In: Wirtz, M. (Hrsg.). Dorsch. Psychologisches Wörterbuch (S. 1126). Göttingen: Hogrefe.

Schäfers, M. (2009): Methodenforschung zur Befragung von Menschen mit geistiger Behinderung. In: Heilpädagogische Forschung (35), 213-227.

Schröttle, M., Hornberg, C., Glammeier, S., Sellach, B., Kavemann, B., Puhe, H. & Zinsmeister, J. (2012): Lebenssituationen und Belastungen von Frauen mit Beeinträchtigungen und Behinderung in Deutschland. Im Auftrag des Bundesministeriums für Familie, Senioren, Frauen und Jugend. Bielefeld u.a.

Steller, M. & Köhnken, G. (1989): Criteria-based statement analysis. Credibility assessment of children's statments in sexual abuse cases. In: Raskin, D.C. (Ed): Psychological methods for investigation and evidence (S. 217-245). New York: Springer.

Undeutsch, U. (1967): Beurteilung der Glaubhaftigkeit von Zeugenaussagen. In: Undeutsch, U. (Hrsg.): Handbuch der Psychologie. Bd.11, Forensische Psychologie (S. 26-181). Göttingen: Hogrefe.

Volbert, R. (1995): Glaubwürdigkeitsbegutachtung bei Verdacht auf sexuellen Mißbrauch von Kindern. In: Zeitschrift für Kinder- und Jugendpsychiatrie (23), 20-26 .

Volbert, R. (1997): Suggestionseffekte in Kinderaussagen. In Warnke, A., Trott, G.-E. & Remschmidt, H. (Hrsg.): Forensische Kinder- und Jugendpsychiatrie, 150-159.

Volbert, R. & Steller, M. (2005): Methoden und Probleme der Glaubhaftigkeitsbegutachtung bei Verdacht auf sexuellen Missbrauch In: Ammann, G. & Wipplinger, R. (Hrsg.): Sexueller Missbrauch. Überblick zu Forschung, Beratung und Therapie. Ein Handbuch (S. 417-432). Tübingen: Deutsche Gesellschaft für Verhaltenstherapie.

Volbert, R. (2008): Suggestion. In: Volbert, R. & Steller, M. (Hrsg.): Handbuch der Psychologie. Band 6: Handbuch der Rechtspsychologie (S. 331-341). Göttingen: Hogrefe.

5 Folgen von sexueller Traumatisierung bei Frauen mit geistiger Behinderung

Babara Leiersender

5.1 Einleitung

Frauen mit geistiger Behinderung stellen in unserer heutigen Gesellschaft immer noch eine marginalisierte Personengruppe dar. Infolgedessen findet eine Auseinandersetzung mit dem Thema geistige Behinderung in Zusammenhang mit sexueller Gewalt kaum statt, obwohl Frauen mit geistiger Behinderung überdurchschnittlich häufig von Diskriminierung und sexueller Gewalt betroffen sind (vgl. Schröttle et al. 2013).

Da es bisher keine empirischen Daten zu den Folgen sexueller Traumatisierung bei Frauen mit geistiger Behinderung gab, soll mit der im Folgenden dargestellten Fragebogenerhebung ein Anfang gemacht werden, Wissen zu generieren und die Auseinandersetzung mit diesem Thema zu fördern. Ziel dieser Fragebogenerhebung war die Erfassung von Unterschieden bezüglich der Folgen sexueller Traumatisierung bei Frauen mit und bei Frauen ohne geistige Behinderung.

Einhundert Frauenberatungsstellen in Niedersachsen wurden zu den erkennbaren Folgen sexueller Traumatisierung von Frauen mit geistiger Behinderung mittels eines halb standardisierten Fragebogens befragt.

5.2 Gestaltung und Durchführung der Fragebogenerhebung

Die der Befragung zugrunde liegende Forschungsfrage wurde aus der Problematik, die sich aus der enormen Gewaltbetroffenheit von Frauen mit geistiger Behinderung und dem mangelnden Wissen über Folgen und Reaktionen dieser Betroffenen zusammensetzt, entwickelt. Mit dieser Befragung galt es somit, erste Erkenntnisse über Traumafolgen bei Frauen mit geistiger Behinderung zu erhalten. Basierend auf den Traumafolgen von Frauen ohne Behinderung, die von Huber (2012) herausgearbeitet wurden, ist der Frage nachgegangen worden, inwieweit Unterschiede zu den Folgen von sexueller Traumatisierung bei Frauen mit geistiger Behinderung bestehen.

Dafür wurden, wie oben bereits erwähnt, Beraterinnen der einhundert Frauenberatungsstellen in Niedersachsen angeschrieben mit der Bitte, diejenigen Traumafolgen auszuwählen, die sie durch ihre Praxis bei Frauen mit geistiger Behinderung kennen. Mögliche Symptome und Folgen wurden innerhalb des Fragebogens aufgelistet und konnten somit detailliert abgefragt werden, was wiederum eine gute Vergleichbarkeit in Bezug auf die Unterschiede zwischen Frauen mit und ohne geistiger Behinderung erwarten ließ.

Basierend auf Huber (2012, S. 114–115; S. 59–65) mit einer Erweiterung durch Fischer und Riedesser (2009, S. 337) wurden die Folgen in sechs Kategorien gegliedert:

1. Symptome aus dem Spektrum der Posttraumatischen Belastungsstörung
2. Körperliche Symptome
3. Störungen im Bereich der Konzentrations- und Leistungsfähigkeit
4. Störungen im Bereich der Affekt- und Impulskontrolle
5. Formen von sexuellen Auffälligkeiten bzw. Störungen der Sexualität
6. Dissoziation

Daran schlossen zwei offenen Fragen an: Die erste befasste sich mit den gravierendsten Unterschieden der Traumafolgen bei Frauen mit geistiger Behinderung im Vergleich zu Frauen ohne Behinderung. Die zweite Frage beschäftigte sich mit den persönlichen Erfahrungen der Beraterinnen, die sie in der Beratung von Frauen mit geistiger Behinderung machten. Hintergrund dieser offenen Fragen war das Hervorheben der Individualität der einzelnen Wahrnehmungen. Das Erleben von sexueller Traumatisierung ist etwas, was nur sehr subjektiv von der jeweiligen Betroffenen bewertet werden kann. Dies galt es, mit den offenen Fragen darzustellen und den Beraterinnen Platz zu geben, aus ihrer individuellen Praxis das für sie Wichtige darzulegen.

Die Rücklaufquote dieser Befragung belief sich auf 56,14 %. Dieses Ergebnis zeigt eine hohe Bereitschaft von Seiten der Beraterinnen und macht die Wichtigkeit dieser Thematik deutlich. Hinzuzufügen ist aber, dass diese Zahl auch dadurch zustande kam, dass sich die Anzahl der Frauenberatungsstellen, denen es möglich war, diesen Fragebogen auszufüllen, von 100 auf 57 verringerte. Schon allein 39 Frauenberatungsstellen hatten keine Klientinnen mit geistiger Behinderung und konnten somit keine Aussagen bezüglich der Folgen von sexueller Traumatisierung derer treffen. Dieses Ergebnis lässt klar erkennen, dass ein enormer Handlungsbedarf darin besteht, Unterstützungsangebote für Frauen mit geistiger Behinderung, die sexuelle Gewalt erlebt haben, zu erschließen.

Wie im Weiteren noch ausführlicher beschrieben wird, liegt die eigentliche Problematik bzw. der eigentliche Unterschied zwischen Frauen mit und ohne geistige Behinderung nicht in den verschiedenen Folgen und Reaktionen auf traumatische Erlebnisse, sondern im Umgang damit und den anschließenden Unterstützungsangeboten für Frauen mit geistiger Behinderung, die sich erheblich von denen der Frauen ohne geistiger Behinderung unterscheiden.

5.3 Ergebnisse der Fragebogenerhebung

Im Folgenden werde ich die Ergebnisse der Fragebogenerhebung kurz darlegen, um dann die Unterschiede, auch mit Blick auf die Antworten der Beraterinnen auf die offenen Fragen, näher zu erläutern.

Symptome aus dem Spektrum der Posttraumatischen Belastungsstörung

Die erste der sechs Kategorien, die ich oben bereits aufgeführt habe, waren die Symptome aus dem Spektrum der Posttraumatischen Belastungsstörung (PTSD). Die PTSD ist eine klassifizierte Diagnose, die aufgrund von traumatischen Erlebnissen auftreten kann. Mit Blick auf die Ergebnisse der Fragebogenerhebung lässt sich klar erkennen, dass die PTSD auch bei Frauen mit geistigen Behinderung eine große Rolle spielt. Diese zeigen nämlich ganz deutlich die zentralen Phänomene einer PTSD: 90 % der Beraterinnen gaben an, einen erhöhten Erregungszustand (Hyperarousel) bei ihren Klientinnen festzustellen, 80 % benannten Vermeidung (Konstriktion) als ein Symptom der Posttraumatischen Belastungsstörung und 75 % begegnete das Wiedererleben (Intrusion) (von Teilen) des traumatischen Erlebnisses in der Beratung von Frauen mit geistiger Behinderung.

Die PTSD zeigt sich meist nicht unmittelbar nach dem traumatisierenden Ereignis, sondern tritt häufig erst viel später, manchmal sogar Jahre danach, auf. Dies gilt es in der Beratung bzw. der Zusammenarbeit mit Frauen mit geistiger Behinderung zu berücksichtigen. Gerade wenn die Symptome bzw. Störungen erst viel später in Erscheinung treten, fällt es den betroffenen Personen schwer, den Zusammenhang zu dem traumatischen Erlebnis zu erkennen. Diese Problematik verstärkt sich noch bei Frauen mit einer geistigen Behinderung, da durch kognitive Einschränkungen aufgrund ihrer Behinderung das Herstellen einer Verbindung zwischen Verhaltensweisen und einem zurückliegenden Ereignis erschwert wird.

Die hohen Ergebnisse bei den Punkten »erhöhter Erregungszustand« und »anhaltendes Vermeiden von Reizen, die an das Trauma erinnern«, können eventuell auch dadurch erklärt werden, dass diese Verhaltensweisen gut zu beobachten sind und somit von Außenstehenden, in diesem Fall von den Beraterinnen der Frauenberatungsstellen, erkannt werden können. Dies zeigt umso deutlicher, dass Traumafolgestörungen von dem sozialen Umfeld wahrgenommen werden können. Infolgedessen ist eine frühzeitige Erkennung möglich und notwendig, um den betroffenen Frauen adäquate Unterstützung zu bieten.

Körperliche Symptome

Die Ergebnisse der zweiten Kategorie »Körperliche Symptome« zeigen eine starke Betroffenheit an körperlichen Einschränkungen bzw. Störungen, die sich auf das körperliche Wohlbefinden auswirken. Mit 70 % wurden hierbei Essstörungen als die häufigste Folge dieser Kategorie von den Beraterinnen benannt. Dies deckt sich mit den Angaben aus der Literatur von Noack und Schmid (1994), Becker (2001) und Huber (2012). Essstörungen werden dort als ein Versuch benannt, die Kontrolle über den eigenen Körper wieder zu erlangen, die den betroffenen Frauen während der Situation der sexuellen Gewaltausübung genommen wurde. Zum anderen erscheint es für sie als eine Möglichkeit, sich durch extreme Gewichtszu- oder -abnahme unattraktiv für den Täter zu machen.

Des Weiteren gaben innerhalb dieser Kategorie über die Hälfte der Beraterinnen an, dass ihre Klientinnen mit geistiger Behinderung unter erhöhter Anfälligkeit für Krankheiten (50 %) bzw. Phantomschmerzen (55 %), vor allem im Unterbauchbereich, leiden. Dieses Ergebnis verstärkt die Annahme, dass Frauen mit geistiger Behinderung starken Einschränkungen in ihrem Leben ausgesetzt sind, da zusätzlich zu psychischen Schwierigkeiten noch körperliche Schmerzen hinzukommen.

Das kann auch die häufige Abhängigkeit von Beruhigungs-, Schmerz- und/oder Schlaftabletten erklären. Dem sei hinzuzufügen, dass gerade in Einrichtungen sehr schnell Medikamente bzw. Beruhigungsmittel an Frauen mit geistiger Behinderung verabreicht werden, um bestimmte Symptome oberflächlich zu bekämpfen (vgl. Zemp & Pircher 1996, S. 89-90).

Dies wurde auch innerhalb meines Fragebogens bestätigt. In der Beantwortung der zweiten offenen Frage benannten zwei Beraterinnen die häufige medikamentöse Behandlung der Frauen, was zum einen die Abhängigkeit davon begünstigt und zum anderen Schwierigkeiten in der Beratung bedeutet, da die Frauen mit geistiger Behinderung aufgrund dieser Medikamente Probleme in der Selbstwahrnehmung und Reflexion haben.

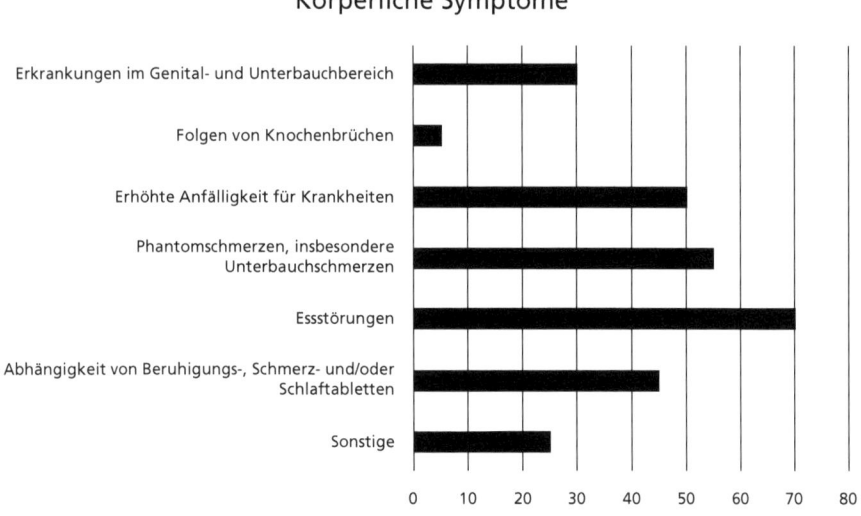

Abb. 1: Körperliche Symptome

Störungen im Bereich der Konzentrations- und Leistungsfähigkeit

Im Bereich der Konzentrations- und Leistungsfähigkeit lassen sich keine Unterschiede zwischen Frauen mit und ohne geistige Behinderung feststellen. Eine große Anzahl der befragten Beraterinnen benannten die ersten beiden Punkte dieser Kategorie – schlechte oder schwankende Leistungen in der Schule oder Arbeit (70 %) und häufiges Fehlen aufgrund von Traumatisierung(sfolgen), Schwächezuständen und Erkrankungen aufgrund von Selbstverletzungen oder Suchtverhalten (75 %) – als sehr häufige Folgen von sexueller Traumatisierung bei Frauen mit geistiger Behinderung. Auch der Zusatz einer Beraterin, in dem sie beschreibt, dass aufgrund der Abspaltung kein Bezug zu dem traumatischen Ereignis zugelassen wird, beschreibt eine Verhaltensweise, die auch bei Frauen ohne geistige Behinderung als Traumafolge zu beobachten ist.

Störungen im Bereich der Affekt- und Impulskontrolle

Die Auswirkungen eines traumatischen Erlebnisses auf die Kontrolle der eigenen Affekte und Impulse sind sehr vielfältig und bei Frauen mit geistiger Behinderung mit Blick auf die hier vorgestellten Ergebnisse sehr beträchtlich. Gerade diese Verhaltensweisen, welche dadurch entstehen, werden bei Frauen mit einer geistigen Behinderung oft nicht als Folgen einer Traumatisierung, sondern als behinderungsspezifisch gesehen. Dies hat einen gravierenden Einfluss auf das Leben der betroffenen Frauen, was nicht selten zu Retraumatisierungen und somit zu verstärkten Symptomen führt.

Die Beraterinnen benannten innerhalb dieser Kategorie mit 75 % Gefühlsschwankungen als die häufigste Folge von sexueller Traumatisierung bei Frauen mit geistiger Behinderung. Diese Schwankungen sind sehr gut von Außenstehenden beobachtbar, was unter anderem als ein Grund für die große Häufigkeit in dieser Befragung gesehen wird. Zum anderen lässt es aber sehr klar erkennen, in welchen Gefühlschaos sich die betroffenen Frauen befinden. Eventuelle Unverständlichkeit bezüglich der erlebten Gewalt, die sie aufgrund unzureichender Aufklärung nicht einordnen und erklären können, erhöhen das Gefühl von Unsicherheit und Ausgeliefertsein, was gleichzeitig meist mit großer Angst verbunden ist. Dies macht die Dringlichkeit deutlich, die betroffenen Frauen mit geistiger Behinderung dahingehend zu unterstützen, Möglichkeiten für sich zu erschließen, die ihnen helfen, Ruhe in dieses Gefühlschaos zu bringen und es dann zu verstehen.

65 % der Beraterinnen nannten in dieser Kategorie als Folge von sexueller Traumatisierung das Gefühl, nicht anerkannt und verstanden oder ungerecht behandelt zu werden. Dies hat nicht nur etwas mit einer eventuell veränderten Wahrnehmung aufgrund des Traumas zu tun, sondern zeichnet auch sehr deutlich das gesellschaftliche Bild von Behinderung und dem Umgang mit den Frauen mit Behinderung. Aufgrund vielfältiger Risikofaktoren, die durch die Behinderung entstehen, erhalten die betroffenen Frauen keine angemessene Unterstützung, was

sie in ihrem Gefühl, nichts wert zu sein, bestärkt bzw. die vorhandenen Schuldgefühle noch erhöht, da somit Gründe gesucht werden, weshalb ihnen so etwas widerfahren ist. Es lässt sich nur vermuten, unter welcher seelischen Not die betroffenen Frauen stehen, wenn sie sich nach dem Erleben sexueller Gewalt niemandem anvertrauen können bzw. ihnen nicht geglaubt wird. Dies wiederum kann infolgedessen zu weiteren Verhaltensauffälligkeiten führen.

Aus diesen beiden beschriebenen Punkten der Gefühlsschwankungen und dem Gefühl, keine Anerkennung oder kein Verständnis zu erhalten, lässt sich auch die häufige Angabe (50 %) der Wutdurchbrüche erklären. Das Entwickeln von Wut und Hass als Reaktion auf eine erlebte Gewaltsituation, die von (nahestehenden) Menschen ausgeübt wurde, sowie der Unmöglichkeit, eigene Gefühle und die Reaktionen des Umfelds darauf einordnen zu können, ist ganz natürlich und nur verständlich, dass sich diese Empfindungen einen Weg suchen.

Mit 55 % wurde auch das selbstverletzende Verhalten als eine häufige Folge von sexueller Traumatisierung bei Frauen mit geistiger Behinderung benannt, was sich auch auf Frauen ohne geistige Behinderung übertragen lässt. Selbstverletzendes Verhalten wird als eine Art der Stressbewältigung gesehen, wobei es den Betroffenen darum geht, zum einen überhaupt etwas zu spüren und dadurch Erleichterung zu erlangen und zum anderen die realen Gefühle, die mit dem traumatischen Erlebnis verbunden sind, nicht zu fühlen. Mit Blick auf sexuelle Traumatisierungen beinhaltet selbstverletzendes Verhalten häufig die Wiederholung des Eindringens und Zerstörens der erfahrenen Gewalt. Zusätzlich ist selbstverletzendes Verhalten eine Reaktion auf die Introjektion der Täteraspekte, bei der der Hass und die Verachtung, die der betroffenen Frau von dem Täter entgegengebracht wurde, in ihr Selbstbild übernommen werden. Im Zuge dieses Themas ist die bereits beschriebene Essstörung noch einmal zu erwähnen, die auch unter den Aspekt des selbstverletzenden Verhaltens zu zählen ist (vgl. Huber 2012, S. 169-170). In einer Antwort auf die erste offene Frage beschrieb eine Beraterin den speziellen Charakter selbstverletzenden Verhaltens aufgrund einer geistigen Behinderung. Dass diese betroffenen Frauen sich oft selbst verletzen, führt sie darauf zurück, dass sie »oft weniger Ressourcen, weniger Chancen, sich Hilfsmöglichkeiten zu erschließen oder Techniken (z. B. der Emotionsregulierung) zu erarbeiten und zu erhalten«, besitzen. Somit haben sie keine Möglichkeit, anders damit umzugehen, als sich selbst oder auch andere zu verletzen. Hierbei lässt sich ein Unterschied zu Frauen ohne geistige Behinderung erkennen, da das selbstverletzende Verhalten sich nicht nur auf eine innere Not zurückführen lässt, sondern äußere Begebenheiten einen zusätzlichen Auslöser darzustellen scheinen.

Ein Aspekt, der noch zum selbstverletzenden Verhalten zu zählen ist, beinhaltet suizidale Gedanken bis hin zu Suizidversuchen. 40 % der Beraterinnen gaben an, diese Form der Folge von sexueller Traumatisierung bei ihren Klientinnen beobachtet zu haben. Dieses Ergebnis lässt erkennen, unter welchem immensen Druck die betroffenen Frauen stehen und in was für Situationen sie sich befinden, in denen sie keinen anderen Ausweg mehr sehen, als sich selbst das Leben zu nehmen.

5 Folgen von sexueller Traumatisierung bei Frauen mit geistiger Behinderung

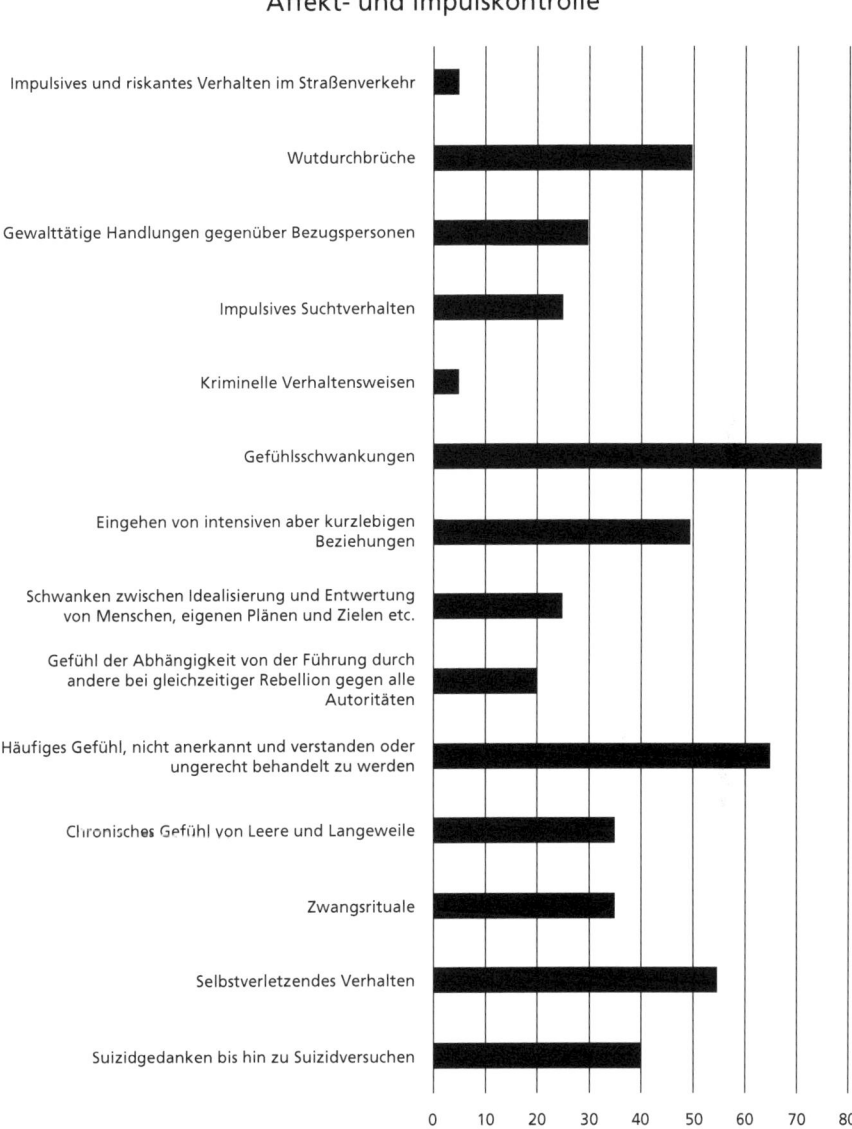

Abb. 2: Affekt- und Impulskontrolle

Formen von sexuellen Auffälligkeiten bzw. Störungen der Sexualität

In Bezug auf die Ergebnisse der fünften Kategorie »sexuelle Auffälligkeiten« lässt sich sagen, dass aufgrund der Sexualität, die im Zusammenhang mit der erlebten Traumatisierung als Gewaltmittel eingesetzt wurde, eine sehr hohe Wahrscheinlichkeit gegeben ist, dass die betroffenen Frauen als Folge davon sexuelle Störungen oder Verhaltensauffälligkeiten entwickeln. In der Literatur werden mit Blick auf verschiedene Studien sexuelle Funktionsstörungen bei betroffenen Frauen ohne Behinderung mit einer Häufigkeit von 39–70 % angegeben (vgl. Strauß, Heim & Mette-Zillessen 2005, S: 386). Im Vergleich zu den Ergebnissen der hier beschriebenen Befragung lassen sich dahingehend Unterschiede zu Frauen mit geistiger Behinderung feststellen, dass diese Folge von nur 25 % der Beraterinnen angegeben wurde. Dies wird auf das gesellschaftliche Bild von Frauen mit geistiger Behinderung und deren Sexualität zurückgeführt. Gerade bei Frauen mit geistiger Behinderung, die in Einrichtungen leben, gibt es kaum Möglichkeiten, ihre Sexualität zu leben, weshalb eventuelle sexuelle Funktionsstörungen nicht erkannt werden können.

Wenn auch nicht so häufig angegeben, ist es doch wichtig zu erwähnen, dass 35 % der Beraterinnen auffällig sexuelles Verhalten, in diesem Fragebogen mit Promiskuität abgefragt, als Folge sexueller Traumatisierung benannten. Durch sexuellen Missbrauch, vor allem im Kindesalter, findet eine frühzeitige Sexualisierung statt und es entsteht bei den betroffenen Frauen der Trugschluss, dass sie nur durch Sexualität Liebe und Zuneigung erhalten können. Aufgrund ihres Wunsches nach Nähe und einer Liebesbeziehung im Zusammenhang mit mangelnder Sexualaufklärung erhalten sie ein falsches Bild davon, was es bedeutet, eine Beziehung und ein erfülltes Sexualleben zu führen. Somit kann Promiskuität die Folge sein.

65 % der Beraterinnen gaben in dieser Kategorie Ekelgefühle gegenüber körperlichen Berührungen bzw. Sexualität an. Das Ausbilden dieser Empfindungen lässt sich in gewisser Weise schon als selbstverständlich beschreiben. Berührungen am eigenen Körper sowie das Berühren des Täterkörpers unter Zwang ist Bestandteil der Gewalthandlung, genauso wie das Mittel der Sexualität. Die damit verbundenen Gefühle, die sich durch Ausweglosigkeit, Schmerz, Unsicherheit und Angst auszeichnen, lassen sich nicht leicht zur Seite schieben und sind deshalb lange nach dem Gewalterlebnis weiterhin vorhanden. Somit findet eine Übertragung auf (fast) alle körperlichen Berührungen sowie auf Sexualität statt, da sie immer ein Wiedererleben der traumatischen Situation hervorrufen.

Im Hinblick darauf lassen sich auch die hohen Zahlen des Aspekts der Veränderung in der Beziehung zum eigenen Körper (45 %) erklären. Im Zuge der sexuellen Gewalterfahrung wurde die körperliche Integrität zerstört. Der Körper der betroffenen Frau wurde wie ein Gegenstand benutzt, um dem Täter Befriedigung zu verschaffen, und sie selbst hatte keinerlei Macht darüber. Dementsprechend wird der eigene Körper als etwas Schmutziges, vielleicht auch Kaputtes wahrgenommen und die Entwertung, die der betroffenen Frau innerhalb der sexuellen Gewalterfahrung entgegengebracht wurde, wird nun auf das eigene Körpergefühl übertragen (vgl. Fischer/Riedesser 2009, S. 337).

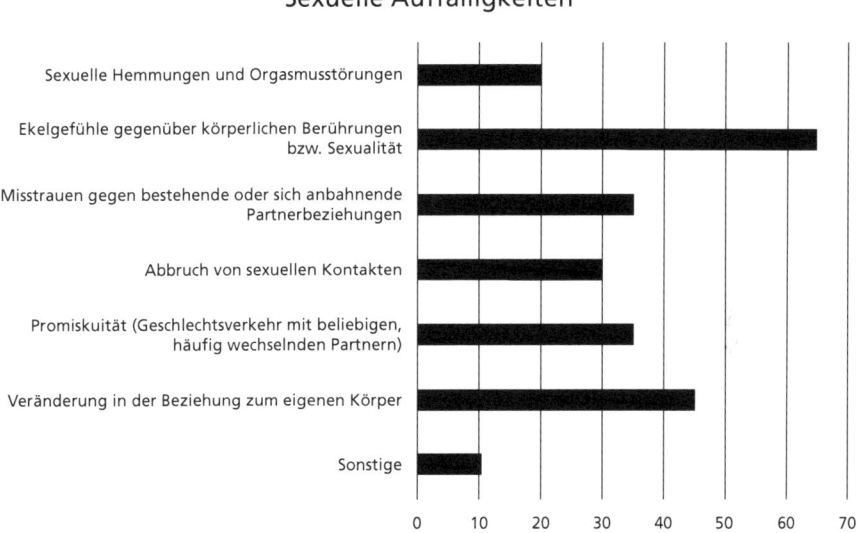

Abb. 3: Sexuelle Auffälligkeiten

Dissoziation

Die Ergebnisse der letzten Kategorie »Dissoziation« sind dahingehend zu unterscheiden, dass zuerst mit einer Häufigkeitsskala abgefragt wurde, wie oft den Beraterinnen Formen von Dissoziation bei den Frauen, die aufgrund sexueller Traumatisierung zu ihnen kommen, begegnen. Das liegt darin begründet, dass die einzelnen Formen der Dissoziation innerhalb der Beratung nicht so leicht zu differenzieren sind, da die Beratungen meist nur unregelmäßig stattfinden.

66 % der 12 Beraterinnen, die eine Häufigkeit angaben, beantworteten diese Frage mit »sehr häufig« oder »häufig«. Darauf aufbauend wurde eine Differenzierung in die einzelnen Formen von Dissoziation abgefragt. Mit 40 % war dabei die Depersonalisierung die häufigste Form, die den Beraterinnen bei ihren Klientinnen begegnete. Dies kann dahingehend interpretiert werden, dass sich Frauen mit geistiger Behinderung sehr viel auf die körperliche Ebene beziehen. Der Körper ist Kommunikationsmittel, verdeutlicht Gemütszustände und beschreibt ein Eingrenzen der eigenen Person, was in gewisser Weise das Selbst definiert. Durch den Akt der sexuellen Gewalt wird diese Grenze überschritten, die körperliche Integrität zerstört und die betroffene Frau kann sich nur schützen, indem sie aus ihrem Körper flieht. Diese Depersonalisierung führt somit zu gravierenden weiteren Folgen, da nun die Verbindung zum eigenen Selbst fehlt und kognitiv nicht

erklärbar gemacht werden kann. Die Gefahr, dadurch eine dissoziative Identitätsstörung auszubilden, erscheint daher umso höher.

Die Sensibilisierung für dieses Thema stellt einen bedeutenden Handlungsbedarf dar, um den Frauen mit dissoziativen Störungen angemessen zur Seite stehen zu können. Insgesamt lässt sich aus den Ergebnissen dieser Kategorie sagen, dass Dissoziation, die ja als Hauptabwehrmechanismus bei traumatischen Erlebnissen gesehen wird, auch bei Frauen mit geistiger Behinderung zu beobachten ist.

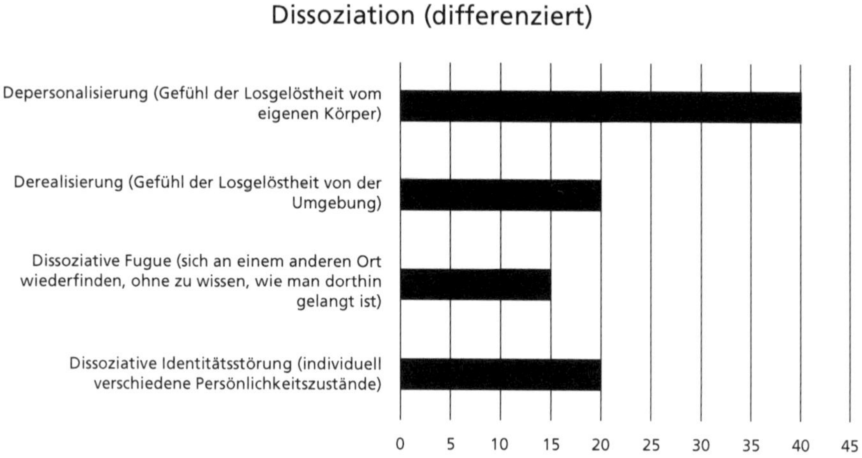

Dissoziation (differenziert)

- Depersonalisierung (Gefühl der Losgelöstheit vom eigenen Körper)
- Derealisierung (Gefühl der Losgelöstheit von der Umgebung)
- Dissoziative Fugue (sich an einem anderen Ort wiederfinden, ohne zu wissen, wie man dorthin gelangt ist)
- Dissoziative Identitätsstörung (individuell verschiedene Persönlichkeitszustände)

Abb. 4: Dissoziation

Weitere Ergebnisse

Ein Aspekt, der innerhalb des Fragebogens nicht berücksichtigt wurde, aber mit Blick auf den Risikofaktor Behinderung als sehr bedeutend eingeschätzt wird, ist das negative Selbstkonzept. Mehrere Beraterinnen beantworteten damit die erste offene Frage und lassen somit eine Wichtigkeit bezüglich dieses Themas erkennen. Der Aufbau eines positiven Selbstkonzeptes ist für Frauen mit geistiger Behinderung durch das gesellschaftliche und medizinische Bild von Behinderung erschwert. Den Frauen mit geistiger Behinderung wird dadurch zusätzlich vermittelt, dass sie abhängig von anderen, in deren Händen sind und ihnen Eigenverantwortung und Selbstbestimmung abgesprochen wird. Durch eine sexuelle Traumatisierung werden diese Gefühle noch verstärkt, wodurch das negative Selbstkonzept sowohl als Risikofaktor – »geringe Selbstbehauptungskompetenz erhöhen das individuelle Risiko, Opfer einer Sexualstraftat zu werden« – als auch als Folge von sexueller Gewalt angesehen werden kann. Die damit einhergehenden »Zweifel von Glaubwürdigkeit (eigene/fremde)« erhöhen das Gefühl von Ohnmacht gravierend.

Ein weiterer Faktor, der einen Unterschied zu Frauen ohne geistige Behinderung darstellt, ist die Einschränkung durch vielfältige Beeinträchtigungen, die ein Trauma auslösen können. »Frauen, die von Geburt an eine geistige Behinderung haben, erleben oft viele starke Beeinträchtigungen, die Traumata verursachen: Vernachlässigung, Abwertung, Demütigung, Diskriminierung, körperliche und psychische Gewalt usw. Eine sexuelle Traumatisierung (oft lange und häufig von klein auf) kommt dazu, so dass die Verarbeitung überhaupt, sowie diese zu erkennen, viel mehr Zeit und Geduld braucht.« Auch hier wird wieder deutlich, auf welche gravierende Weise das gesellschaftliche Behinderungsbild dazu beiträgt, Frauen mit geistiger Behinderung in ihrem Frau-Sein zu beeinträchtigen und ihnen eine positive Lebensgestaltung zu verwehren. Diese multiplen Schwierigkeiten erschweren zum einen den Zugang zu Hilfsangeboten, die von den Frauen selbst aufgesucht werden können, und zum anderen die Betreuung und Unterstützung dieser Frauen, da eine Integration vielfältiger Traumata viel Kraft und Durchhaltevermögen kostet.

Trotz dieser eben aufgeführten Punkte lässt sich zusammenfassend sagen, dass im Großen und Ganzen keine Unterschiede zwischen Frauen mit und ohne Behinderung bezüglich der Folgen von sexueller Traumatisierung zu erkennen sind bzw. auch nicht gemacht werden sollten. Dass die einzelnen Punkte verschieden ausgeprägt sind, lässt sich sowohl mit dem individuellen Erleben der betroffenen Frauen wie auch mit dem subjektiven Beobachten der Befragungsgruppe erklären. Viele Beraterinnen, auch wenn sie die speziellen Anforderungen, die aufgrund der Behinderung der Klientinnen entstehen, benannten, machten sehr deutlich, dass es innerhalb der Beratung darum geht, den individuellen Leidensdruck zu erkennen und adäquat darauf zu reagieren. Dies gilt für alle betroffenen Frauen. Auch Frauen ohne Behinderung entwickeln unterschiedliche Folgen und Symptome infolge einer sexuellen Traumatisierung.

Die hier abgefragten Traumafolgen beruhen auf jahrelanger Praxiserfahrung. Mit Blick auf die aufgeführten Ergebnisse ist klar erkennbar, dass das Erleben sexueller Gewalt für Frauen mit geistiger Behinderung ein Trauma darstellt, das mit den gleichen Folgeerscheinungen einhergeht wie bei Frauen ohne Behinderung.

Trotzdem ist der Zugang zu den Unterstützungs- und Beratungsangeboten für Frauen mit geistigen Behinderung immer noch sehr erschwert.

Der Grund liegt darin, dass es zum einen durch die gegebenen Abhängigkeiten, in denen Frauen mit einer geistigen Behinderung leben, schwerer ist, eigenständig eine Beratungsstelle aufzusuchen bzw. die Frauen aufgrund ihrer behinderungsspezifischen Beeinträchtigungen nicht in der Lage dazu sind. Zum anderen werden durch eingeschränkte Kommunikationsfähigkeit und mangelndem Wissen über sexuelle Gewalt den Frauen wenige Möglichkeiten eröffnet, ihre Erlebnisse darzustellen oder verstehbar zu machen.

Die Antworten der Beraterinnen auf die offenen Fragen verdeutlichen dies:

Frauen mit geistiger Behinderung scheint es schwerer zu fallen, kontinuierlich »fachliche Hilfe zur Bewältigung der Traumafolgen (…) aufzusuchen«. Kontinuität ist aber ein wichtiger Faktor, um das Trauma in das Leben integrieren zu können, denn »mangelnde Unterstützung (…) beeinflußt die Langzeitfolgen von sexuellen Gewalterfahrungen« (Varley 1984, zit. n. Becker 2001, S. 109). Obwohl

»das komplette Hilfssystem mit Beratungsaufwand (...) immens hoch« ist, gilt es, Möglichkeiten für Frauen mit geistiger Behinderung zu eröffnen, um ihnen die Wege in die Beratung zu vereinfachen.

Eine besondere Bedeutung muss auf die Beratung an sich gelegt werden, die sich aufgrund der speziellen Anforderungen, die die Behinderung der Klientinnen mit sich bringt, ergeben. Auch zu dieser Thematik gab es innerhalb der Fragebogenerhebung Anmerkungen von Seiten der Beraterinnen. Einige von ihnen nannten den Aspekt der Zeit und der Geduld. Hinsichtlich kognitiver Einschränkungen benötigt es viel Zeit, Wiederholungen und verdeutlichendes Material, um ein Verständnis für das traumatische Erlebnis zu vermitteln. Zusätzlich ist es Aufgabe der Beraterin, sich auf die Besonderheiten, die die Behinderung mit sich bringen, einzustellen. Im Allgemeinen bedeutet dies, einfache Sprache für die verschiedensten Erklärungen zu verwenden, Imaginations- und Stabilisierungsübungen anzupassen und die einzelnen Punkte in Kleinstschritten zu bearbeiten. Des Weiteren ist zu berücksichtigen, dass vor allem die Vertrauensbildung einen wichtigen Faktor darstellt, um der Beratung suchenden Frau Sicherheit bieten zu können.

Hierfür gilt das Konzept der Traumapädagogik als richtungsweisend. Grundlage dieser auf Trauma ausgerichteten Pädagogik ist das Wissen über das Entstehen und die Folgen von Traumata. Daraus lassen sich folgende Handlungs- und Zielaufträge ableiten:

- Die Gestaltung innerer sowie äußerer sicherer Orte, die sich durch »verlässliche, einschätzbare und zunehmend zu bewältigende Lebensraum- und Alltagsbedingungen« (Kühn 2013, S. 33) kennzeichnen und infolgedessen helfen, das Sicherheitsgefühl, das aufgrund der traumatischen Erfahrung zerstört wurde, wieder herzustellen.
- Das Gewähren eines emotional-orientierten Dialogs zwischen der betroffenen Frau und der Pädagogin bzw. Bezugsperson, um durch Selbstwahrnehmung, Selbstkontrolle und Selbstwirksamkeit die eigenen Gefühle verstehen und damit umgehen zu können.
- Um den betroffenen Frauen adäquate Unterstützung zu bieten, ist es von großer Bedeutung, auch für die verantwortlichen PädagogInnen einen Rahmen zu schaffen, der sich durch Sicherheit und Verständnis für die teils sehr belastende Aufgabe auszeichnet.

Dieses Konzept beschreibt einen der wichtigsten Handlungsansätze im Umgang mit traumatisierten Frauen. Diesen in jeglichen Bereichen, in denen mit betroffenen Frauen gearbeitet wird, zu etablieren, sollte meiner Meinung nach als selbstverständlich erachtet werden. Dies beinhaltet gleichermaßen eine Enttabuisierung des Themas der sexuellen Gewalt im Allgemeinen, aber vor allem bei Frauen mit geistiger Behinderung, um ihnen somit die Teilhabe am sozialen und gesellschaftlichen Leben zu gewährleisten.

5.4 Fazit

Als ein wesentliches Ergebnis dieser Befragung lässt sich festhalten, dass Frauen mit geistiger Behinderung die gleichen Traumafolgen ausbilden können wie Frauen ohne Behinderung. Das Erleben sexueller Gewalt ist ein Trauma, das mit gravierenden Einschränkungen für das weitere Leben der betroffenen Frau einhergeht. Dass dies genauso für Frauen mit wie für Frauen ohne geistige Behinderung besteht, ist ein zentrales Wissen, das in jegliche Bereiche übernommen werden muss, um adäquate Hilfestellungen zu gewährleisten.

Der eigentliche Unterschied zwischen Frauen mit und Frauen ohne Behinderung liegt im Zugang zu Unterstützungsangeboten für Frauen mit geistiger Behinderung. Frauen mit geistiger Behinderung und Frauen ohne Behinderung unterscheiden sich nicht in den verschiedenen Folgen, sondern darin, in welcher Weise sie Zugang zu Beratungs- und Unterstützungsangeboten erhalten. Es besteht ein enormer Handlungsbedarf dahingehend, diesen Zugang für Frauen mit geistiger Behinderung zu erleichtern, die unter den gleichen Folgen und Symptomen leiden wie Frauen ohne geistige Behinderung.

Enden möchte ich mit einem Zitat von Petra Pauls (2014), das die Stärke einer jeder Frau hervorhebt und aufzeigt, dass es diese zu unterstützen gilt:

»Wer Missbrauch überlebt hat, gehört zu den mutigsten und stärksten Menschen in unserer Gesellschaft, ausgestattet mit Sensibilität, Mitgefühl und einem hohen Maße an Kreativität. Diese Menschen sind über sich selbst hinausgewachsen und haben Unvorstellbares geleistet – nur viele von ihnen wissen das gar nicht!«

Literatur

Becker, M. (Hrsg.) (2001): Sexuelle Gewalt gegen Mädchen mit geistiger Behinderung. Daten und Hintergründe (2. Auflage). Heidelberg: Universitätsverlag Winter GmbH.
Enders, U. (Hrsg.) (2003): Zart war ich, bitter war's. Handbuch gegen sexuellen Missbrauch. Köln: Verlag Kiepenheuer & Witsch.
Fischer, G. & Riedesser, P. (Hrsg.) (2009): Lehrbuch der Psychotraumatologie (4. Auflage). München/Basel: Ernst Reinhardt Verlag.
Huber, M. (Hrsg.) (2012): Trauma und die Folgen (5. Auflage). Paderborn: Junfermannsche Verlagsbuchhandlung.
Kühn, M. (2013): »Macht Eure Welt endlich wieder mit zu meiner!« Anmerkungen zum Begriff der Traumapädagogik. In: Bausum, J., Besser, L. U., Kühn, M. & Weiß, W. (Hrsg.) (2013): Traumapädagogik. Grundlagen, Arbeitsfelder und Methoden für die pädagogische Praxis (3. Auflage) (S. 24-37). Weinheim/Basel: Beltz Juventa.
Leierseder, B. (2014): Folgen von sexueller Traumatisierung bei Frauen mit geistiger Behinderung. Bachelorarbeit im Studiengang Heilpädagogik. Hochschule Hannover.
Noack, C. & Schmid, H. J. (Hrsg.) (1994): Sexuelle Gewalt gegen Menschen mit geistiger Behinderung. Eine verleugnete Realität. Ergebnisse und Fakten einer bundesweiten Befragung. Stuttgart: Verband evangelischer Einrichtungen für Menschen mit geistiger und seelischer Behinderung e.V.

Pauls, P. (2010-2014): Mutmachen. Sexualisierte Gewalt in der Kindheit. Zitate. www. mutmachen.info/dies-und-das/zitate/). Zugriff: 01.09.2014

Schröttle, M. & Hornberg, C. (2013): Lebenssituation und Belastungen von Frauen mit Behinderung und Beeinträchtigung in Deutschland. Langfassung. www.bmfsfj.de/Red aktionBMFSFJ/Broschuerenstelle/Pdf-Anlagen/Le-benssituation-und-Belastungen-von-Fra uen-mit-Behinderungen-Langfassung-Ergeb-nisse_20der_20quantitativen-Befragung,prop erty=pdf,bereich=bmfsfj,spra-che=de,rwb=true.pdf). Zugriff: 22.09..2014.

Strauß, B., Heim, D. & Mette-Zillessen, M. (2005): Sexuelle Störungen und Verhaltensauffälligkeiten. In: Egle, U. T., Hoffmann, S. O. & Joraschky, P. (2005) (Hrsg.): Sexueller Missbrauch, Misshandlung, Vernachlässigung. Erkennung, Therapie und Prävention der Folgen früher Stresserfahrungen (3. Auflage). Stuttgart: Schattauer GmbH.

Von Weiler, J. & Enders, U. (2003): Das »perfekte« Verbrechen«. Sexuelle Ausbeutung von Mädchen und Jungen mit Behinderung. In: Enders, U. (Hrsg.): Zart war ich, bitter war's. Handbuch gegen sexuellen Missbrauch (S. 125-128). Köln: Verlag Kiepenheuer & Witsch.

Zemp, A. & Pircher, E. (Hrsg.) (1996): Weil das alles weh tut mit Gewalt. Sexuelle Ausbeutung von Mädchen und Frauen mit Behinderung. Wien: Schriftenreihe der Frauenministerin.

B Prävention

6 Prävention professionell planen und wirkungsvoll praktizieren

Ulrike Mattke

> »Die Vertragsstaaten treffen alle geeigneten Gesetzgebungs-, Verwaltungs-, Sozial-, Bildungs- und sonstigen Maßnahmen, um Menschen mit Behinderungen sowohl innerhalb als auch außerhalb der Wohnung vor jeder Form von Ausbeutung, Gewalt und Missbrauch einschließlich ihrer geschlechtsspezifischen Aspekte, zu schützen« (UN-Behindertenrechtskonvention: Artikel 16. Freiheit von Ausbeutung, Gewalt und Missbrauch).

Die UN-Behindertenrechtskonvention fordert in Artikel 16 Gewaltprävention zum Schutz von Menschen mit Behinderungen, und seit der Ratifizierung der Konvention im Jahr 2009 gilt dieser Schutz als staatliche Verpflichtung (Zinsmeister, 2011, 125). In der Praxis der Behindertenhilfe erscheint Prävention jedoch noch lange nicht als selbstverständlich, sondern »Prävention ist nach wie vor eine Art Hobby von ein paar wenig Interessierten« (Tschan, 2012, S. 77) oder mit den Worten von Kindler: »Prävention wird sehr geschätzt, aber noch lange nicht überall praktiziert« (Kindler 2011 zit. nach Tschan 2012, S. 41). Zu ergänzen ist: Wenn Prävention durchgeführt wird, wird sie nicht immer professionell praktiziert. Hier gilt – wie in vielen sozialen Handlungsfeldern – : gut gemeint reicht nicht aus.

In der Praxis existieren zahlreiche und ideenreiche Präventionsprojekte, die zum Teil auch in diesem Buch dargestellt werden wie Sexualbildungsangebote im Rahmen von WfbM (Andrea Huber), Sexualaufklärung in der Schule (Susan Läue-Käding), institutionelle Präventionskonzepte (Ursula Sauder) und Sexualbegleitung als Täter- und Opferprävention (Lothar Sandfort) sowie die Förderung von Vernetzung im Hilfesystem (Katharina Göbner & Rebecca Maskos). In diesem Artikel sollen theoretische Grundlagen erörtert werden, die dazu helfen, Prävention professionell zu etablieren, und nicht, wie leider immer wieder zu erfahren ist, Aktivitäten umfasst, die letztendlich Täter schützt und Erwachsene aus der Verantwortung entlässt.

Die drei folgenden Kriterien kennzeichnen professionelle Präventionsarbeit: Voraussetzung Fachwissen, Priorität Schutz und Vieldimensionalität statt Eindimensionalität.

6.1 Voraussetzung Fachwissen

Ohne spezielles Hintergrundwissen zur jeweiligen Thematik ist Prävention nicht möglich: »Viele Präventionsmaßnahmen leiden daran, dass sie vorhandenes Wissen zu sexuellem Missbrauch ignorieren und vielmehr auf überholte, mythische Vorstellungen und Fantasien zurückgreifen, beispielsweise, dass sexueller Missbrauch ausschließlich ein überfallsartiges Geschehen auf der Straße darstellt, dass Täter immer erwachsene Männer seien, die die Kinder kaum kennen usw.« (Rudolf-Jilg, 2010a, S. 17).

Das Fachwissen über sexuelle Gewalt hat in den letzten Jahren stark zugenommen: Die erste repräsentative Studie zur »Lebenssituation und Belastungen von Frauen mit Beeinträchtigungen und Behinderung in Deutschland« liegt seit 2012 vor (Schröttle et al. 2012, vgl. auch den Beitrag von Monika Schröttle in diesem Buch). Auch Studien und Forschungsergebnisse aus der Kinder- und Jugendhilfe wie z. B. die Studie des Deutschen Jugendinstituts 2011 (Unabhängige Beauftragte 2011a) geben für die präventive Arbeit mit Menschen mit Behinderungen wichtige Grundlageninformationen. An dieser Stelle werden folgende besonders bedeutsam erscheinende Aspekte der fachlichen Grundkenntnisse ausgewählt: Täterstrategien, Genese sexueller Gewalt und Disclosure, die ich im Folgenden darstellen werde. Fakten zur Prävalenz sollen hier nicht referiert werden, da diese in dem Artikel von Monika Schröttle hinreichend zur Darstellung kommen. Unabdingbar erscheint zudem Wissen über Folgen sexueller Gewalt, die in diesem Buch an anderer Stelle beschrieben werden (vgl. Leierseder und vgl. Mattke).

Täterstrategien

Unter den Täterstrategien erscheint die Kenntnis des so genannten Groomingprozesses unabdingbar (vgl. besonders ausführlich Enders, 2012b, S. 63 ff; Rudolf-Jilg, 2012, S. 39 f.; Unabhängige Beauftragte, 2011a, S. 55). Dieser beschreibt das strategische Vorgehen eines Täters, der zunächst versucht, das Vertrauen eines potentiellen Opfers, eines behinderten Menschen oder eines Kindes, zu gewinnen, diesen Menschen dann zu bevorzugen, ihn im weiteren Vorgehen zu isolieren, d. h. Strategien zu wählen, die den Menschen von anderen, beispielsweise Gleichaltrigen in einer Gruppe, seinen Eltern, seinen Geschwistern oder anderen Vertrauenspersonen entfremdet. Dem folgt eine allmähliche Sexualisierung der Beziehung, »zufällige« Berührungen, »zufälliges« Betreten des Schlaf- oder Badezimmers, sich nackt zeigen, Fragen über Sexualität, anzügliche Kommentare über Aussehen und Kleidung (vgl. Kindler, 2003, S. 26 f.). Diese Grenzüberschreitungen verlaufen über ein Austesten bis hin zu sexueller Gewalt.

Gleichzeitig sichert sich ein Täter eine Vertrauensstellung im Kollegium bzw. Team, übernimmt freiwillig schwierige Aufgaben oder unbeliebte Dienstzeiten und hilft Kolleginnen bei privaten Angelegenheiten. Bei Minderjährigen wird auch gegenüber Eltern eine Position des besonders engagierten und beliebten Mitarbeiters hergestellt.

Zudem wird die Geheimhaltung der Übergriffe durch Drohungen sichergestellt: »Ich schneide Dir die Zunge ab, wenn Du das jemandem erzählst« oder »Du musst ins Heim, wenn Du das weitergibst« oder auch »Ich muss ins Gefängnis und dann bin ich nicht mehr für Dich da«[1]. So kann der Täter sicher sein, dass eine Aufdeckung nicht stattfindet oder falls die Opfer doch etwas äußern, dass ihnen nicht geglaubt wird, weil er sich selbst großer Beliebtheit erfreut. Dies war im Falle der massiven sexuellen Grenzüberschreitungen an der Odenwaldschule der Fall (vgl. Dehmers 2011) oder auch in dem von Tschan (2012, S. 55 ff) geschilderten Fall, in dem ein Täter in mehreren Einrichtungen der Schweizer Behindertenhilfe über 29 Jahre lang an 114 Heimbewohner und Kinder sexuelle Übergriffe begangen hatte und mehrfach den Beschwerden der Opfer kein Glauben geschenkt wurde.

Neben der verwirrend »sanften« Groomingstrategie spielt auch physische Gewalt keine unerhebliche Rolle. Studien aus den 1990er Jahren fanden durch die retrospektive Befragung von Straftätern »einen Anteil von 10-20 Prozent der Täter, die von Anfang an Gewalt ausübten und einen weit größeren Prozentsatz der Täter, der bereit war, bei einem deutlichen Widerstand des Kindes das Ausmaß des ausgeübten Zwangs zu erhöhen und es gegebenenfalls auch tat. Die Mehrzahl der untersuchten Täter gab an, sie hätten sich durch einen Widerstand des Kindes kurzfristig abhalten, aber nicht aufhalten lassen (ebd., S. 26).

Davon auszugehen ist, dass etwa zwei Drittel der Täter die so genannte Groomingstrategie anwenden. »Der Überraschungsangriff durch einen Fremden oder einen flüchtig Bekannten« existiert ebenso wie weitere Varianten durchaus auch, aber wohl weit seltener (vgl. Kindler, 2003, S. 27).

Genese sexueller Gewalt

Jede Form von Gewalt, so auch sexuelle Gewalt, hat multifaktorielle Ursachen. Betroffene Einrichtungen weisen häufig die Verantwortung von sich und verweisen darauf, dass es Pädophilie schon immer gegeben habe und stellen ausschließlich das Versagen Einzelner in den Fokus. Dem ist entschieden zu widersprechen: »Sexuelle Gewalttaten sind weder Einzelfälle noch werden sie ausschließlich von besonders gestörten Persönlichkeiten verübt« (Brockhaus & Kolshorn, 2005, S. 100). In der Genese von sexueller Gewalt spielen immer auch strukturelle Ursachen eine Rolle: »Institutionen sind immer mitverantwortlich« (Tschan, 2012, S. 11).

Der Forschungsbericht des Deutschen Jugendinstituts gibt Hinweise auf organisations- sowie strukturbezogene Risikofaktoren für sexuelle Gewalt ebenso wie auf förderliche Faktoren in Organisationen und Institutionen zur Vermeidung sexueller Gewalt (Unabhängige Beauftragte 2011a, S. 138).

Als ein zentraler organisationsbezogener Risikofaktor gilt »die Einordnung von Sexualität und Gewalt als Tabuthemen in Institutionen« (vgl. ebenda). Hier zeigt sich die Notwendigkeit einer Thematisierung von Sexualität in Einrichtungen der Behindertenhilfe, die Überwindung des Tabus (vgl. Ortland in diesem Band). Mangelnde Möglichkeiten, Sexualität zu leben, bezeichnet Tschan darüber hinaus

---

1 Diese von Tätern geäußerten Drohungen entstammen meiner beruflichen Praxis in einem Jugendamt und als Supervisorin.

als strukturelle Gewalt: »Im Behindertenbereich sind auch das Nicht-Ermöglichen von Partnerschaften und das Nicht-Auslebenlassen von Sexualität durch die Menschen mit Behinderungen als sexuelle Gewalt zu klassifizieren« (Tschan, 2012, S. 27).

In feministischen Theorien werden die Ungleichheit der Geschlechter, besonders die strukturell niedrigere Position von Frauen, das Behandeln eines Menschen wie ein Ding sowie die schwache und abhängige weibliche Rolle im Kontrast zu der von Dominanz geprägten männlichen Rolle als Erklärungen für das Entstehen von sexueller Gewalt herangezogen (vgl. Brockhaus & Kolshorn, 2005, S. 103). Diese Charakterisierungen treffen auch auf die Ungleichheit zwischen nicht behinderten und behinderten Menschen insbesondere aber auf die Ungleichheit zwischen Professionellen in der Behindertenhilfe und Menschen mit Behinderungen. Die weit verbreiteten, vielfältigen und gravierenden Diskriminierungen, die Frauen mit Behinderungen in Deutschland erleben, wurden in der Studie von Schröttle et al 2012 erhoben und werden von Monika Schröttle auch in ihrem Beitrag hier referiert. Ungleichheit, Abhängigkeit und Diskriminierungen sind Nährboden für sexuelle Gewalt.

Bei der Genese sexueller Gewalt sind Einrichtungen gefordert, ihre Verantwortung wahrzunehmen und eine intensive Analyse ihrer Strukturen anzugehen. Eine Checkliste zur Selbsteinschätzung für die Leitung von Institution findet sich bei Tschan (2012, S. 95 f.).

Disclosure

Mit Disclosure wird der Prozess des Offenlegens und der Hilfesuche der Opfer von sexueller Gewalt bezeichnet. In der älteren Literatur (vgl. Amann & Wipplinger 2005) findet sich der Terminus »Outcome«, der heute seltener verwendet wird.

Gründe für den schwierigen Disclosure-Prozess finden sich u. a. in den Drohungen der Täter: Mehr als zwei Drittel der Täter fordern von ihren Opfern Verschwiegenheit und unterstreichen dies mit Drohungen (Kindler, 2003, 26). Daneben gelten als Gründe für das Schweigen der Opfer Scham, individuelle Überlebensstrategien, spezielle Lebensbedingungen und kulturelle Gründe (Djafarzadeh, 2010, S. 27 ff.).

Disclosure-Raten sind bei Kindern recht niedrig: »etwa die Hälfte bis zwei Drittel der Fälle von sexueller Gewalt werden erst im Erwachsenenalter oder gar nicht aufgedeckt. Für Jungen wird in verschiedenen Studien eine noch niedrigere Aufdeckungsrate angegeben« (Unabhängige Beauftragte, 2011b, S. 6). Für Menschen mit Behinderungen liegen hier bisher keine Daten vor. Zu vermuten ist jedoch eine mindestens ebenso niedrige Rate aufgrund der gerade Menschen mit geistiger Behinderung in geringerem Maße entgegengebrachten Glaubwürdigkeit und aufgrund einer erhöhten Abhängigkeit, auch von Tätern.

Im Hinblick auf Präventionsarbeit erscheint von Relevanz, welche Faktoren Disclosure fördern und welche diesen Prozess behindern.

Förderlich wird in der Literatur durchgehend eine positive Reaktion der Umwelt genannt, insbesondere, dass den Opfern Glauben geschenkt wird und dass sie weitere soziale Unterstützung erleben (vgl. z. B. Unabhängige Beauftragte, 2011, S. 58). Als hinderlich dagegen gelten folgende Aspekte: Keine oder keine hilfreiche Unterstützung durch andere, negative Reaktionen auf Hilfegesuche, tabuisierender bzw. unsensibler gesellschaftlicher Umgang mit dem Thema, schwierige gesetzliche Rahmenbedingungen, anhaltender Kontakt zum Täter bzw. zur Täterin, religiöse Vorstellungen bzw. kirchliche Vorgaben (vgl. ebd., S. 59).

Disclosure ist für Konzepte zur Prävention von besonderer Relevanz, denn:

> »(1) Disclosure kann zur Folge haben, dass ein andauernder Missbrauch beendet wird. (2) Disclosure kann dazu führen, dass ein Täter daran gehindert wird, andere Personen zu missbrauchen. (3) Disclosure kann einen Prozess einleiten, der späteren Gefährdungen eines Kindes durch andere Täter vorbeugt. (4) Disclosure kann einen Prozess einleiten, der eine Weitergabe von Missbrauchserfahrungen durch ein späteres Ausüben von sexueller Gewalt verhindert« (Kindler, 2003, S. 29).

Gerade den ersten Punkt müssen Einrichtungen vor Augen haben, wenn sie mit Präventionsmaßnahmen starten – sie haben dies m.E. auch, wenn sie der Thematik sexuelle Gewalt sowie Prävention von sexueller Gewalt versuchen aus dem Weg zu gehen: Im Rahmen von Präventionsprogrammen werden häufig aktuelle oder vergangene sexuelle Übergriffe aufgedeckt.

6.2 Priorität Schutz

Bei Präventionsprogrammen gegen sexuelle Gewalt ist dem Schutz möglicher Opfer immer Priorität zu geben. In der Praxis liegt der Schwerpunkt von Präventionsprogrammen jedoch auf einer Stärkung von potentiellen Opfern. Eine reine Konzentration präventiver Arbeit auf potentielle Opfer – Kinder, Frauen, Menschen mit Behinderungen - unterliegt jedoch bereits seit sehr vielen Jahren (Kindler 2003, S. 32) einer starken Kritik.

Die Kritik von ausschließlicher Prävention bei potentiellen Opfern beinhaltet folgende Aspekte (vgl. Amann & Wipplinger, 2005b, S. 746ff; Lohaus & Schorsch Falls, 2005, S. 768 ff):

- Ansatz am schwächsten Glied in der Kette des sexuellen Missbrauchs
- Übertragen von Verantwortung des sexuellen Missbrauchs an schwächere und abhängigere Menschen
- Kinder sind ebenso wie Menschen mit Behinderungen leichter verfügbar und leichter zu pädagogisieren
- Angebot der Programme meist von externen Personen, Erziehungshaltungen in Familie, Schule, Wohnheim etc. oft dazu konträr, verändertes Verhalten findet keine Akzeptanz, dadurch verstärkte und erneute Erfahrung von Hilflosigkeit
- Betroffene erleben bei Mitteilungen von sexueller Gewalt sehr häufig, dass ihnen nicht geglaubt und nicht geholfen wird

- Anwendung der gelernten Strategien in der realen, oft sehr emotionalen Missbrauchssituation, insbesondere bei einem Täter aus dem Nahbereich fraglich
- Keine Vermittlung der subtilen Groomingstrategien
- Vermittlung des Gefühls, falsch reagiert zu haben und für den sexuellen Missbrauch verantwortlich zu sein, da zu wenig Widerstand geleistet wurde
- Gefährdung von Opfern bei physischem Widerstand durch Erhöhung der physischen Gewalt der Täter (vgl. Täterstrategien)
- Mangelnde Beachtung von Voraussetzungen der kognitiven Entwicklung in den Programmen.

Zusammenfassend halte ich fest: »Kinder[2] werden der Autorität und der körperlichen, kognitiven und materiellen Übermacht der Erwachsenen immer unterlegen sein« (Amann & Wipplinger 2005b, S. 749).

Deshalb gilt Prävention ausschließlich bei potentiellen Opfern als unethisch und ineffektiv (ebd., S. 738) und führt zu dem Vorschlag, das Empowerment-Modell durch ein Protection-Modell zu ersetzen (vgl. Amann & Wipplinger 2005b, S. 752).

Die Relevanz von Empowerment in der Behindertenhilfe ist jedoch keineswegs von der Hand zu weisen und deshalb sei an dieser Stelle plädiert für Schutz vor Empowerment bzw. Schutz als Priorität.

Dass weder Einrichtungen der Jugendhilfe noch Einrichtungen der Behindertenhilfe sichere Orte darstellen, war ein Schock nach der öffentlichen Diskussion im Jahre 2010 und den darauf folgenden empirischen Studien. Vorrangige Aufgabe für pädagogisch Verantwortliche muss es sein, Kinder und andere abhängige Personen zu schützen. Der in der UN-Behindertenrechtskonvention formulierte Schutzauftrag sollte verpflichtend in weitere Rechtsnormen aufgenommen werden wie den Heimgesetzen der Bundesländer oder, wie in der Schweiz inzwischen geschehen (vgl. Tschan, 2012, S. 80), auch Bestandteil der Leistungsvereinbarungen werden.

6.3 Vieldimensionalität statt Eindimensionalität.

Die Entstehung sexueller Gewalt lässt sich nur mit multifaktoriellen Ursachen erklären. Zunächst ist hier die gesellschaftliche und in Einrichtungen der Behindertenhilfe erhöht vorhandene Diskriminierung von Menschen mit Behinderungen zu nennen. Strukturelle Risikofaktoren wie die Tabuierung sexueller Gewalt sind ebenso in den Blick zu nehmen wie Risikofaktoren bei möglichen Tätern und möglichen Opfern. Deshalb »ist es nötig, die Idee eines ›Königswegs‹ der Präven-

---

2 Uneingeschränkt gilt dies auch für Menschen mit Behinderungen und ihre »Betreuer«.

tion aufzugeben und der Vielfalt Platz zu machen: Arbeit mit Bezugspersonen, mit Kindern, mit ganzen Institutionen, opfer- und täterpräventive Ansätze, rückfallpräventive Ansätze und öffentlichkeitswirksame Aktionen« (Kindler, 2003, S. 59).

Im Folgenden sollen verschiedene Präventionsmöglichkeiten und -projekte auf verschiedenen Ebenen skizziert werden.

Politische und Öffentlichkeitswirksame Initiativen

Die öffentliche Meinung bestimmt in einer Gesellschaft, wie sexuelle Gewalt in der Bevölkerung gesehen wird. Lange Zeit und immer noch vereinzelt gilt bei sexueller Gewalt eine Bagatellisierung über die so genannte »blaming the victim solution«, d. h. eine Lösung über Schuldzuschreibung an das Opfer (vgl. Becker-Fischer & Fischer, 2008, 25). Eine besonders nachhaltige Kampagne war diejenige der Unabhängigen Beauftragten gegen sexuellen Kindesmissbrauch der Bundesregierung, die u. a. von September 2010 bis Frühjahr 2011 in den Medien eine Kampagne durchführte mit dem Leitsatz: »Wer das Schweigen bricht, bricht die Macht der Täter«. TV-Spots, Plakate, Postkarten, Anzeigen, Flyer auch mit dem komplementären Motto »Sprechen hilft« kamen zum Einsatz. Die Zahl der täglichen Anrufe bei der telefonischen Anlaufstelle stieg während dieser Zeit von unter 20 auf knapp 100, was als deutlicher Erfolg der Kampagne zu werten ist (Unabhängige Beauftragte 2011b).

Ziele politischer Maßnahmen sind eine Enttabuisierung des Themas, das Hinterfragen bestehender Mythen über sexuelle Gewalt und Informationen über sexuelle Gewalt, Häufigkeit, Folgen, Ursachen, Behandlungsmöglichkeiten, TäterInnen und Opfer (vgl. Amann & Wipplinger, 2005b, S. 739).

In Bezug auf Menschen mit Behinderungen, insbesondere Frauen mit Behinderungen, hat die Studie des Bundesministeriums für Familie, Frauen, Senioren und Jugend (Schröttle et al. 2012) auch Eingang in politische Diskussionen gefunden. So findet in der Landeshauptstadt Hannover im Herbst 2014 die Kampagne »Gemeinsam aktiv gegen sexualisierte Gewalt an Frauen und Mädchen mit Behinderungen« mit folgenden Medien statt: City-Light Poster, Außenwerbung an ausgewählten Stellen in der Stadt, im Fahrgastfernsehen der Stadtbahn, Plakate und Postkarten. Diese Kampagne wird vom Frauennotruf durchgeführt und wird von der Kommune finanziert.

Weitere öffentliche Initiativen seitens von Verbänden oder Behindertenbeauftragten wären aufgrund der hohen Prävalenz sexueller Gewalt gegen Menschen mit Behinderungen dringend erforderlich.

Prävention auf institutioneller Ebene

In neueren Veröffentlichungen und Forschungsprojekten zum Thema sexuelle Gewalt wird zunehmend ein bzw. der Fokus auf die Bedeutung institutioneller Strukturen gelegt (vgl. z. B. Enders, 2012a, Schröttle et al., 2012, Tschan 2012). Wie bereits bei dem Punkt »Genese sexueller Gewalt« beschrieben, spielen institutionelle Strukturen eine maßgebliche Rolle bei der Entstehung sexueller Gewalt.

Die Schwächen in den Strukturen einer Einrichtung müssen analysiert werden, um ein passgenaues Präventionskonzept zu erstellen. Einen solchen Ansatz verfolgt das Münchner Institut »Amyna e.V.[3] – Institut zur Prävention von sexuellem Missbrauch«, das Beratung bei der Erstellung von Präventionskonzepten ausschließlich auf Trägerebene anbietet (vgl. Amyna 2014).

Unabdingbar für den Erfolg von Prävention sind eine aktive Beteiligung der Leitung von Einrichtungen und ein Top-down-Vorgehen.

Die Beraterin einer Frauenberatungsstelle berichtet über ein Präventionsprojekt, das mit einem Coaching der Leitung begonnen hatte. Dem folgte eine Fortbildung für Mitarbeitende in der Werkstatt und in den Wohngruppen des Trägers, ein Vortrag vor Angehörigen und erst dann eine Arbeit mit den Frauen mit geistiger Behinderung[4].

> »Das war auch ein sehr umfassendes Präventionsprojekt. Das war dann auch über ein halbes Jahr hinweg, zwei parallel laufende Frauengruppen, die wir da gemacht haben und die Arbeit in der Werkstatt mit der Leitung beziehungsweise mit Mitarbeitern und Mitarbeiterinnen in der Institution und ein Vortrag für die Eltern und es gab die Möglichkeit für die Institution sowie auch für die Eltern, im Bedarfsfall sich hier auch persönlich beraten zu lassen und das ist auch gut in Anspruch genommen worden. Wir haben die Mitarbeiterinnen in den Wohneinrichtungen besucht vorher. ... Genau, das war arbeitsaufwändig, jedoch war das Ziel, wir nehmen uns nicht die Frauen raus und stärken die und dann können sie sehen, wie sie sich irgendwie schützen, sondern wir informieren das Umfeld über die Situation, also über den Bedarf, über die Bedarfslage auch und bei Frauen mit geistiger Behinderung ist einfach dann unsere Erfahrung wirklich geworden, die können sich auch nur bedingt selber schützen«.

Ein umfassendes Präventionsprojekt startet der Frauennotruf Hannover am 1.10.2014: Das von »Aktion Mensch« geförderte dreijährige Projekt »Stoppt Sexuelle Gewalt! - Prävention Für Und Unterstützung Von Frauen Und Mädchen Mit Behinderungen«. Der Schwerpunkt des Projektes liegt auf Präventionsmaßnahmen, die Frauen und Mädchen mit Behinderungen, die von sexueller Gewalt betroffen oder bedroht sind, stärken und Einrichtungen der Behindertenhilfe sicherer machen. Diese Maßnahmen sollen hauptsächlich in den Einrichtungen durchgeführt und implementiert werden. Zudem wird das Projekt in Fachtagungen und Informationsveranstaltungen sowie Publikationen sensibilisieren, informieren und aufklären über Vorkommen, Merkmale, Prävention von und Möglichkeiten der Unterstützung bei sexueller Gewalt.

Ein solches Vorgehen, bei dem alle Ebenen einer Institution einbezogen werden – teilweise werden auch Nachbarn und benachbarte Institutionen berücksichtigt – gilt als fachlicher Standard.

---

3 Amyna bedeutet im Griechischen Widerstand.
4 Der Bericht stammt aus einem Interview im Rahmen eines Forschungsprojekts der Autorin im Jahr 2011.

Weitere Möglichkeiten, wie Institutionen und Leitungskräfte präventiv arbeiten können, berichtet Ursula Sauder (in diesem Band).

Täterpräventive Ansätze

Täterarbeit ist Opferschutz, zum einen rückfallpräventiv und zum anderen primärpräventiv. Die Zahl der Personen, die durch einen Täter sexuelle Gewalt erfahren, ist in der Regel groß wie in dem bereits genannten, von Tschan (2012, S. 55 ff) berichtetem Fall, in dem ein Täter 114 Heimbewohner missbrauchte.

In den letzten Jahren wurden Konzepte zur Behandlung von potentiellen Ersttätern, Männern mit pädophilen bzw. hebephilen[5] Störungen, und mit Sexualstraftätern vorwiegend in Modellprojekten weiterentwickelt und evaluiert (vgl. u. a. Hahn & Stiels-Glenn, 2010).

Mehrere Untersuchungen an männlichen Tätern berichten darüber, dass Täter zu etwa einem Drittel bereits im Kinder- und Jugendalter sexuelle Übergriffe begehen (vgl. Amann & Wipplinger, 2005b, S. 739, Rudolf-Jilg, 2010b, S. 42). Die Behandlung Jugendlicher, die sexuelle Übergriffe begangen haben, ist ermutigend. Eine sehr niedrige Rückfallquote bestätigt den Sinn und den Erfolg dieser Maßnahmen (vgl. Wischka, 2004, S. 612).

Sexuelle Gewalt wird auch von Männern mit geistiger Behinderung verübt, worauf Zemp & Pircher bereits 1996 hinwiesen, denn diese Gruppe war in ihrem ursprünglichen Forschungsdesign nicht als mögliche Tätergruppe enthalten. In dieser Studie waren 13,3 Prozent der Täter Heimbewohner, in der aktuellen Studie des BMFSFJ werden bei sexueller Gewalt Mitbewohner und Werkstättenmitarbeiter zu 6 Prozent als Täter genannt (vgl. Schröttle et al., 2012, S. 31).

Primärprävention in Form von Männerarbeit findet in Einrichtungen der Behindertenhilfe – einer aktuellen Recherche zufolge[6] – nur sehr vereinzelt statt. Programme zur Behandlung von geistig behinderten Sexualstraftätern werden ausschließlich im Maßregelvollzug durchgeführt, also bei strafrechtlich verurteilten Männern mit geistiger Behinderung. Frühzeitige Behandlungsprogramme fehlen meines Wissens zufolge völlig.

Als eine spezielle Form der Primärprävention ist Sexualbegleitung zu sehen, wie an folgendem Beispiel deutlich wird:

> Herr Köhler, ein 30 Jahre alter Mann mit geistiger Behinderung, verbringt in Begleitung eines Mitarbeiters aus seiner Wohngruppe ein erotisches Wochenende im Institut für selbstbestimmte Sexualität (vgl. Sandfort in diesem Band). Bei einen Termin, einem so genanntem Date mit einer Sexualbegleiterin

---

5 Als Hebephilie wird die sexuelle Präferenz von pubertierenden Jungen und Mädchen bezeichnet.
6 Für eine Abschlussarbeit im Sommersemester 2014 recherchierte ein Student mit meiner Unterstützung und wir konnten in ganz Niedersachsen nur zwei Angebote an Männerarbeit für Männer mit geistigen Behinderungen finden.

drängt der junge Mann unmittelbar und massiv auf die Ausführung von Geschlechtsverkehr. In einem Nachgespräch mit Herrn Bauer, dessen Begleiter und dem Psychologen stellt sich heraus, dass Herr Bauer von seinem Vater regelmäßig pornographische Zeitschriften und Filme erhält, über die jedoch niemand mit ihm kommuniziert. So möchte der junge Mann das nacherleben, was er schon auf vielen Bildern gesehen hat. Die Wahrscheinlichkeit, dass der Mann genauso massiv und auch grenzüberschreitend gegenüber Mitbewohnerinnen aufgetreten ist oder auftritt, ist hoch. Die Sexualbegleitung und die anschließende psychologische Beratung verhelfen zu wesentlichen Korrekturen im Umgang mit Sexualität.

Der Arbeit mit potentiellen Tätern und mit Sexualstraftätern, die einen Rückfall verhindert, ist als ein besonders effektiver Opferschutz zu sehen. Wünschenswert und erforderlich ist es, diesen Aspekt in Präventionskonzepte der Behindertenhilfe einzubeziehen.

Opferprävention

Prävention auf der Ebene potentieller Opfer kann in Zusammenhang mit weiteren Präventionsmaßnahmen wirkungsvoll sein. Tatsächlich fehlen empirische Wirksamkeitsbelege. Ergebnisse aus Evaluationsstudien von Programmen kindzentrierter Präventionen (vgl. Kindler, 2003) lassen sich auf erwachsene Menschen mit Behinderungen nur bedingt übertragen.

In der Fachdiskussion herrscht Einigkeit darüber, dass eine Stärkung potentieller Opfer nicht nur deliktspezifisch erfolgen sollte, also auf die Risikofaktoren eines sexuellen Übergriffs ausgerichtet wie das Angebot von Selbstbehauptungs- und Selbstverteidigungskursen. Daneben ist ein grundlegendes Empowerment von Menschen mit Behinderungen erforderlich, das umfangreich Ressourcen unterstützend wirkt und auch zu einer Einflussnahme auf strukturelle Bedingungen und damit zu einer politischen Stärkung beiträgt (vgl. Schröttle in diesem Band).

Ein Beispiel für die politische Stärkung ist das Modellprojekt des BMFSFJ zur Schulung von Frauenbeauftragten in Einrichtungen für Menschen mit der Diagnose einer geistigen Behinderung (vgl. Zinsmeister, 2011, 141 und Göpner & Maskos in diesem Band).

Daneben sei hier die Etablierung einer aktiven Sexualpädagogik als Präventionsmaßnahme genannt (vgl. u. a. Tschan, 2012, 85). Aufklärung über sexualitätsbezogene Inhalte, die auch über soziale Normen wie Freiwilligkeit und ein Inzesttabu informiert, führt nicht selten zu einer Entdeckung von sexuellen Übergriffen. So konnte der schon wiederholt erwähnte langjähriger Schweizer Straftäter nach einer Sexualaufklärung zweier Heimbewohner überführt werden (vgl. Tschan, 2012, S. 13).

Als wesentliche Voraussetzungen für professionell durchgeführte Prävention habe ich spezifisches Fachwissen, die Priorität von Schutz sowie die Notwendigkeit vieldimensionaler Zugänge aufgezeigt. Nur so kann Prävention wirkungsvoll sexuelle Gewalt gegen Menschen mit Behinderungen verhindern.

Um Nachweise über die Wirksamkeit von Prävention zu erhalten, bedarf es komplexer Evaluationsstudien und einer guten Zusammenarbeit zwischen Praxis und Wissenschaft. Die in den letzten Jahren veröffentlichten Forschungsergebnisse lebten von einer intensiven Kooperation mit der Praxis und haben Ergebnisse generiert, die für die Praxis und damit letztendlich für Überlebende sexueller Gewalt und für Gefährdete von hohem Nutzen sind (vgl. z. B. Schröttle in diesem Band). Umfassende empirische Forschung zur Wirksamkeit von Prävention gegen sexuelle Gewalt steht noch aus.

Literatur

Amann, G. & Wipplinger, R. (Hrsg.) (2005a): Sexueller Missbrauch. Überblick zu Forschung, Beratung und Therapie. Ein Handbuch. Tübingen: Deutsche Gesellschaft für Verhaltenstherapie.

Amann, G. & Wipplinger (2005b): Prävention von sexuellem Missbrauch. In: Dies. (Hrsg.): Sexueller Missbrauch. Überblick zu Forschung, Beratung und Therapie. Ein Handbuch (S. 733-756). Tübingen: Deutsche Gesellschaft für Verhaltenstherapie.

Amya e.V. (2014): Homepage (www.amyna.de). Zugriff am 31.7.2014.

Becker-Fischer, M. & Becker, G. (2008): Sexuelle Übergriffe in Psychotherapie und Psychiatrie. Orientierungshilfen für Therapeut und Klientin. Kröning: Asanger.

Brockhaus, U. & Kolshorn, M. (2005): Die Ursachen sexueller Gewalt. In: Ammann, G. & Wipplinger, R. (Hrsg.): Sexueller Missbrauch. Überblick zu Forschung, Beratung und Therapie. Ein Handbuch (S. 97-113). Tübingen: Deutsche Gesellschaft für Verhaltenstherapie.

Dehmers, J. (2011): Wie laut soll ich denn noch schreien? Die Odenwaldschule und der sexuelle Missbrauch. Reinbek bei Hamburg: Rowohlt.

Djafarzadeh, P. (2010): Zwischen Tabu und Akzeptanz – Besonderheiten der interkulturellen Präventionsarbeit gegen sexuellen Missbrauch und ihre Schwierigkeiten. In: Djafarzadeh, P. & Rudolf-Jilg, Ch. (Hrsg.): Prävention geht alle an! Ansätze interkultureller Prävention von sexuellem Missbrauch. (S. 25-37). München: Amyna e.V.

Enders, U. (2012a) (Hrsg.): Grenzen achten. Schutz vor sexuellem Missbrauch in Institutionen. Ein Handbuch für die Praxis (S. 63-108). Köln: Kiepenheuer & Witsch.

Enders, U. (2012b): Die Strategien der Täterinnen und Täter. In: Dies. (Hrsg.): Grenzen achten. Schutz vor sexuellem Missbrauch in Institutionen. Ein Handbuch für die Praxis (S. 63-108). Köln: Kiepenheuer & Witsch.

Hahn, G. & Stiels-Glenn, M. (Hrsg.) (2010): Ambulante Täterarbeit. Intervention, Risikokontrolle und Prävention. Bonn: Psychiatrie-Verlag.

Kindler, H. (2003) Evaluation der Wirksamkeit präventiver Arbeit gegen sexuellen Missbrauch an Mädchen und Jungen. Expertise. München: Amyna e.V.

Lohaus, A. & Schorsch Falls, S. (2005): Kritische Reflektionen zu Präventionsansätzen zum sexuellen Missbrauch. In: Ammann, G. & Wipplinger, R. (Hrsg.): Sexueller Missbrauch. Überblick zu Forschung, Beratung und Therapie. Ein Handbuch. Tübingen: Deutsche Gesellschaft für Verhaltenstherapie.

Rudolf-Jilg, Ch. (2010a): Verhaltenskodex & Co. Nachhaltige Prävention in Organisationen und Verbänden. In: Djafarzadeh, P. & Rudolf-Jilg, Ch. (Hrsg.): Prävention geht alle an! Ansätze interkultureller Prävention von sexuellem Missbrauch. (S. 15-24). München: Amyna e.V.

Rudolf-Jilg, Ch. (2010b): Sexualisierte Gewalt in der Kinder- und Jugendarbeit. Warum Prävention in diesem Bereich wichtig ist? In: Djafarzadeh, P. & Rudolf-Jilg, Ch. (Hrsg.): Prävention geht alle an! Ansätze interkultureller Prävention von sexuellem Missbrauch. (S. 39-43). München: Amyna e.V.

Schröttle, M. et al.: (2012): Lebenssituation und Belastungen von Frauen mit Beeinträchtigungen und Behinderungen in Deutschland. www.uni-bielefeld.de/IFF/for/forgewf-fmb.html. Zugriff am 1.7.2014.

Tschan, W. (2012): Sexualisierte Gewalt. Praxishandbuch zur Prävention von Sexuellen Grenzverletzungen bei Menschen mit Behinderungen. Bern: Verlag Hans Huber.

Unabhängige Beauftragte der Bundesregierung gegen sexuellen Kindesmissbrauch (2011a): Abschlussbericht. www.beauftragter-missbrauch.de/file.php/136/Abschlussbericht_UBSKM.pdf. Zugriff am 9.8.2014.

Unabhängige Beauftragte der Bundesregierung gegen sexuellen Kindesmissbrauch (2011b): Zusammenfassung des Abschlussberichts der Unabhängigen Beauftragten zur Aufarbeitung des sexuellen Kindesmissbrauchs, Dr. Christine Bergmann. www.beauftragter-missbrauch.de. Zugriff am 9.8.2014.

Wischka, B. (2004): Gesetzliche Rahmenbedingungen und Erfolgsaussichten für die Behandlung von Sexualstraftätern. In: Körner, W. & Lenz, A. (Hrsg.): Sexueller Missbrauch (S. 599-622). Göttingen u.a.: Hogrefe.

Zemp, A. & Pircher, E. (1996): Weil das alles weh tut mit Gewalt. Sexuelle Ausbeutung von Mädchen und Frauen mit Behinderung. Wien: Schriftenreihe der Frauenministerin.

Zinsmeister, J. (2011): Gewaltschutz in sozialen Einrichtungen für Frauen mit Behinderungen. In: Fachbereich Soziale Arbeit und Gesundheit. Fachhochschule Frankfurt am Main (Hrsg.): Grenzverletzungen. Institutionelle Mittäterschaft in Einrichtungen der Sozialen Arbeit (S. 125-143). Frankfurt am Main: Fachhochschulverlag.

7 Sexuelle Gewalt als Herausforderung für Einrichtungen der Behindertenhilfe
Ein Konzept aus der Praxis

Ursula Sauder

7.1 Einleitung

Im Folgenden soll das differenzierte Konzept eines Trägers der Behindertenhilfe als ein Beispiel dargestellt werden, wie auf institutioneller Ebene mit sexueller Gewalt umgegangen werden kann. Dabei handelt es sich um ein präventives und kein reaktives Konzept. Inhaltlich reicht es von der Einstellung neuer MitarbeiterInnen über das tagtägliche Arbeiten mit der Thematik in Bezug auf den Umgang mit Sexualität und die Gestaltung von Beziehungen mit Menschen, die in der Vergangenheit sexuelle Gewalt erlebt haben, bis zu angemessenem Handeln bei auftretenden Krisensituationen und Nachsorge.

Ziele dieses Konzeptes sind: im Vorfeld sexuelle Gewalt auf allen Ebenen weitgehend zu vermeiden, Krisensituationen richtig einzuschätzen und dementsprechend zu handeln und adäquat mit Menschen umzugehen, die sexuelle Gewalt erlebt haben, ohne sekundärtraumatisierend zu wirken.

Zunächst soll ein Fallbeispiel einen Eindruck vermitteln, mit welchen Situationen Einrichtungen der Behindertenhilfe im Alltag konfrontiert sind und wie wichtig es ist, sich mit der Thematik Sexualität und sexuelle Gewalt auseinanderzusetzen.

> **Fallbeispiel:**
> Frau P. ist 25 Jahre alt und lebt seit ca. zweieinhalb Jahren in einer Wohngemeinschaft für Menschen mit geistigen Behinderungen. Vor dem Einzug lebte sie mit vielen Geschwistern in der Familie und wurde drei Jahre von einer Einzelfallhelferin im Rahmen der Eingliederungshilfe betreut.
>
> Bei der ersten Vorstellung in der WG wurde Frau P. von ihrer Einzelfallhelferin begleitet. Frau P. verhielt sich äußerst zurückhaltend und wirkte sehr kindlich.
>
> Zu weiteren Terminen kam sie allein und wurde zunehmend offener im Kontakt. Im Verlauf dieser ersten Treffen wurde ihre Fixierung auf eine starke körperliche Nähe bereits in Ansätzen sichtbar.
>
> Trotz Nachfragen im Erstgespräch und den folgenden Aufnahmegesprächen mit der Einzelfallhelferin gab es keine Auskünfte bezüglich der Thematik sexuelle Gewalt.
>
> Allerdings wurde benannt, dass Frau P. Schwierigkeiten bei der Gestaltung von sozialen Beziehungen habe. So hätte sie den starken Wunsch, jemanden ganz für sich zu haben, und zeige dabei distanzloses Verhalten. Bei Einsicht nachge-

reichter Berichte erhielten die MitarbeiterInnen die Information, dass Frau P. im Alter von 14 Jahren sexuell übergriffig gegenüber ihrer drei Jahre jüngeren Schwester gewesen war.

Seit dem Einzug waren und sind die pädagogischen Fachkräfte der Wohngemeinschaft mit folgenden Verhaltensweisen von Frau P. konfrontiert:

Frau P. nahm Kontakt zu den weiblichen Mitarbeiterinnen auf, indem sie distanzlos engen Körperkontakt suchte. Bei den männlichen Betreuern tat sie dasselbe, erweitert durch eine sexualisierte Komponente, z. B. versuchte sie, sich mehrfach auf den Schoß eines männlichen Kollegen zu setzen.

Ansonsten verhielt sie sich zunächst sehr angepasst und regelkonform.

Nach einigen Monaten sahen sich die MitarbeiterInnen mit der Situation konfrontiert, dass Frau P. über Nacht wegblieb, ohne Bescheid zu sagen, wo sie ist und ohne über ihr Handy erreichbar zu sein. Nach einem nächtlichen Einsatz eines Mitarbeiters stellte sich heraus, dass Frau P. die Nacht bei zwei ihr bekannten Männern verbracht hatte. Zudem kam es in den folgenden Wochen wiederholt zu Situationen, in denen Frau P. mit fremden Männern mitging und über Nacht wegblieb.

Das anschließend dargestellte Konzept beinhaltet u. a. eine Hilfestellung für einen reflektierten und professionellen Umgang mit einer solchen Situation.

7.2 Umgang mit der Thematik auf institutioneller Ebene – ein Konzept aus der Praxis

Das im weiteren Verlauf beschriebene Praxiskonzept wurde schrittweise bei der fundament-wohnen gGmbH erarbeitet und befindet sich in stetiger Weiterentwicklung.

Die fundament-wohnen gGmbH ist ein freier Träger der Eingliederungshilfe in Berlin, der ambulante Wohnformen für erwachsene Menschen mit geistigen und/oder körperlichen Beeinträchtigungen bzw. chronischen Erkrankungen anbietet.

Haltung des Trägers

Die Haltung des Trägers bezogen auf das Thema beruht auf der Erkenntnis, dass es unabdingbar ist, sich mit Sexualität, Prävention und sexueller Gewalt auf verschiedenen Ebenen auseinanderzusetzen.

Dies wird sichtbar durch einen offenen und offensiven Umgang mit diesen Themen, was sich wiederum spiegelt im Leitbild, in der Konzeption und im Schutzkonzept.

Leitbild und Konzeption

So wurde bei der Erstellung des Leitbildes des Trägers die Thematik mitgedacht und fand ihren Ausdruck u. a. in folgender Formulierung:

> »...Wir haben hohe Ansprüche an unsere Arbeit. Die Qualität unserer Arbeit sichern wir kontinuierlich durch Teamsitzungen, Supervision, Fortbildungen, NutzerInnenbeteiligung (BewohnerInnenbeirat und BewohnerInnenteam, Beschwerdemanagement), Prävention (u.a. sexueller Missbrauch, Gewalt) und der Vernetzung mit KooperationspartnerInnen....« (Leitbild fundament-wohnen gGmbH, 2014, Berlin).

Auch in der Konzeption ist der Umgang mit Sexualität dezidiert beschrieben:

> »Hauptziel unserer Arbeit ist es, die BewohnerInnen in ihrer Gesamtpersönlichkeit zu fördern.
>
> Im Sinne der Prävention von sexueller Gewalt und der Entwicklung von sexueller Selbstbestimmung ist ein offener Umgang mit der Thematik unerlässlich. Vor diesem Hintergrund werden die pädagogischen MitarbeiterInnen beraten, geschult und sensibilisiert, um eine selbstbestimmte Gestaltung des Sexuallebens für die BewohnerInnen zu ermöglichen.
>
> Dazu gehören die Vermittlung von Fachwissen und Rechtsfragen durch Fortbildungen, die Auseinandersetzung mit eigenen Menschenbildern, Normen und Wertmaßstäben in Teamsitzungen und Supervisionen genauso wie der offene, wertschätzende und sensible Umgang mit den BewohnerInnen und ggf. die Beratung von Eltern und/oder Angehörigen. Themen der sexualpädagogischen Begleitung der BewohnerInnen sind u.a.:
>
> - Erweiterung der sozialen Kompetenzen in Bezug auf Sexualität und Partnerschaft, Wahrung der Intimsphäre, Abbau von Tabus, etc.,
> - Aufklärung mit dem Ziel der Verhinderung von Gewalt, Ausnutzung, ungewollter Schwangerschaft, Infektionen (wie z. B. HIV u. a. sexuell übertragbarer Krankheiten),
> - Thematisieren von Kinderwunsch,
> - Entwicklung eines positiven Körpergefühls und einer Mann- bzw. Frau-Identität,
> - Entwicklung eines hohen Maßes an Selbstbewusstsein und Eigenverantwortung in diesem Bereich,
> - Begleitung der BewohnerInnen zur ÄrztInnen und Beratungsstellen,
> - Unterstützung bei der PartnerInnensuche
>
> Wesentlich für ein Gelingen in diesem Arbeitsfeld sind die engen Kooperationen mit VernetzungspartnerInnen wie den Beratungsstellen Balance (Familienplanungszentrum), KIZ sowie mit ÄrztInnen und TherapeutInnen, etc.« (vgl. WG-Konzeption fundament-wohnen gGmbH, 2013, Berlin).

Auf dieser Grundlage ist die Erarbeitung eines ausführlichen sexualpädagogischen Konzeptes in Planung.

Schutzkonzept

Ein weiterer wesentlicher Bestandteil, an dem die Haltung des Trägers sichtbar wird, ist ein spezielles Schutzkonzept bezüglich Gewalt und sexueller Gewalt. Dieses ist gerade in Anlehnung an die Fachlichen Standards der Kinderschutzzentren (Grenzverletzungen – Fachliche Standards, 2012, Mainz) erarbeitet worden. Darin ist der Umgang mit Gewalt auf verschiedenen Ebenen (Übergriffe von den MitarbeiterInnen auf KlientInnen, Übergriffe von den KlientInnen auf MitarbeiterInnen, etc.) konkret beschrieben. Alle im Folgenden aufgeführten Qualitätsstandards haben dort Eingang gefunden, sodass sich alle am Hilfeprozess Beteiligten von Beginn an informieren können, mit welchen Leitlinien und Zielstellungen der Träger arbeitet. Auf dieses Schutzkonzept wird beim Punkt Krisenmanagement ausführlicher eingegangen.

Vernetzung

Darüber hinaus ist auch die aktive Mitarbeit in regionalen Gremien, wie z. B. Mitarbeit am Positionspapier für junge Erwachsene mit hohem psychosozialen Unterstützungsbedarf (vgl. UAG Pankow, Positionspapier 09/11) und im aktiven und kooperativen Umgang mit den VernetzungspartnerInnen von besonderer Relevanz.

Qualitätsmanagement

Besonders deutlich wird die Haltung auch im Qualitätsmanagement, insbesondere bei der MitarbeiterInnenführung und den Standards beim Umgang auf der KlientInnenebene, inklusive des Krisenmanagements.
Auf diese Bereiche des Qualitätsmanagements wird im Folgenden näher eingegangen.

MitarbeiterInnenführung

Eine gute MitarbeiterInnenführung bezieht sich selbstverständlich nicht ausschließlich auf den Umgang mit Sexualität und Prävention. Sie trägt in allen Bereichen zu einer gelingenden Zusammenarbeit bei. Alle Leitungspersonen sind hier tagtäglich gefordert, diese Prinzipien umzusetzen. Eine gute MitarbeiterInnenführung ist ein wesentliches Element gelungener Leitungstätigkeit.
Zu einer guten MitarbeiterInnenführung gehören deshalb generell und bezogen auf die Thematik:

- ein kooperativer Führungsstil
- Standards beim Einstellungsverfahren
- das Schaffen von Rahmenbedingungen
- die »MitarbeiterInnenpflege«
- die Sensibilisierung der MitarbeiterInnen
- ein angemessenes Krisenmanagement (vgl. z. B. Glöckler & Maul, 2010 und Enders, Romahn & Villier, 2012).

Kooperativer Führungsstil

Ein situationsbezogener Führungsstil, der hauptsächlich kooperativ und partizipativ gestaltet ist, zeichnet sich dadurch aus, dass der pädagogisch fachliche Austausch auf Augenhöhe stattfindet, Klarheit über Entscheidungskompetenzen bestehen und eindeutige, nachvollziehbare und transparente Entscheidungen getroffen werden, auf die sich die MitarbeiterInnen verlassen können.

Darüber hinaus ist es wesentlich, dass eine Entwicklung von Strukturen zur Mitbestimmung und Weiterentwicklung der Konzeption, der Qualitätsstandards und der Ausgestaltung des pädagogischen Alltages stattfindet.

Diese Strukturen finden sich innerhalb des Trägers in Form von regelmäßigen Wohngemeinschafts- und bereichsübergreifenden Arbeitsgruppen zu spezifischen Themen wieder. Die Auswahl der Themen findet dabei im Dialog zwischen MitarbeiterInnen und Leitung statt.

Um diesen Führungsstil im Alltag umzusetzen, muss die Leitung präsent und gut erreichbar sein und wissen, was die MitarbeiterInnen bewegt, indem u. a. eine regelmäßige Teilnahme an Teams, etc. sichergestellt ist (ausführlich s.u.).

Standards beim Einstellungsverfahren

Im Laufe der Zeit wurden verschiedene Standards beim Einstellungsverfahren entwickelt.

Dazu gehört zunächst ein standardisiertes Bewerbungsgespräch. Neben den üblichen Fragen zu beruflichen Erfahrungshintergründen, Stärken und Kompetenzen sowie Entwicklungsbedarfen, Menschenbild usw., werden gezielt und konkret Fragen zur Einstellung zu den Themen Sexualität und sexuelle Gewalt gestellt (vgl. u. a. Mattke, 2013, 81).

Hier ein Auszug aus dem Fragenkatalog:

»Haben Sie Erfahrungen im Bereich Sexualität und Menschen mit Beeinträchtigungen?
  Wie verhalten Sie sich, wenn:

- sich ein/e KlientIn in Sie verliebt?
- Sie eine BewohnerIn nach Methoden der Selbstbefriedigung befragt?
- Sie um Unterstützung in Bezug auf Prostitution befragt?
- sich innerhalb der WG intime Beziehungen unter den KlientInnen entwickeln?
- Haben Sie Erfahrungen im Umgang mit sexuellem Missbrauch?
- Wenn ja: Welche?
- Wenn nein: Was verstehen Sie unter sexuellem Missbrauch?«
  (fundament-wohnen gGmbH, Leitfaden zum Bewerbungsgespräch, 2008)

Zudem muss die BewerberIn auch anhand verschiedener Fallbeispiele Auskunft zu konkretem Handeln in unterschiedlichen Situationen geben. Über diese gezielte Fragestellung werden zum einen Haltung und Erfahrungshintergründe der BewerberIn sichtbar. Zum anderen kann anhand von Nachfragen und Beispielen verdeutlicht werden, dass und wie mit den o.g. Themen im pädagogischen Alltag gearbeitet wird.

Ein weiterer Standard ist, dass zurzeit ausschließlich pädagogisch bzw. medizinisch ausgebildete Fachkräfte eingestellt werden. Dieser Standard trägt wesentlich zum Gelingen einer professionellen Arbeit auf allen Ebenen bei, weil pädagogische und rechtliche Grundlagen, Reflexion des eigenen Handelns und der eigenen Rolle u.v.m. als Grundlagen in die Arbeit einfließen. Mit dieser Praxis gibt es sehr gute Erfahrungen. Vor dem Hintergrund des zunehmenden Fachkräftemangels wird es zukünftig schwieriger, diesen Standard zu halten.

Mit der Einstellung wird ein erweitertes polizeiliches Führungszeugnis verlangt, welches dann alle zwei Jahre erneut eingereicht werden muss.

Das Schutzkonzept ist Bestandteil des Arbeitsvertrages bzw. der Arbeitsrichtlinien, welches von jeder MitarbeiterIn bei der Einstellung unterschrieben werden muss.

Eine BewerberIn hat somit von Beginn an Kenntnis über den Umgang mit sexueller Gewalt und Prävention innerhalb des Trägers.

Schaffen von Rahmenbedingungen

Fortbildungen

Zu den Rahmenbedingungen für einen präventiven und angemessenen Umgang mit der Thematik gehören regelmäßige fachspezifische Fortbildungen (vgl. Mattke, 2013, 82). Diese sind Bestandteil des internen Fortbildungsangebotes, welches jedes Jahr neu mit den pädagogischen Fachkräften bereichsübergreifend geplant und umgesetzt wird. Dazu gehört in der Regel eine Fortbildung zum Thema »sexuelle Gewalt«, bei der unterschiedliche Aspekte z. B. Theorie, Umgang mit Verdacht, Beziehungsgestaltung nach sexueller Gewalt von KlientInnen beleuchtet werden und in der an konkreten Fallbeispielen gearbeitet wird.

Supervision

Eine weitere wesentliche Rahmenbedingung ist die regelmäßige, monatliche externe Supervision aller Teams. Darüber hinaus können sich die einzelnen pädagogischen Fachkräfte jederzeit an die Leitung wenden, um bei Bedarf Einzelsupervision in Anspruch zu nehmen. Dieser Standard hat einen hohen Stellenwert. Dadurch haben MitarbeiterInnen jederzeit die Möglichkeit und die Sicherheit, sich auch in schwierigen Situationen fachlich gut begleiten zu lassen.

Fallbesprechung

Im Bereich der Wohngemeinschaften findet jährlich für jede BewohnerIn eine einstündige Fallbesprechung vor dem Verfassen des Evaluationsberichtes statt. Diese Fallbesprechung wird von der jeweiligen Bezugsbetreuung vorbereitet und im Team im Beisein der Leitung vorgestellt.

Ziele dieser Fallbesprechung sind, die Entwicklungen des vergangenen Berichtszeitraumes in allen Bereichen zusammenzufassen, den Hilfebedarf zu aktualisieren, neue Ziele zu setzen, und dies unter Beteiligung verschiedener Sichtweisen (Bezugsbetreuung, Team, Leitung). Beim Entwerfen eines Gesamtbildes besteht damit die Möglichkeit, Aspekte, die in der Alltagsbegleitung eventuell aus dem Blick geraten sind, im Sinne einer Prozessbegleitung wieder in den Fokus zu rücken.

Teamarbeit

Auch die wöchentlichen Teamsitzungen im Bereich der Wohngemeinschaften, an denen vierzehntägig die Leitung teilnimmt bzw. die monatlichen Fallteams, bei denen die Leitung immer präsent ist, sind feste Bestandteile der Arbeit. Alle Teamsitzungen verlaufen nach einem standardisierten Verfahren. Dazu gehört, dass kontinuierlich über jede KlientIn ein Austausch stattfindet, Fakten zusammengetragen und Wahrnehmungen abgeglichen werden und anschließend ergebnisorientiert die Umsetzung aktualisierter Ziele im pädagogischen Alltag geplant wird.

Zudem bildet der Fokus Team eine wesentliche Ressource für die professionelle pädagogische Arbeit. So gehören zum Konzept des Trägers im Bereich der Wohngemeinschaften ein- bis zweimal pro Jahr stattfindende Teamtage. Auf diesen Teamtagen wird gezielt zu den Themen gearbeitet, die gerade für ein Team und/ oder die Leitung wichtig sind, d. h. die Themenwahl findet auch hier in Zusammenarbeit zwischen Team und Leitung statt. Themen der vergangenen Jahre waren:

- Teamentwicklung, Teamvereinbarungen, Kommunikation im Team,

aber auch fachspezifische Themen wie:

- Haltung einzelner Teammitglieder zum Umgang mit sexueller Aufklärung und sexuellen Bedürfnissen einzelner KlientInnen und Entwicklung einer Teamhaltung dazu, oder
- der kollegiale Austausch über das sozio-emotionale Entwicklungsniveau einzelner KlientInnen und die sich daraus ergebenden pädagogischen Handlungsweisen, um Über- oder Unterforderungen der KlientInnen zu vermeiden, u. v. m.

Vernetzung

Für Teams oder einzelne pädagogische Fachkräfte besteht jederzeit die Möglichkeit, an externen Coachings oder Fallberatungen von spezialisierten Beratungsstellen (z. B. Kind im Zentrum Berlin) teilzunehmen. Dies hat sich in der Praxis aufgrund der sehr guten Zusammenarbeit nachhaltig bewährt.

MitarbeiterInnenpflege

Ein weiterer essenzieller Bestandteil ist das Implementieren einer angemessenen Fehlerkultur innerhalb des Trägers, der im Schutzkonzept verankert ist:

> »Eine angemessene und gelebte Fehlerkultur ist wichtiger Bestandteil auch präventiver Strukturen und hat Schutzfunktion. Offenheit und Transparenz im Umgang mit Fehlern wirkt möglicher Geheimnisbildung oder Verbrämung von Fehlern entgegen, wirkt aber

auch gegen die Angst vor Fehlern und möglichem Versagen sowie gegen die Schuldzuweisung beim Auftreten von Fehlern.
Eine Fehlerkultur erhöht die Kompetenz im Umgang mit Fehlern und ist die Grundlage für Veränderungsmöglichkeiten. Sie stellt ein Qualitätsmerkmal dar.«
(fundament-wohnen gGmbH, Schutzkonzept, 2014).

Neben dem kontinuierlichen Werben für Offenheit und der ausdrücklichen Erlaubnis, immer Fragen stellen zu dürfen, gehört eine Sensibilität für Störungen dazu. Die Zusagen, die die Leitung mit dieser Haltung macht, müssen dann selbstverständlich auch eingehalten werden. Das bedeutet, im Alltag wirklich ansprechbar zu sein und ein offenes Ohr zu haben, die Anliegen der MitarbeiterInnen ernst zu nehmen, ihnen authentisch, wertschätzend und offen zu begegnen und zeitnah gemeinsam und konstruktiv nach Lösungen zu suchen.

Ein institutionalisierter Standard in diesem Bereich ist dabei das jährlich stattfindende MitarbeiterInnengespräch, bei dem die Arbeit mit den KlientInnen, die Zusammenarbeit intern und extern und die Zufriedenheit mit dem Träger thematisiert werden. Wesentlich bei diesen Gesprächen ist das detaillierte wertschätzende und klare gegenseitige Feedback (vgl. Nagel et al., 1999).

Die Leitung sollte als Hilfe und Unterstützung begriffen werden. Damit das immer wieder gelingt, muss die Leitung präsent sein und den pädagogischen Alltag kennen.

Sensibilisierung der MitarbeiterInnen

Nach den wichtigen, jedoch eher allgemeinen Bestandteilen eines adäquaten Umgangs mit dem Thema, geht es bei der Sensibilisierung der MitarbeiterInnen um explizit themenspezifisches Wissen.

Das heißt zum adäquaten und präventiven Umgang mit sexueller Gewalt gehört entscheidend, ob die MitarbeiterInnen Situationen oder Reaktionen des Gegenübers angemessen einschätzen können.

In einigen Fällen ist durch Informationen im Rahmen der Familienanamnese oder durch andere Quellen bekannt, dass sexuelle Übergriffe bzw. sexueller Missbrauch in der Vergangenheit stattgefunden haben. Bei anderen KlientInnen wird im pädagogischen Alltag auffälliges Verhalten beobachtet. Um einschätzen zu können, ob aus den Beobachtungen geschlossen werden kann, dass in der Vergangenheit sexuelle Übergriffe stattgefunden haben und/oder aktuell stattfinden könnten, müssen die MitarbeiterInnen Traumafolgestörungen und Überlebensstrategien als solche erkennen.

Bezogen auf das eingangs skizzierte Fallbeispiel wurde in der Praxis folgendermaßen vorgegangen:

> Aufgrund der Beobachtungen und der nachgereichten Berichte wurde die Möglichkeit in Betracht gezogen, dass Frau P. sexuelle Gewalt in der Vergangenheit erlebt hat. Frau P. machte anfangs eindeutige geschlechtsspezifische Beziehungsangebote. Wie oben beschrieben nahm Frau P. Kontakt zu den männlichen Betreuern in klar sexualisierter Form auf.

Seitens des Teams wurde deshalb auf eine geschlechtsspezifische Beziehungsarbeit geachtet. Als Bezugsbetreuung wurde gezielt eine Mitarbeiterin eingesetzt. Frau P. wurde jedes Mal in den Situationen gestoppt, in denen sie durch Körperkontakt in Beziehung treten wollte. Die männlichen Mitarbeiter setzten hier sofort und klar die Grenze, indem sie einen Schritt zurückgingen, Stopp sagten und dieses Verhalten dann erklärten. Sie benannten, dass Frau P. kein adäquates Verhalten zeige und dass das Grenzsetzen nicht bedeutet, dass sie Frau P. ablehnen oder nicht mögen.

Die weiblichen Mitarbeiterinnen setzten ebenfalls deutliche Grenzen über klare Ansagen und einen angemessenen Körperkontakt.

Mit Frau P. wurden klare Regeln und Grenzen erarbeitet. Neben dem Regelwerk der Einrichtung, welches für jede BewohnerIn gilt, wurden mit Frau P. gesonderte Vereinbarungen getroffen. Diese beziehen sich auf die Gefährdungssituationen, in die sich Frau P. immer wieder begibt. Mit Frau P. wurde u. a. vereinbart, dass sie nachts nicht ohne Absprache wegbleibt und dass sie nicht mit fremden Männern mitgeht, ohne dass diese sich mindestens einmal in der WG vorgestellt und die Kontaktdaten dort hinterlassen haben.

Frau P. hat in der Wohngemeinschaft inzwischen viele Entwicklungsschritte getan. So findet eine Kontaktaufnahme zu den BetreuerInnen in sexualisierter Form nicht mehr statt. Der Beziehungsaufbau ist gelungen und die Vertrauensebene zwischen Frau P. und den BetreuerInnen entwickelt sich kleinschrittig weiter, so dass immer häufiger die Möglichkeit besteht, mit Frau P. auch schwierige Themen zu besprechen. So gelang ein Meilenstein: Nachdem Frau P. erneut ohne Kenntnis der WG über Nacht wegblieb, konnte ein Aufdeckungsgespräch mit ihr geführt werden, welches zur Folge hatte, dass sie von sexuellen Übergriffen berichtete, woraufhin in Absprache mit Frau P. verschiedene Schutzmaßnahmen eingeleitet werden konnten.

Seit einiger Zeit nimmt Frau P. regelmäßig an einer Therapie teil. Die Inhalte des Aufdeckungsgespräches durften mit Erlaubnis von Frau P. der Therapeutin mitgeteilt und somit in der Therapie bearbeitet werden.

An diesem Fallbeispiel wird deutlich, wie wichtig ein achtsamer Umgang bei der Beziehungsgestaltung zwischen MitarbeiterInnen und KlientInnen ist. Dies äußert sich besonders in der Gestaltung von Nähe und Distanz, der Kenntnis von Rechten und Pflichten, der Balance von Handlungsspielräumen auf der einen Seite und dem Setzen von klaren Regeln und Grenzen auf der anderen Seite und dem Verdeutlichen der Rollen im Hilfeprozess. Letzteres dient der Sensibilisierung über Wirkungszusammenhänge von unterschiedlichen Machtpositionen. Diese unterschiedlichen Machtpositionen zu erkennen und nicht auszunutzen wirkt wiederum präventiv.

Zur Sensibilisierung gehört auch, verschiedene Deutungsmuster zuzulassen. Demnach dürfen nicht alle auffälligen Verhaltensweisen monokausal als Folge von sexuellen Gewalterfahrungen bewertet werden. Vielmehr gilt es, sorgfältig und sensibel mit einem Verdacht umzugehen, diesen nach eingehender Prüfung ggf. zu verwerfen oder ggf. adäquat eine Aufdeckung zu handhaben und zu klären, ob der

Missbrauch andauert. Wenn dies der Fall ist, muss in jedem Fall sofort der Schutz der Betroffenen sichergestellt werden.

Krisenmanagement

Eine weitere wichtige Rahmenbedingung ist, dass allen pädagogischen Fachkräften das Vorgehen bei Krisen bekannt ist. Dieses ist im Schutzkonzept festgelegt, welches Bestandteil der Arbeitsrichtlinien ist.

Dieses Schutzkonzept, welches auf der Grundlage der Fachlichen Standards bei Grenzverletzungen der Kinderschutzzentren erarbeitet wurde, beinhaltet u. a. Grundhaltungen und Definitionen, strukturelle Aspekte von Prävention (z. B. Kommunikation, Personalführung, Fehlerkultur) sowie Grundsätze von Klärungsverfahren bei Vermutungen und Umgang mit den Ergebnissen des Klärungsverfahrens.

Bezogen auf Krisenmanagement wurden im Schutzkonzept folgende Standards formuliert:

»Für die Einrichtung eines professionellen Krisenmanagements und den Prozess im konkreten Fall ist die Leitung verantwortlich.

Bei vermuteten Grenzüberschreitungen zwischen MitarbeiterInnen bzw. KlientInnen übernimmt fundament-wohnen als Träger Verantwortung für ein Schutz, Interessen und Integrität der Betroffenen wahrendes Krisenmanagement.

Zum Krisenmanagement gehört eine angemessene Offenheit und Transparenz auch bezüglich Konfliktgestaltung und Klärungsverfahren im Team, gegenüber dem Träger und gegenüber den Betroffenen, ihren gesetzlichen VertreterInnen und Angehörigen ......

Zum konkreten Vorgehen zählen immer:

- Ruhe und Besonnenheit
- zeitnahe Information der Leitung
- Einschätzung, ob Gefahr im Verzug ist
- weiteres Vorgehen gemäß Krisenmanagement«

(fundament-wohnen gGmbH, Schutzkonzept, 2014).

Die Gewährleistung der Erreichbarkeit der Leitung über eine Rufbereitschaft ist dabei auf verschiedene Leitungspersonen aufgeteilt.

Bei der differenzierten Auseinandersetzung mit der Vermutungsentstehung heißt es u.a.:

»Das Krisenmanagement berücksichtigt sowohl die Fürsorgepflicht für die KlientInnen als auch die arbeitsrechtlich gebotene Fürsorgepflicht für die MitarbeiterInnen. ..... Die Situationsanalyse erfolgt nicht durch eine einzelne Person, sondern verlangt mindestens ein Vier-Augen-Prinzip« (fundament-wohnen gGmbH, Schutzkonzept, 2014).

Wesentlich in diesem Prozess sind auch »Begleitung und Schutz der Beteiligten«:

»In Fällen, in denen dies von den Beteiligten gewünscht oder für sinnvoll und notwendig erachtet wird, ist zusätzlich zum internen Beschwerde- und Krisenmanagement eine externe Begleitung für die Beteiligten im Klärungs- und Interventionsprozess durch eine externe, unabhängige Fachstelle gewährleistet.....Verpflichtend ist der Schutz der Betroffenen bis zur Klärung und darüber hinaus, wenn die Klärung Grenzverletzungen zum Ergebnis hat.

Dort, wo Vertrauen erschüttert worden ist, ist der Träger bestrebt, Vertrauen wieder aufzubauen« (fundament-wohnen gGmbH, Schutzkonzept, 2014).

Unabhängig vom Krisenfall ist es wesentlich für alle Bereiche einer gelingenden Zusammenarbeit, eine Kultur der Offenheit, Wertschätzung und Transparenz im Träger zu etablieren (s. kooperativer Führungsstil). Dies erhöht erheblich die Wahrscheinlichkeit, transparent mit sensiblen Themen umzugehen.

Standards beim Umgang auf der KlientInnenebene

Zu einem wichtigen Element der pädagogischen Arbeit gehört ein offener Umgang mit den Themen Sexualität, Partnerschaft und Beziehung. Wie oben beschrieben, ist dieser bereits in der Konzeption verankert. Detailliert wird dieser demnächst in einem sexualpädagogischen Konzept, welches zeitnah erarbeitet werden wird, ausformuliert. Wichtig war und ist dabei, das Schutzkonzept vom sexualpädagogischen Konzept und damit den Umgang mit Gewalt und mit Sexualität klar voneinander zu trennen.

Dies bedeutet, dass Sexualität und Partnerschaft als selbstverständlicher Teil des Lebens auch ein selbstverständliches Thema in der täglichen Arbeit mit den KlientInnen ist. In den Erst- bzw. Aufnahmegesprächen wird dieser Themenkomplex daher wie alle anderen relevanten Themen auch angesprochen und der Hilfebedarf dahingehend ermittelt. Seit einiger Zeit wird bei einer Aufnahme in eine Wohngemeinschaft eine Familienanamnese erhoben, wenn dies möglich ist. Diese ist Bestandteil des Aufnahmeprozesses. Ein Ziel ist dabei die Erhebung von Informationen bezüglich des Umgangs mit Sexualität, wie dem Stand der Aufklärung, Erfahrungen in Beziehungen oder Partnerschaften und dem Erleben von sexueller Gewalt in der Vergangenheit.

Individuell und fallspezifisch sind Gespräche zur Sexualaufklärung in den Alltag integriert. Zu gezielten oder weiterführenden Themen findet in der Regel eine Weitervermittlung zu einer spezialisierten Beratungsstelle statt, mit der eng kooperiert wird. Die Unterstützung bei der PartnerInnensuche, die psychosoziale Begleitung bei Beziehungs- und Paarkonflikten sowie ggf. Eltern- und Angehörigenarbeit sind weitere Bestandteile in diesem Bereich.

Ein institutionalisierter Standard ist in diesem Zusammenhang das Beschwerdemanagement, welches Teil des Wohnvertrages ist und öffentlich in allen Wohngemeinschaften aushängt. Dadurch ist für die KlientInnen ein klarer Rahmen vorgegeben, bei wem sie sich Hilfe und Unterstützung holen können.

Darüber hinaus gibt es im Bereich der Wohngemeinschaften zweijährig eine Befragung zur Zufriedenheit sowie einen BewohnerInnenbeirat, der sich um die Anliegen der BewohnerInnen der Wohngemeinschaften kümmert.

Um angemessen mit KlientInnen umzugehen, die sexuelle Gewalt erlebt haben, müssen die pädagogischen MitarbeiterInnen situationsgerecht handeln. Erfahrungsgemäß nimmt die adäquate Bewältigung akuter Krisensituationen jedoch nicht den Hauptanteil des Umgangs mit der Thematik ein, sondern die sich stetig wiederholende Auseinandersetzung und pädagogische Arbeit bei der Beziehungsgestaltung zwischen MitarbeiterInnen und betroffenen KlientInnen. Diese bedarf einer ebenfalls stetigen Überprüfung im Team und/oder in der Supervision. Der angemessene Umgang mit gezeigten Überlebensstrategien gehört genauso dazu wie der offene Umgang mit Sexualaufklärung und Sexualität und der Aufbau sowie der Erhalt einer vertrauensvollen und verlässlichen Arbeitsbeziehung in Verbindung mit einer pädagogischen Haltung, bei der Ressourcenorientierung, Selbstbestimmung und Hilfe zur Selbsthilfe, gepaart mit einer professionellen Vernetzung, im Vordergrund stehen.

Aufgrund dieser Tatsachen ist innerhalb des Trägers ein präventives Gesamtkonzept entwickelt worden, welches über ein eindimensionales reaktives Arbeiten in Krisenfällen weit hinausgeht.

7.3 Zusammenfassung

Der Leitung eines Trägers oder einer Einrichtung kommt eine entscheidende Rolle beim Umgang mit sexueller Gewalt auf institutioneller Ebene zu. Die Leitungspersonen müssen klare Rahmenbedingungen schaffen und die MitarbeiterInnen motivieren und sensibilisieren, um Standards innerhalb des Trägers zu implementieren. Diese Prozesse sind nie abgeschlossen, sondern erfordern eine kontinuierliche Beschäftigung und Auseinandersetzung und stetige Weiterentwicklung. Entscheidend für den Erfolg sind eine ausgeprägte Sensibilität für die Thematik sowie ein offenes und transparentes Handeln. Ein solcher Umgang und ein klarer institutioneller Rahmen wirken dabei gleichzeitig präventiv auf allen Ebenen.

Literatur

Die Kinderschutzzentren (2012): Grenzverletzungen – Fachliche Standards. Interne Veröffentlichung. Mainz.
Enders, U., Romahn, E. & Villier, E. (2012): Klar, diffuse, autoritär oder verwahrlost? Institutionelle Strukturen und fachliche Mängel, die den Schutz vor sexuellen Übergriffen und Missbrauch vernachlässigen. In: Enders, U. (Hrsg.): Grenzen achten. Schutz vor sexuellem Missbrauch in Institutionen. Ein Handbuch für die Praxis (S. 147-153). Köln: Kiepenheuer & Witsch.
fundament-wohnen gGmbH (2014): Schutzkonzept. Interne Veröffentlichung. Berlin.
fundament-wohnen gGmbH (2013): WG-Konzeption. Interne Veröffentlichung. Berlin.
fundament-wohnen gGmbH (2014): Leitbild. Interne Veröffentlichung. Berlin.
fundament-wohnen gGmbH (2008): Leitfaden zum Bewerbungsgespräch. Interne Veröffentlichung. Berlin.
Glöckler, U. & Maul, G. (2010): Ressourcenorientierte Führung als Bildungsprozess. Systemisches Denken und Counselling Methoden im Alltag humaner Mitarbeiterführung. Wiesbaden: Verlag für Sozialwissenschaften.

Mattke, U. (2013): Sexuelle Gewalt und Traumatisierung. Pädagogisch-therapeutische Unterstützung von Mädchen und Frauen mit geistiger Behinderung. In: Teilhabe 2/2013, 80-88.

Nagel, R., Oswald, M. & Wimmer, R. (1999): Das Mitarbeitergespräch als Führungsinstrument. Ein Handbuch der OSB für Praktiker. Stuttgart: Klett-Cotta.

Richter-Unger, S. (1996): In. Weiterbildungsmaterialien. Interne Veröffentlichung. Berlin: Kind im Zentrum, EJF.

Schröttle, M. & Müller, U. (2004): Lebenssituation, Sicherheit und Gesundheit von Frauen in Deutschland. Eine repräsentative Untersuchung zu Gewalt gegen Frauen in Deutschland. Im Auftrag des Bundesministeriums für Familie, Senioren, Frauen und Jugend. Berlin.

Schröttle, M. et al. (2012): Lebenssituationen und Belastungen von Frauen mit Beeinträchtigungen und Behinderung in Deutschland. Im Auftrag des Bundesministeriums für Familie, Senioren, Frauen und Jugend. Bielefeld u.a.

Zemp, A. (2010): Prävention von sexueller Gewalt bei Menschen mit einer Behinderung. In. KIZ, EJF Perspektive des Kindes, Beratung und Therapie bei sexuellem Missbrauch. Berlin.

8 Zusammenarbeit hilft! Vernetzung als Weg der Prävention und Intervention bei sexualisierter Gewalt gegen Frauen mit Lernschwierigkeiten.

Katharina Göpner & Rebecca Maskos

8.1 Prävalenz sexualisierter Gewalt gegen Menschen mit Lernschwierigkeiten

Frauen und Männer mit Lernschwierigkeiten sind überdurchschnittlich häufig von sexualisierter Gewalt betroffen. Wovon viele Fachleute bereits seit Jahrzehnten ausgehen, ist 2012 durch eine repräsentative Studie eindeutig belegt worden. Die im Auftrag des Bundesministeriums für Familie, Senioren, Frauen und Jugend erstellte Studie »Lebenssituation und Belastungen von Frauen mit Behinderungen und Beeinträchtigungen in Deutschland« (Schröttle et al., 2013a) beleuchtet das gesamte Ausmaß der Gewalt gegen behinderte Frauen: Sie sind beispielsweise in Kindheit und Jugend rund zwei bis drei Mal häufiger von sexualisierter Gewalt (Schröttle et al., 2012, S. 21) und als Erwachsene doppelt so häufig von körperlicher Gewalt betroffen wie nichtbehinderte Frauen (ebd., S. 24).

Unter den Studienteilnehmerinnen waren auch Frauen mit Lernschwierigkeiten. Ein Viertel von ihnen hat in Kindheit und Jugend sexualisierte Gewalt erlebt (ebd., S. 21). 21 Prozent berichtet von sexueller Gewalt im Erwachsenenleben – so viele zumindest haben dies in der Befragung von Einrichtungsbewohnerinnen in einfacher Sprache angegeben. Die Autorinnen der Studie gehen dabei von einer hohen Dunkelziffer aus: Viele Frauen (10-16 %) haben keine Angaben gemacht oder konnten sich nicht erinnern (ebd., S. 22 f). Von allen in Einrichtungen lebenden Teilnehmerinnen haben bis zu 38 Prozent sexuelle Gewalterfahrungen im Erwachsenenalter angegeben – hierbei ist jedoch nicht differenziert, ob es sich um Frauen mit Lernschwierigkeiten, psychischen oder anderen Beeinträchtigungen handelt (ebd., S. 25).

Die Gewaltbetroffenheit von Männern und Jungen mit Lernschwierigkeiten ist bislang kaum erforscht. Immerhin gibt eine Studie aus dem Jahr 2013 erste Hinweise: Im Auftrag des Bundesministeriums für Arbeit und Soziales wurde die Studie »Lebenssituation und Belastungen von Männern mit Behinderungen und Beeinträchtigungen« erstellt (Jungnitz et al., 2013). Sie sind demnach seltener als behinderte Frauen von sexualisierter Gewalt betroffen: Zwölf Prozent haben in ihrer Kindheit und Jugend sexuelle Übergriffe erlebt (ebd., S. 82), im Erwachsenenalter sind es fünf Prozent (ebd., S. 86).

Leider hat die Studie keine Teilnehmer mit Lernschwierigkeiten befragt. Insofern ist auch hier von einem Dunkelfeld auszugehen, zumal die Studie ebenfalls nachweist, dass Männer mit Behinderungen erlebte sexualisierte Gewalt oft nicht als solche erkennen und benennen (Jungnitz et al., 2013, S. 111).

8.2 Situation des Unterstützungssystems für gewaltbetroffene Frauen und Mädchen

In Deutschland gibt es ein gut ausgebautes Netz von Unterstützungseinrichtungen für gewaltbetroffene Frauen und Mädchen. Es gibt deutschlandweit 721 Fachberatungsstellen, dazu zählen u. a. Frauennotrufe (Fachberatungsstellen für Betroffene von sexualisierter Gewalt), Frauenberatungsstellen und Interventionsstellen bei häuslicher Gewalt. Allein im Dachverband bff: Bundesverband Frauenberatungsstellen und Frauennotrufe – Frauen gegen Gewalt e.V. sind rund 170 Beratungsstellen organisiert. Darüber hinaus gibt es 353 Frauenhäuser (BMFSFJ 2012, S. 38).

Trotz dieses sehr ausdifferenzierten Hilfe- und Unterstützungssystems für gewaltbetroffene Frauen und Mädchen werden bestimmte Zielgruppen nicht oder zu wenig erreicht. Dazu gehören neben Frauen und Mädchen mit Behinderungen unter anderem auch Frauen mit psychischen Erkrankungen oder Suchterkrankungen, Trans*personen (BMFSFJ, 2012, S. 84) sowie intersexuelle Personen. Sie kommen zu selten in der Beratung an und nutzen die Angebote des Unterstützungssystems zu wenig. Hier zeigt sich ganz deutlich: Die Barrieren sind größer als gedacht und bestimmte Zielgruppen fühlen sich von Hilfen stärker angesprochen als andere. Eine Umfrage des bff aus dem Jahr 2009 bestätigt die geringe Inanspruchnahme der Angebote der Fachberatungsstellen durch Frauen mit Behinderung. Sie sind in Frauenberatungsstellen und Frauennotrufen flächendeckend unterrepräsentiert. In fünfzig Prozent der Einrichtungen waren behinderte Frauen nach Angaben der Beraterinnen kaum vertreten und in weiteren vierzig Prozent der Einrichtungen zwar deutlich vertreten, aber nicht gemäß ihrem Anteil an der Bevölkerung (bff, 2009, S. 2). Dies hat verschiedene Gründe. Sehr viele Fachberatungsstellen und Frauenhäuser sind nicht barrierefrei. Noch immer fehlt es an Wissen und Kompetenzen, was Zugänglichkeit und Barrierefreiheit angeht. So wird der Begriff häufig in Verbindung mit einer Rampe oder einem Fahrstuhl gebracht und oft synonym mit rollstuhlzugänglich verwendet. Barrierefreiheit ist aber vielmehr als Gesamtkonzept einer räumlichen, kommunikativen und informationellen Zugänglichkeit für alle anzusehen.

Barrieren beim Zugang zum Unterstützungssystem

Dreißig Prozent aller Fachberatungsstellen für gewaltbetroffene Frauen und Mädchen in Deutschland sind nach eigener Einschätzung sehr gut oder gut geeignet für Frauen mit Behinderungen (BMFSFJ, 2012, S. 84). Von ihnen sind drei Prozent spezialisiert auf Frauen mit Behinderungen, die restlichen sind von diesen gut nutzbar. Das heißt jedoch auch, dass 70 Prozent der Fachberatungsstellen nur teilweise oder nicht geeignet sind für Frauen mit Behinderung. Spezialisierte Fachberatungsstellen für sexualisierte Gewalt geben häufiger an, für Frauen mit Behinderungen – und vor allem auch Frauen mit Lernschwierigkeiten – zugänglich zu sein und haben beispielsweise öfter Materialien und Informationen in Leichter Sprache vorliegen (BMFSFJ, 2012, S. 86). Laut einer intern veröffentlichten Umfrage des bff aus dem Jahr 2012[1] sind etwa ein Viertel (25 %) aller Fachberatungsstellen zugänglich für Frauen und Mädchen im Rollstuhl. Jede dritte Fachberatungsstelle gab an, nicht rollstuhlzugänglich zu sein, allen weiteren stehen teilweise barrierefreie Räumlichkeiten zur Verfügung oder sie können an einen anderen Ort ausweichen. Noch immer gibt es sehr wenige spezifische Angebote für blinde und stark sehbehinderte Frauen und Mädchen. Die Befragung hat ergeben, dass nur etwas mehr als sechs Prozent der Fachberatungsstellen auf Flyern oder der Webseite Informationen für blinde und sehbehinderte Personen vorhalten. Nur zwei Prozent verfügen über taktile Gestaltungselemente, wie beispielsweise Hinweisschilder in Brailleschrift. Auch gibt es kaum spezifische Angebote oder Informationen in Deutscher Gebärdensprache für gehörlose Frauen und Mädchen. Ein weiteres Problem ist, dass die Übersetzung in Deutsche Gebärdensprache in der Regel nicht finanziert wird. Die betroffene Frau selbst oder die Fachberatungsstelle müssen die Finanzierung übernehmen, was die Hürde, sich an eine externe Beratungsstelle zu wenden, stark erhöht. Eine weitere Schwierigkeit kann sein, dass sich die Vertraulichkeit eines Beratungsgesprächs durch die Anwesenheit eines/einer Gebärdensprachdolmetscher/in verändert. Das Setting der Beratung ist ein anderes, weshalb es wichtig ist, die betroffene Frau zu fragen, welche/r Dolmetscher/in übersetzen soll. Da die Gehörlosen-Gemeinschaft sehr klein ist, kann es vorkommen, dass sich beide Seiten kennen.

Viele Beraterinnen bemühen sich seit einiger Zeit um mehr Barrierefreiheit in ihren Einrichtungen. Erfolge und Veränderungen sind deutlich erkennbar, beispielsweise was das Vorhandensein und Wissen um Leichte Sprache angeht. So haben inzwischen mehr als die Hälfte aller Fachberatungsstellen Informationen und Materialien in Leichter Sprache, zwei Drittel bieten Beratung in Leichter Sprache an (bff, 2012). Einige Fachberatungsstellen bieten Selbstbehauptungs- und Selbstverteidigungskurse für behinderte Frauen und Mädchen. Etwas mehr als jede dritte Beratungsstelle (39 %) ermöglicht aufsuchende oder mobile Beratung, beispielsweise in Einrichtungen der Behindertenhilfe oder an anderen Orten (bff, 2012). Vor allem in ländlichen Regionen stellen weite Entfernungen und lange Wege gewaltbetroffene Frauen und Mädchen vor große Herausforderungen. Die

---

1 Befragt wurden ambulante Fachberatungsstellen, die in der bff-Datenbank zur Hilfesuche zu finden sind. An der Befragung haben sich 317 Fachberatungsstellen beteiligt, mehr als 130 davon waren Mitgliedseinrichtungen des bff. Die Ergebnisse der Umfrage wurden bff-intern veröffentlicht.

Hürde, sich Beratung und Unterstützung zu suchen, ist dadurch noch höher. Mobile Beratungsangebote können diese Hürden senken.

Auch bei Frauenhäusern und Schutzwohnungen gibt es noch immer viele Barrieren, auf die behinderte Frauen und Mädchen stoßen. Sie sind als stationäre Angebote recht hochschwellig: Gewaltbetroffene Frauen müssen sich dafür entscheiden, zumindest vorübergehend ihr privates Umfeld zu verlassen und umzuziehen (BMFSFJ 2012, S. 60). Sehr viele der Häuser sind nicht barrierefrei, notwendige Umbauten kostenintensiv und oft nicht finanzierbar. Nur acht Prozent aller Frauenhäuser in Deutschland sind nach Selbsteinschätzung sehr gut oder gut geeignet für Frauen und Mädchen mit Behinderung. Insgesamt gibt es fünf Frauenhäuser, die spezialisiert sind auf Frauen mit Behinderung. Zwei Drittel sehen sich als teilweise geeignet und fast 30 Prozent als nicht geeignet für die Zielgruppe an. Frauen mit Behinderung können meist nicht aufgenommen werden, wenn sie einen Pflege- oder Assistenzbedarf haben[2]. In der Regel ist es nicht möglich, eine Assistenzperson mit ins Frauenhaus zu nehmen. Es wird erwartet, dass die dort lebenden Frauen sich (und ihre Kinder) selbst versorgen können. Viele Aufgaben in Frauenhäusern werden von den Bewohnerinnen selbst übernommen, sehr oft gibt es nur wenig angestellte Fachkräfte, so dass die Unterstützung von Frauen mit hohem Assistenz- oder Pflegebedarf nicht gewährleistet werden kann. Hingegen werden Frauen mit leichten Lernschwierigkeiten, Hörbehinderungen oder Sehproblemen häufiger aufgenommen (BMFSFJ, 2012, S. 75). Die Hauptursache für Abweisungen und Weitervermittlungen ist mit der starken Auslastung der Frauenhäuser zu begründen.

Innere Barrieren – Ängste und Vorbehalte auf Seiten der Fachkräfte des Unterstützungssystems

Neben räumlichen oder kommunikativen Barrieren bestehen noch immer Unsicherheiten und Ängste im Kontakt zwischen Menschen mit und ohne Behinderungen. Beraterinnen fühlen sich nicht kompetent genug oder haben Angst, Dinge falsch zu machen. Schnell entsteht der Eindruck, dass die gewöhnlichen Angebote und Beratungskonzepte nicht ausreichen oder diese den Bedürfnissen behinderter Frauen und Mädchen nicht gerecht werden. Solche Ängste und Unsicherheiten sind unter anderem ein Resultat davon, dass Fachkräfte aus Unterstützungseinrichtungen oft keinen oder wenig Kontakt mit Menschen mit Behinderung haben. Noch immer arbeiten zu wenige behinderte Expertinnen im Anti-Gewalt-Bereich. Fachberaterinnen und Mitarbeiterinnen im Frauenhaus haben oft zu wenige Informationen darüber, wie Frauen und Mädchen mit Behinderung leben und was behinderungsbedingte Besonderheiten sein können. Viele wissen zu wenig über rehabilitations-rechtliche Bestimmungen oder das System der Behin-

---

[2] So wurden im Jahr 2010 53 behinderte und 41 pflegebedürftige Frauen nicht aufgenommen (Vgl. BMFSFJ, 2012 b, S. 66).

dertenhilfe. Zugleich sind die Bereiche der Anti-Gewaltarbeit und der Behindertenhilfe sehr stark voneinander getrennt und es gibt zu wenig Wissen voneinander und über die jeweilige Arbeit und Angebote. Fachkräfte der Behindertenhilfe sehen sich als Expert/innen für das Thema Behinderung an; Fachkräfte der Anti-Gewaltarbeit für das Thema Gewalt – kommt es zu einer Verknüpfung der Themen und Problemlagen, entstehen oft Unsicherheiten auf beiden Seiten.

8.3 Situation der Behindertenhilfe: Behindernde Einrichtungsstrukturen und innere Barrieren auf Seiten der Mitarbeiter/innen und betroffenen Frauen

Gewalt als Normalitätserfahrung – Schwierigkeiten bei der aktiven Hilfesuche

Viele Frauen und Mädchen mit Lernschwierigkeiten werden von Informationen über die Angebote von Unterstützungseinrichtungen nicht erreicht, oder sie fühlen sich von den Angeboten nicht angesprochen. Oft fühlen sie sich nicht als Gewaltopfer und damit auch nicht als Zielgruppe von Beratungseinrichtungen für Frauen. Viele sehen das, was ihnen passiert oder ihnen in ihrer Vergangenheit passiert ist, nicht als Gewalt an oder empfinden Gewalt als Normalität. »Das war für mich gang und gäbe und das hat sich bis jetzt eigentlich immer so durchgesetzt, dass körperliche Gewalt und auch geistige Gewalt einfach zum Leben gehört und ich mir da drüber auch nie Gedanken gemacht hab«, so eine Interviewpartnerin in der qualitativen Zusatzbefragung der Studie »Lebenssituation und Belastungen von Frauen mit Behinderungen und Beeinträchtigungen in Deutschland« (Schröttle et al., 2013b, S. 33). Die Frauen erleben Gewalt als Kontinuum, wiederholt in verschiedenen Lebensphasen. Dies erschwert ihnen, sich aktiv Hilfe und Unterstützung zu holen. Vielen fehlt das Vertrauen, dass sie selbst oder andere etwas an ihrer Situation ändern können.

Die Behinderung ist sowohl ein Risikofaktor für die Gewalterfahrungen als auch eine Folge von ihnen. »Bei diesen und den in den Haushalten befragten Frauen ist davon auszugehen, dass psychische (und andere Formen von) Gewalt maßgeblich mit zu den Behinderungen und Beeinträchtigungen beigetragen und sich oftmals im Lebensverlauf fortgesetzt haben« (Schröttle et al., 2013b, S. 171).

Auch wenn ein Teil der Öffentlichkeit nach Veröffentlichung der Studie des BMFSFJ nun für die Gewalterfahrungen von Frauen mit Behinderungen sensibilisiert ist, erhalten Frauen mit Lernschwierigkeiten noch immer oft nicht ausreichende Unterstützung bei ihrem Weg zu Beratung und Hilfe. Behinderte Frauen werden vielfach als geschlechtslose »Neutren« wahrgenommen, eine eigenständige

Sexualität wird ihnen oft abgesprochen. Da das Bild von sexualisierter Gewalt zudem oft von Vergewaltigungsmythen[3] geprägt ist und häufig noch mit dem Vorurteil einher geht, sie habe etwas mit sexueller Attraktivität zu tun (»nur junge, attraktive Frauen werden vergewaltigt«), werden viele Frauen mit Lernschwierigkeiten nicht ernst genommen, wenn sie von dieser Gewalt berichten. Manche Angehörige und Betreuer/innen zweifeln an ihrer Glaubwürdigkeit und tun Berichte über Gewalterlebnisse als »Fantasieren« und als Produkt der kognitiven Behinderung ab (Friske, 1995, S. 176, Brill, 1998, S. 54). Viele schweigen deshalb auch über das Geschehen und vertrauen sich niemandem an.

Durch ihre häufig von Fremdbestimmung geprägte Sozialisation fällt es ihnen schwer, sich für die eigenen Rechte einzusetzen und sich Hilfe zu holen. »Eine eindeutige Grenzsetzung wurde ihnen… in Kindheit und Jugend nicht klar vermittelt, Vertrauen zu anderen wurde durch vielfache Übergriffe und Respektlosigkeiten unterminiert. Zum anderen thematisieren sie auch in diesem Zusammenhang, dass sie kaum Selbstbewusstsein, Selbstwertgefühl und Durchsetzungskompetenzen erlernen konnten«, so die Autorinnen des qualitativen Teils der Studie des BMFSFJ (Schröttle et al., 2013b, S. 125).

»Ich wusste nicht, dass Frauenberatungsstellen auch für mich da sind« – so eine Frau mit Lernschwierigkeiten, die sich an den bff gewandt hatte. Viele behinderte Frauen wissen nur wenig über Beratungsangebote und wofür sie da sind. Es gibt Befürchtungen, dass Beratung Geld kostet und dass ihnen die Angebote zu wenig praktische Unterstützung bieten (Schröttle et al., 2013b, S. 114 und S. 210 ff). Dass sie ihre Gewalterfahrungen mit vielen anderen (nichtbehinderten) Frauen teilen, ist vielen Frauen mit Lernschwierigkeiten nicht bewusst. Ihre Haltung spiegelt ein gesellschaftliches Verständnis wider, das Frauen mit Behinderung auf ihre Behinderung reduziert, und sie ist Produkt der Sonderwelten, in denen Frauen mit Lernschwierigkeiten vielfach leben.

Vielen Frauen mit Lernschwierigkeiten fehlt auch Assistenz und Begleitung auf dem Weg zu Beratungsstellen und Unterstützungseinrichtungen, bei der Orientierung auf dem Weg dorthin oder bei der ersten Kontaktaufnahme. Für Frauen, die in Einrichtungen leben, verschärft sich diese Situation: Oft können sie sich nicht aussuchen, ob und wo sie sich Hilfe außerhalb der Einrichtung suchen wollen und wer sie dabei begleitet (vgl. Schröttle et al., 2013b, S. 114). Zum Beispiel weil ein zu festen Zeiten eingeplanter Fahrdienst die Frauen von der Wohneinrichtung zur Werkstatt oder zum Freizeitaufenthalt und zurück bringt und sie sich abmelden müssen, wenn sie andere Orte aufsuchen wollen. Manche Einrichtungen, insbesondere Komplexeinrichtungen, in denen das Wohnen in der Wohneinrichtung und die Arbeit in der Werkstatt unter dem Dach desselben Trägers stattfinden, erscheinen zudem als geschlossene Systeme. In ihnen ist die Tagesstruktur der Frauen reglementiert – Arbeit und Freizeit finden auf dem gleichen Gelände und in festen Gruppen statt. Sofern die Frauen nicht ein großes Maß an Selbstständigkeit

---

3 Zum Thema Vergewaltigungsmythen vgl. https://www.frauen-gegen-gewalt.de/mythen-tatsachenzahlen-243.html.

und Eigenständigkeit erlangen konnten, sind Alleingänge und »Extra-Touren« zu einer Beratungsstelle außerhalb der Einrichtung nicht vorgesehen. Braucht die Frau Begleitung auf dem Weg zur Beratungsstelle, muss sie eine Angestellte dafür gewinnen, die dies in ihrem wahrscheinlich ohnehin knappen Zeitbudget unterbringen muss (vgl. Schröttle et al., 2013b, 2013). Vielen behinderten Frauen fehlen weitere unterstützende soziale Kontakte außerhalb der Einrichtung, was es ihnen erschwert, sich Unterstützung zu holen (vgl. Schröttle et al., 2013 b, S. 44, S. 77, S. 88).

Schwierigkeiten bei der Unterstützung betroffener Frauen

Auf Seiten der Angestellten einer Einrichtung kann zudem Skepsis gegenüber Hilfe und Unterstützung von außerhalb überwiegen – nicht nur wegen der vermeintlich geringeren Glaubwürdigkeit der Frauen und Mädchen mit Lernschwierigkeiten. Oft wird angezweifelt, dass es in der Einrichtung überhaupt Gewalt und sexuelle Übergriffe gibt – in der Einrichtung seien die Frauen rundum »geschützt«, lautet eine noch immer weit verbreitete Überzeugung (Sellach et.al., 2006, S. 65).

Beratung von außerhalb wird mitunter als nicht geeignet erachtet und die Expertise von Fachberatungsstellen nicht immer anerkannt. Fachkompetenz im Bereich Behinderung und Fachkompetenz im Bereich Gewalt werden oft als getrennt voneinander wahrgenommen. Einrichtungsmitarbeiter/innen sind es gewohnt, komplexe Probleme und Konflikte selbst zu lösen.

Bei Menschen in sozialen Berufen herrscht zudem oft das Bewusstsein, dass das Abgeben von Verantwortung einem Schwächeeingeständnis gleich kommt (vgl. Schmidtbauer, 1992, S. 15 ff). Auch kann ein Gefühl von Kontrolle entstehen, wenn außenstehende Personen Einblick in interne Verfahrensweisen und Interventionsstrategien bekommen.

Insofern scheint das Adressieren von Beratungsstellen, Frauennotrufen und Frauenhäusern für viele Einrichtungsmitarbeiter/innen zunächst ein ungewöhnlicher Weg. Steht außer Frage, dass Unterstützung von außerhalb sinnvoll ist, braucht es Informationen über regionale Hilfsangebote für gewaltbetroffene Menschen. Diese sind auch den Angestellten zunächst nicht immer bekannt.

8.4 Handlungsempfehlungen

Unterstützung und Beratung von Frauen mit Lernschwierigkeiten

Je mehr die sexualisierte Gewalt gegen Frauen mit Lernschwierigkeiten in und außerhalb von Einrichtungen ans Licht kommt und enttabuisiert wird, desto dringender wird der Handlungsbedarf. Dies wird auch von vielen Akteuren wahrgenommen. So haben zahlreiche Träger der Behindertenhilfe inzwischen Leitlinien zum Umgang mit Gewaltvorfällen entwickelt, die den Mitarbeiter/innen Orientierung und Klarheit geben (vgl. die Musterleitfäden von Beck et al., 2012 und Weibernetz e.V., 2012). Mitarbeiter/innen-Fortbildungen schulen im Erkennen von und im Umgang mit Gewalt.

Auf Seiten des Unterstützungs- und Hilfesystems der Anti-Gewaltarbeit werden behinderte Frauen im Nachgang der BMFSFJ-Studie zunehmend als Zielgruppe entdeckt. Mitarbeiter/innen von Fachberatungsstellen und Frauenhäusern werden nach und nach von Sensibilisierungsarbeit erreicht, zum Beispiel durch Tagungen, Schulungen und Materialien. Doch immer noch gibt es Unsicherheiten, vor allem in Bezug auf die Kommunikation mit den Frauen und die Kenntnis ihrer Lebenswelt.

Frauen mit Lernschwierigkeiten, wie zum Beispiel die Mitarbeiterinnen von »Mensch zuerst – Netzwerk People First Deutschland e.V.«, sagen, dass ihnen zuallererst wichtig ist, ernst genommen zu werden (vgl. Mensch zuerst e.V., 2011). Das bedeutet zum Beispiel, ihnen zu glauben und nicht über ihren Kopf hinweg zu entscheiden. Die Kommunikation in der Beratung sollte sich nicht an eine möglicherweise begleitende Person ohne Lernschwierigkeiten richten, sondern an die betroffene Frau selbst. Ist eine Assistenzperson dabei, muss mit der betroffenen Frau deren Rolle geklärt werden, zum Beispiel ob sie ihr vertraut oder ob sie mit dem/der Täter/in in Kontakt steht. Wichtig ist auch nachzufragen, ob eine gesetzliche Betreuung gibt.

Eine leichte, verständliche und klare Sprache hilft, Missverständnisse zu vermeiden und gibt der betroffenen Frau mehr Handlungsmöglichkeiten. Dass die Frau gesiezt und nicht wie ein Kind angesprochen wird, sollte selbstverständlich sein. In der Beratung können Materialien in Leichter Sprache eingesetzt werden[4]. Wichtig ist nachzufragen, wenn man die betroffene Frau nicht verstanden hat – lieber »zu oft« als zu wenig. Wenn zusätzlich eine Sprachbehinderung besteht, die das Verständnis erschwert, können geschlossene Fragen gestellt werden, die mit »Ja« oder »Nein« zu beantworten sind, um mehr Informationen zu erhalten.

Wenn die Frau ohne Begleitung kommt, kann ihr angeboten werden, sie von der Bushaltestelle abzuholen und sie zur Beratung zu begleiten. Eine aufsuchende Beratung zuhause oder in der Einrichtung ist für Frauen mit Lernschwierigkeiten eine Erleichterung, aber wegen geringer Personalkapazitäten in den Unterstützungseinrichtungen oft nicht machbar.[5]

---

4 Der bff: Bundesverband Frauenberatungsstellen und Frauennotrufe – Frauen gegen Gewalt e.V. bietet beispielsweise ein Bilderset mit Leichte-Sprache-Bildern zur Unterstützung des Beratungsgesprächs an. Mehr Informationen unter https://www.frauen-gegen-gewalt.de/materialien-und-veroeffentlichungen.html

5 Diese und mehr Empfehlungen sind nachzulesen in: bff e.V., Frauenhauskoordinierung e.V., Weibernetz e.V. (Hrsg.) (2011) »Leitfaden für den Erstkontakt mit gewaltbetroffenen Frauen mit Behinderung«, zu bestellen in der Geschäftsstelle des bff oder zum Download unter https://www.frauen-gegen-gewalt.de/veroeffentlichungen.html.

Transparenz über die Gegebenheiten vor Ort

Ein notwendiger Schritt, um Angebote zugänglicher zu gestalten, ist die größtmögliche Transparenz über Gegebenheiten vor Ort. So sollten auf der Webseite und Flyern möglichst detaillierte Informationen zur Barrierefreiheit aufgeführt sein. Denn für betroffene Frauen und Mädchen mit Behinderung ist hilfreich, diese nicht erst erfragen zu müssen. Auch Informationen über vorhandene Barrieren können nützlich sein. Eine umfassende Barrierefreiheit ist sehr schwer erreichbar, doch kleine Veränderungen und eine größere Sensibilität für die Thematik können bereits viel verändern. Es bedarf einer noch klareren Haltung und deutlicherer Signale der Fachberatungsstellen und Frauenhäuser: Frauen und Mädchen mit Behinderung müssen explizit als Zielgruppe angesehen und angesprochen und bei Bedarf spezielle Angebote bereitgehalten werden.

Vernetzung und Kooperation – damit Hilfen schnell und wirksam ineinander greifen

Unterstützungsangebote müssen besser ineinandergreifen, damit gewaltbetroffene Frauen und Mädchen schneller Hilfe bekommen. Dafür wurde das Projekt »Suse – sicher und selbstbestimmt. Frauen und Mädchen mit Behinderungen stärken«[6] ins Leben gerufen. Das bff-Vorgängerprojekt »Zugang für alle!«[7] hat daran gearbeitet, Beratungsstellen barrierefreier und zugänglicher zu gestalten, über das Thema Gewalt gegen Frauen und Mädchen mit Behinderung zu informieren und Fachberaterinnen und die breite Öffentlichkeit zu sensibilisieren. Suse will regionale Kompetenznetzwerke anstoßen und begleiten. In fünf Modellregionen sollen langfristige und verbindliche Kooperationen entstehen, unter anderem zwischen Fachberatungsstellen, Frauenhäusern, Selbsthilfeorganisationen behinderter Menschen, Expert/innen mit Behinderungen, ambulanten und stationären Einrichtungen der Behindertenhilfe, Frauen-, Gleichstellungs- und Behindertenbeauftragten, Polizei, Ärzt/innen, Anwält/innen und Selbstbehauptungstrainerinnen. Die fünf Modellregionen sind Schleswig-Holstein mit der Region Ost-Holstein, Nordrhein-Westfalen mit dem Hochsauerlandkreis, Niedersachsen mit der Stadt und dem Landkreis Göttingen, Hessen mit dem Wetteraukreis und der Stadt Marburg und Landkreis Marburg-Biedenkopf. Diese unterscheiden sich sehr stark hinsichtlich ihrer Infrastruktur vor Ort, vorhandenen Unterstützungsangeboten für gewaltbetroffene Menschen und der Struktur der Behindertenhilfe. So unterschiedlich wie die Regionen sind, so verschieden können auch die entstehenden Netzwerke sein. Nicht zuletzt will das Projekt Suse weiter informieren und aufklären. Dafür sollen Adressen, Anlaufstellen, Angebote und Informationen von

---

6 https://www.frauen-gegen-gewalt.de/projekt-suse.html.
7 https://www.frauen-gegen-gewalt.de/projekt-zugang-fuer-alle.html.

Aktiven rund um das Thema Gewalt und Behinderung gesammelt und auf einer Online-Plattform bereitgestellt und gebündelt werden.

Voraussetzungen für eine gelingende Vernetzung und Zusammenarbeit

Eine gute Vernetzung ist nicht nur wichtig, damit Frauen und Mädchen mit Behinderung niedrigschwellig Hilfe und Unterstützung finden. Sie bietet auch die Möglichkeit, dass Fachkräfte der Behindertenhilfe entlastet und unterstützt werden, wenn es im Arbeitsalltag zu Vorfällen von Gewalt kommt. Oft entstehen erste Kontakte nach konkreten Vorfällen und Gewaltvorkommnissen. Fachberatungsstellen und Frauenhäuser können Mitarbeiter/innen der Behindertenhilfe beim weiteren Vorgehen beraten und die gewaltbetroffenen Personen parteilich unterstützen. Fachberaterinnen und Mitarbeiterinnen der Anti-Gewaltarbeit profitieren ebenso von Kooperationen. Sie haben die Möglichkeit, ihre Angebote bekannter zu machen, zugleich aber auch im direkten Kontakt mögliche Fragen und Unsicherheiten zu thematisieren.

Netzwerkarbeit braucht Zeit und Ausdauer. Für eine kontinuierliche und verbindliche Zusammenarbeit sind Ressourcen, klare Zuständigkeiten und die aktive Beteiligung aller Akteur/innen eine wichtige Voraussetzung. Es ist zudem sinnvoll, zu Beginn Ansprüche und Ziele des Netzwerkes zu klären. Nur so können Ressourcen gebündelt und Doppelstrukturen in der Arbeit vermieden werden. Auch sollte sich über die Größe des Netzwerkes verständigt werden. Denn je mehr Mitglieder das Netzwerk hat, desto wichtiger sind dessen Struktur und klare Absprachen. Die Grundlage jeder Zusammenarbeit ist das gegenseitige Kennenlernen. Wichtig ist dafür, klare Ansprechpersonen in den jeweiligen Vereinen und Institutionen zu suchen. Hierbei können verschiedene Ebenen angesprochen werden, beispielsweise die Leitungs- und die Mitarbeiter/innen-Ebene. Mitarbeiter/innen und Betreuer/innen stehen in direktem Kontakt mit den behinderten Menschen und sind oft wichtige Ansprech- und Vertrauenspersonen. In Planungen und Überlegungen zur Vernetzung sollten außerdem behinderte Frauen und Mädchen aktiv mit einbezogen und Kontakt zu Vereinen der Behindertenselbsthilfe und Selbstvertretungsvereinen aufgenommen werden.[8] Auch das medizinische System sollte im Netzwerk nicht fehlen, denn erste Kontakt- und die erste Anlaufstelle nach einem Gewaltvorfall sind sehr oft Ärzt/innen oder Krankenhäuser. Oft scheitert danach die Weitervermittlung an ein passendes Unterstützungsangebot (vgl. Schröttle et al., 2013b, S. 106).

---

[8] An einigen Orten gibt es Frauenbeauftragte in Einrichtungen der Behindertenhilfe, die im Sinne des peer-to-peer-Prinzips behinderte Frauen und Mädchen beraten (http://www.weibernetz.de/frauenbeauftragte/index.html). Wichtige Kooperationspartner des Netzwerkes können auch Werkstatträte, Heimbeiräte oder regionale Behindertenbeiräte sein.

8.5 Ausblick

Gewaltbetroffene Menschen haben einen Anspruch auf Unterstützung, Schutz und Hilfe. Damit dieser realisiert werden kann, bleibt viel zu tun. Doch das Unterstützungssystem ist chronisch unterfinanziert und schlecht ausgestattet. »Die Fachberatungsstellen verzeichnen bei dünner Personaldecke eine hohe Inanspruchnahme und bieten ein breites Spektrum an Leistungen« (BMFSFJ, 2012, S. 86). Bestimmte Angebote können nur eingeschränkt vorgehalten werden, darunter gute telefonische Erreichbarkeiten, Fort- und Weiterbildungen oder mobile Beratungen. Geben Beraterinnen eine Fortbildung, bleibt die Beratungsstelle oft unbesetzt. Eine gewaltbetroffene Frau mit Behinderung formulierte es wie folgt: »[...] dann kam nur der Anrufbeantworter und ich [fühlte] mich in dem Moment alleingelassen [...]« (Schröttle et al., 2013b, S. 114). Damit Frauen und Mädchen mit Behinderung unbürokratisch schnellen und barrierefreien Zugang zu Hilfe und Unterstützung bekommen, bedarf es eines verbindlich finanzierten und abgesicherten, bedarfsgerechten und spezialisierten Unterstützungssystems. Psychosoziale Beratung ist als qualitativ hochwertiges und zugleich niedrigschwelliges Angebot vielen gewaltbetroffenen Frauen mit und ohne Behinderung noch immer zu wenig bekannt. Hier kann die Vernetzungs- und Sensibilisierungsarbeit des Projekts Suse nur beispielhaft sein.

In Einrichtungen der Behindertenhilfe sollten verbindlich Handlungsleitfäden zum Schutz vor und der Intervention bei Gewalt entwickelt, Mitarbeiter/innen geschult und Frauen mit Behinderung als Frauenbeauftragte eingesetzt werden. Es gibt zudem bereits vereinzelte gute Ansätze, den Schutz vor Gewalt und Missbrauch in Qualitätsstandards und Leitlinien von Trägern aufzunehmen.

Die Stärkung von Menschen mit Behinderungen ist eine notwendige Voraussetzung zum Schutz vor Gewalt. Ein größeres Selbstbewusstsein und Selbstvertrauen sind wichtig, um eigene Grenzen wahrzunehmen und zu schützen. Betroffene brauchen Mut und Bestärkung, um Gewalterfahrungen als eine extreme Form der Verletzung ihrer Grenzen und Integrität anzusehen und etwas dagegen zu tun (Schröttle et al., 2013b, S. 126). Präventionsangebote von Fachberatungsstellen und in Einrichtungen der Behindertenhilfe sollten da ansetzen und Frauen und Mädchen mit Behinderung über ihre Rechte, aber auch Möglichkeiten, sich Hilfe und Unterstützung zu suchen, informieren.

Literatur

Beck, H., Bretländer, B. & Flügge, S. (2012): Muster Handlungsempfehlung zum Umgang mit Grenzverletzungen, sexuellen Übergriffen und sexueller Gewalt gegen Menschen mit Behinderungen in voll- und teilstationären Einrichtungen der Behindertenhilfe. Entwurf – zur

Erprobung in der Praxis. Frankfurt/M. Fachhochschule, Fachbereich 4 Soziale Arbeit und Gesundheit.

Brill, W. (1998): Sexuelle Gewalt gegen Menschen mit Behinderungen. In: Sonderpädagogik, 28/1, S. 48-60.

Bundesverband Frauenberatungsstellen und Frauennotrufe (bff) (Hrsg.) (2012): Unveröffentlichte Umfrage des bff unter Fachberatungsstellen für gewaltbetroffene Frauen und Mädchen (N = 317).

Bundesverband Frauenberatungsstellen und Frauennotrufe (bff) (Hrsg.) (2009): Frauen mit Behinderung in Frauenberatungseinrichtungen – Bestandsaufnahme und Handlungsbedarf. www.frauen-gegen-gewalt.de/bestandsaufnahme-und-handlungsbedarf.html). Zugriff am 27.07.2014

Bundesministerium für Familie, Senioren, Frauen und Jugend (BMFSFJ) (Hrsg.) (2012): Bericht zur Situation der Frauenhäuser, der Fachberatungsstellen und anderer Unterstützungsangebote für gewaltbetroffene Frauen und deren Kinder. BT Drucksache 17/10500 vom 16.08.2012.

Friske, A. (1995): Als Frau geistig behindert sein. Ansätze zu frauenorientiertem heilpädagogischen Handeln. München: Ernst Reinhardt.

Jungnitz, C., Puchert, R., Schrimpf, N., Schröttle, M., Mecke, D. & Hornberg. C. (Hrsg.) (2013): Lebenssituation und Belastungen von Männern mit Behinderungen und Beeinträchtigungen in Deutschland. Haushaltsbefragung im Auftrag des Bundesministeriums für Arbeit und Soziales (BMAS). www.bmas.de/SharedDocs/Downloads/DE/PDF-Publikationen/Forschungsberichte/fb435.pdf;jsessionid=A4AE49092D3DD0E5444498BF84C68D7E?__blob=publicationFile). Zugriff am 29.7.2014

Mensch zuerst – Netzwerk People First Deutschland e.V. (Hrsg.) (2011). Am 25. November ist der Tag gegen Gewalt gegen Frauen. www.people1.de/nachrichten/2011-11-24.php). Zugriff am 29.7.2014

Schmidtbauer, Wolfgang (1992): Hilflose Helfer. Über die seelische Problematik der helfenden Berufe. Reinbek: Rowohlt.

Schröttle, M., Hornberg, C., Glammeier, S., Sellach, B., Kavemann, B., Puhe, H. & Zinsmeister, J. (2012): Lebenssituation und Belastungen von Frauen mit Behinderungen in Deutschland. Eine repräsentative Studie. Ein Forschungsprojekt des Interdisziplinären Zentrums für Frauen- und Geschlechterforschung (IFF) der Universität Bielefeld im Auftrag des Bundesministeriums für Familie, Senioren, Frauen und Jugend. Berlin. Kurzfassung. www.bmfsfj.de/BMFSFJ/gleichstellung,did=186150.html). Zugriff am 29.7.2014

Schröttle, M., Hornberg, C., Glammeier, S., Sellach, B., Kavemann, B., Puhe, H. & Zinsmeister, J. (Hrsg.) (2013 a): Lebenssituation und Belastungen von Frauen mit Behinderungen und Beeinträchtigungen in Deutschland. Ergebnisse der quantitativen Befragung. Endbericht. www.bmfsfj.de/RedaktionBMFSFJ/Broschuerenstelle/Pdf-Anlagen/Lebenssituation-und-Belastungen-von-Frauen-mit-Behinderungen-Langfassung-Ergebnisse_20der_20quantitativen-Befragung,property=pdf,bereich=bmfsfj,sprache=de,rwb=true.pdf). Zugriff am 29.7.2014

Schröttle, M., Hornberg, C., Glammeier, S., Sellach, B., Kavemann, B., Puhe, H. & Zinsmeister, J. (Hrsg.) (2013 b): Lebenssituation und Belastungen von Frauen mit Behinderungen und Beeinträchtigungen in Deutschland. Qualitative Studie. Endbericht. Untersuchung bei Frauen mit Behinderungen und Beeinträchtigungen zu ihren Erfahrungen mit Gewalt, Diskriminierung und Unterstützung. www.bmfsfj.de/RedaktionBMFSFJ/Broschuerenstelle/Pdf-Anlagen/Lebenssituation-und-Belastungen-von-Frauen-mit-Behinderungen-Langfassung-Qualitative-Studie,property=pdf,bereich=bmfsfj,sprache=de,rwb=true.pdf). Zugriff am 29.7.2014.

Sellach, Brigitte et al. (2006): Machbarkeitsstudie zur Institutionalisierung von Frauen- und Gleichstellungsbeauftragten in Rehabilitationseinrichtungen. Frankfurt/M.: GSF e.V. www.gsfev.de/pdf/Machbarkeitsstudie_Frauenbeauftragte.pdf). Zugriff am 29.7.2014

Weibernetz e.V. (Hrsg.) (2012): Checkliste zum Erstellen eines Leitfadens zum Umgang mit (sexualisierter) Gewalt für Einrichtungen der Behindertenhilfe sowie bei ambulanten und teilstationären Diensten. www.weibernetz.de/checkliste_Leitfaden_Gewaltschutz.pdf). Zugriff am 29.7.2014

9 Sexualpädagogische Arbeit mit Kindern und Jugendlichen an der Förderschule für geistige Entwicklung als Prävention sexueller Gewalt

Susan Leue-Käding

9.1 Einleitung

Mit der Themenstellung »Sexuelle Traumatisierung von Menschen mit einer geistigen Behinderung« greift dieses Buch eine aktuelle und signifikante Problematik auf.

Im Rahmen meiner Tätigkeit in der sexuellen Bildung von Kindern und Jugendlichen an einer Förderschule mit dem Schwerpunkt geistige Entwicklung, aber auch während zahlreicher Fortbildungsveranstaltungen bei Pädagogen sowie Eltern in verschiedenen Schulformen und Kindereinrichtungen werde ich mit breit gefächerten Frage- und Problemstellungen zum Bereich der Sexualität von Kindern und Jugendlichen mit einer geistigen Behinderung konfrontiert. In diesem Zusammenhang muss darauf hingewiesen werden, dass Sexualität zwar zum Diskussionsthema geworden ist; jedoch sind gegenüber der Thematik Vorbehalte, die Ängste einschließen, in Teilen der Gesellschaft immer noch vorhanden.

Die Vielfalt der unmittelbar erlebten und erörterten Verhaltensweisen reicht von der »Zeigelust« bis zu sexuellen Grenzüberschreitungen und ist bezeichnend für die Komplexität des Themenkreises sowie die Notwendigkeit einer äußerst nuancierten Herangehensweise. Aus dem Blickwinkel des Praktikers sollen in dem vorliegenden Beitrag Möglichkeiten der sexualpädagogischen Arbeit an Förderschulen aufgezeigt, Handlungskonzepte und Methoden, die einen Beitrag zur schulischen Prävention leisten können, vor- und zur Diskussion gestellt werden.

9.2 Thematischer Zugang

Der Terminus der »sexuellen Bildung« (Sielert, 2005; Valtl, 2008, S. 125 ff; Timmermanns & Tuider, 2008), der seit einiger Zeit in der sexualpädagogischen Fachdiskussion existiert, hat in Ansätzen bereits zu neuen Impulsen in der inhaltlichen Ausrichtung sexualpädagogischer Angebote für Menschen mit Behinderung geführt.

Der Begriff, der lebenslanges Lernen impliziert und dementsprechend gestaltete Prozesse fordert, beinhaltet »Körperbildung, Herzensbildung, soziale Bildung sowie Sinnes- und Sinnlichkeitsbildung« (Valtl, 2005, S. 13; vgl. auch Sielert, 2005;

Valtl, 2008, S. 135) und erfasst somit wesentliche Gesichtspunkte einer »kompetenten integrierten Sexualpädagogik« (Ortland, 2008, S. 93). Die veränderte Orientierung eröffnet weitere bzw. neue sexualpädagogische Handlungsfelder. Damit gewinnen in der präventiven Arbeit moderne Ansatzpunkte, die sich von klassischen Präventionskonzepten mit eher defizitär und angsteinflößender Ausrichtung abwenden, an Bedeutung (Valtl, 2005, S. 10; Valtl, 2008, S. 128 ff).

Und dennoch muss nach Einschätzung der Autorin auch nach mehr als 10 Jahren sexualpädagogischer Praxis konstatiert werden, dass die Initiierung und Umsetzung von sexualpädagogischen Angeboten, die moderne Präventionsarbeit einschließen, sich in der schulischen Praxis nach wie vor schwierig gestaltet.

Aus diesem Grund sei eine vorsichtige Analyse der sexualpädagogischen Arbeit an Förderschulen gestattet.

- Eigene Erfahrungen und vereinzelte Untersuchungen (z. B. Leue-Käding, 2004a; Ortland, 2008) zeigen, dass eine kontinuierliche und über die Vermittlung von Sachwissen hinausgehende sexualpädagogische Arbeit die Ausnahme darstellt.
- Schulische Sexualerziehung ist überwiegend gekennzeichnet von kurzfristigen bzw. einmaligen Aufklärungsangeboten, deren Fokus auf Körperaufklärung, Hygiene und Gefahrenabwehr gerichtet ist (vgl. auch Sielert & Valtl, 2000, S. 27).
- Der Einstieg in dieses Aufgabenfeld erfolgt in der Förderschule mit dem Schwerpunkt geistige Entwicklung oftmals verspätet, häufig erst in der Berufsschulstufe.
- Durch die Veränderungen in der Schullandschaft befindet sich an der Förderschule für geistige Entwicklung eine überaus heterogene Schülerschaft. Dies impliziert ein sehr umfangreiches Themenspektrum (z. B. Teenagerschwangerschaften, Cyberbullying) und eine äußerst differenzierte Herangehensweise.
- Praktiker berichten von einer Zunahme sexuell grenzverletzender Verhaltensweisen unter Kindern und Jugendlichen (vgl. auch Böhm, 2010, S. 181). Erste Studien z. B. von Adam, Heller et.al (zit. nach Egli-Alge, 2010, S. 218) stützen diese Erfahrungen.

Als mögliche Ursachen sind anzuführen:

- Unsicherer Umgang mit sexuellen Themen generell,
- Sensibilität und Störanfälligkeit von kommunikativen Prozessen innerhalb sexualpädagogischer Angebote sowie
- fehlende bzw. marginale Qualifizierungsmöglichkeiten für Pädagogen, die das breite Themenspektrum berücksichtigen wollen.

Mit zwei Beispielen aus unterschiedlichen Bereichen sollen die vorangegangenen Aussagen verdeutlicht werden:

> Gordon, ein junger Mann mit Störungen aus dem Autismusspektrum, manipuliert häufig an seinem Geschlechtsteil. Dies verstärkt sich in der Anwesenheit seines Integrationshelfers bis zur Ejakulation. Im Anschluss berührt Gordon

diesen mit seinen Händen an verschiedenen Körperstellen. Der Integrationshelfer bemüht sich, dem jungen Mann zu erklären, dass er dies nicht möchte – ohne Erfolg. Auf einer Dienstberatung thematisiert er die Situation und seine damit verbundene Hilflosigkeit. Er bittet um eine Veranstaltung zum Thema »Sexualität und Behinderung«.

In einer integrativen Einrichtung werden Mitarbeiter und Kinder mit sexuellen Verhaltensweisen behinderter Kinder konfrontiert, die auf das pädagogische Personal und andere Kinder ambivalent und verunsichernd wirken.

Ein geistig behindertes Mädchen zeigt einem deutlich jüngeren Jungen ihre Zuneigung, indem sie ihn eng an sich drückt oder mit ihm in der Leseecke kuscheln möchte. Der Junge fühlt sich bedrängt und hilflos, da er Sorge hat, das Mädchen durch seine Zurückweisung zu kränken. Das Eingreifen des pädagogischen Personals wird notwendig. Für die Pädagogen ergeben sich konkrete Fragestellungen. Handelt es sich bei ihrem Verhalten um sexuelle Grenzverletzung oder sollte das Verhalten nicht eher im Kontext pubertärer Entwicklung gesehen werden? Wie kann dann die sexualpädagogische Arbeit unter Berücksichtigung der heterogenen Entwicklung in integrativen Gruppen erfolgen? Wie ist die Elternarbeit zu gestalten?

Prävention gehört zum Erziehungsauftrag der Schule (Böhmer, Eggert & Krüger, 1995, S. 24 ff; Wanzeck-Sielert, 2004, S. 461). Diese besitzt ein hohes Potential, vorbeugend tätig zu werden, da Pädagogen wichtige Ansprechpartner für die Kinder und Jugendlichen sind (vgl. Kultusministerium des Landes Sachsen-Anhalt 1999, 37). Nach Ortland (2008, S. 113) sollte der Schutz vor sexualisierter Gewalt ein durchgehendes Prinzip sexualpädagogischer Arbeit darstellen. Eine Analyse der Rahmenrichtlinien ergibt, dass die Bundesländer mit der Thematik sehr unterschiedlich umgehen (vgl. Bundeszentrale für gesundheitliche Aufklärung 2004).

Eine Voraussetzung, um gezielt präventiv tätig zu werden, ist das Wissen um Gefährdungsfaktoren. In der Literatur besteht Einigkeit dahingehend, dass Menschen mit Behinderungen besonders gefährdet sind, Opfer sexualisierter Gewalt zu werden (vgl. Leue-Käding, 2004b; Dietzel, 2002; Egli-Alge, 2010).

Aus diesem Grund werden an dieser Stelle einige Gefährdungsfaktoren exemplarisch aufgeführt:

- Fremdbestimmtheit und hoher Grad an Abhängigkeit und damit einhergehende Nichtachtung der Intimsphäre,
- Sexuelle Gefährdungen als Folge von »Verstehens-Schwierigkeiten« bzw. eines Fehlens »sexueller Sprache«,
- Einschränkungen in der Mobilität, die mit einer Anzahl erhöhter sozialer Kontakte mit Erwachsenen einhergehen,
- mangelnde und diskontinuierliche Aufklärungsarbeit,
- sexualisierte Gewalt noch ein Tabuthema an Institutionen,
- Isolations- und Deprivationserfahrungen als Ursache für problematisches Bindungsverhalten (Weber 1999, 28) sowie

- eine oftmals verzweifelte Suche nach Anerkennung und Zuwendung (Leue-Käding, 2004b, S. 92 ff).

Einige dieser Faktoren können auch sexuelle Grenzverletzungen unter Kindern und Jugendlichen begünstigen. Wie bereits eingangs erwähnt, kann diese Problematik in der sich verändernden Schullandschaft eine noch kaum bedachte Ausprägung erfahren und sollte nachdrücklich in den Fokus pädagogischer Praxis gerückt werden.

9.3 Sexualpädagogische Arbeit als Primärprävention

Die »moderne Präventionsarbeit ist in ein identitätsstärkendes Konzept« (Blattmann, 2004, S. 450) zur Lebensbewältigung eingebettet (Wanzeck-Sielert, 2004, S. 459). Schlüsselelemente einer emanzipatorischen Sexualpädagogik, wie Lebenskompetenzförderung, Ich-Stärkung und geschlechtssensible Mädchen und Jungenarbeit, finden hier ihren Niederschlag (ebd., 2004, S. 457).
Dabei stehen

- der Erwerb und die Stärkung individueller Handlungskompetenzen,
- eine stärkende, individuelle und achtsame Begleitung der Schüler,
- eine intensive und kontinuierliche Zusammenarbeit mit Eltern sowie
- die Schaffung täterunfreundlicher Strukturen im Zentrum der Überlegungen (vgl. auch Wanzeck-Sielert, 2004, S. 461).

Die Erarbeitung einer sexualpädagogischen Konzeption oder die Initiierung eines Kompetenzteams »Sexualisierte Gewalt« (Leue-Käding, 2007; Power-Child e.V., 2008, S. 80; Ortland, 2008 und 2012) kann hier als Basis fungieren. Ein solches Fundament begünstigt folgende Wirkungsmöglichkeiten:

- eine Enttabuisierung des Themas in der Einrichtung,
- die Schaffung förderlicher Bedingungen für die sexualpädagogische Arbeit wie Sensibilisierung und Qualifizierung des Personals, Absprache räumlicher Gegebenheiten, Anlaufstelle für Erziehungsberechtigte,
- intensive und kontinuierliche Elternarbeit bezogen auf die Thematik,
- die Konzipierung eines Handlungsplans für »Notfälle« und den Aufbau eines Netzwerkes von Kooperationspartnern (Power-Child e.V., 2008) sowie
- die Analyse und Erstellung von Medien und Materialien für die Unterrichtsarbeit.

Die Leitziele sexualpädagogischer Bildung und somit moderner Prävention umfassen

- den Aufbau einer positiven Körper- und Selbstwahrnehmung; die Vermittlung von Körperwissen,
- sexuelle Selbstbestimmung,
- die Thematisierung geschlechtsspezifischer Erlebnis- und Wahrnehmungsweisen,
- den Erwerb von »Kompetenzen im Umgang mit Sexualität und Beziehungsgestaltung« (Wanzeck-Sielert, 2004, S. 465),
- die Vermittlung von Wissen und einer »Sprache über Sexualität« (siehe auch Blattmann, 2004; Wanzeck-Sielert, 2004; Leue-Käding, 2014).

Dieser Aspekt wurde aus Sicht der Autorin bislang in der sexualpädagogischen Arbeit an Förderschulen vernachlässigt.

Die nachfolgenden Darlegungen konzentrieren sich auf die Darstellung von Rahmenbedingungen und ausgewählten inhaltlichen Schwerpunkten sexualpädagogischer Angebote.

Auf theoretischer Ebene erfolgt die Orientierung an den Grundsätzen einer emanzipatorischen Sexualpädagogik (Sielert & Valtl, 2000, S. 38 f; Timmermanns & Tuider, 2008), moderner Präventionsarbeit (Blattmann, 2004, Wanzeck-Sielert, 2004) und an bindungstheoretischen Grundlagen (Jungmann & Reichenbach, 2009, Berner, 2010).

In diesem Kontext werden Handlungsansätze und Methoden für die sexualpädagogische Arbeit zur Diskussion gestellt. Diese stützen sich auf Grundsätze der gewaltfreien Kommunikation sowie der sokratischen und klientenzentrierten Gesprächsführung (vgl. Delfos, 2007, Weinberger, 2006). Des Weiteren orientieren sie sich an den Ansätzen zur Didaktik und Methodik der Sexualpädagogik, z. B. der Themenzentrierten Interaktion und dem ganzheitlichen Bildungsbegriff (vgl. Timmermanns & Tuider, 2008).

Für die Autorin bilden, wie bereits an anderer Stelle angeführt (Leue-Käding, 2014, S. 211 f), die Rahmenbedingungen die Basis erfolgreicher Sexualerziehung. Sie haben einen unmittelbaren Einfluss auf die Gestaltung sexualpädagogischer Prozesse.

An der eigenen Schule gelten folgende Modalitäten:

- Sexualpädagogische Angebote sind sowohl in der Einzelsituation als auch in gemischtgeschlechtlichen bzw. geschlechtshomogenen Gruppen themenzentriert oder zielgruppenspezifisch möglich.
- Die Zusammensetzung erfolgt klassen- bzw. auch stufenübergreifend, wobei die Gruppenstärke vier bis fünf Teilnehmer nicht übersteigt; die Anzahl soll sowohl dem Bedürfnis nach persönlichen Gesprächen und dem Erfahrungsaustausch dienen, aber auch die individuellen Ausgangslagen und Lebenskontexte berücksichtigen.
- Bei gemischtgeschlechtlichen Gruppen bewährt sich die Arbeit unter Leitung eines Teams (männlicher und weiblicher Pädagoge); wobei sich auch die ge-

schlechtergetrennte Bearbeitung von Themen wie »Menstruation«, »erster Samenerguss«, »Selbstbefriedigung«, »erstes Date« als sinnvoll erwiesen hat.
- Innerhalb der Schule steht ein spezieller Raum zur Verfügung, in dem sexualpädagogische Angebote unterbreitet werden. Dieser kann auch für Einzel-, Partner- oder Elterngespräche genutzt werden. Eine angemessene Raumgestaltung – Poster, Schminkutensilien, Bücher und Zeitschriften – initiiert eine offene Gesprächsatmosphäre.
- Situative sexualpädagogische Interventionen sind durch den separaten Raum zeitnah realisierbar.
- Sexualpädagogische Inhalte werden ausschließlich von Pädagogen unterbreitet, die sich dafür qualifiziert haben und dies freiwillig anbieten (Leue-Käding, 2014).

Nach der Skizzierung der Rahmenbedingungen fokussieren die folgenden Ausführungen didaktische und methodische Gesichtspunkte. Die Anregungen beruhen auf unterrichtspraktischen Erfahrungen. Sie sind exemplarisch ausgewählt, nach drei thematischen Schwerpunkten zusammengestellt und erheben keinen Anspruch auf Vollständigkeit.

9.4 Ich-Identität und körperliches Selbstbestimmungsrecht

Ein Kind kann sein körperliches Recht auf Selbstbestimmung nur dann wahrnehmen, wenn es sich als einmalig und liebenswert empfindet (Böhmer, Eggert & Krüger 1995, S. 27). Somit ist es notwendig, dass sich die Kinder und Jugendlichen mit ihrer eigenen Person auseinandersetzen, ihre Einmaligkeit erkennen und sich als Person annehmen. Der Aspekt »Selbstbestimmungsrecht/sich selbst achten (Selbstbewusstsein...) – »Mein Körper« (Körperwissen, Körperrechte) – »Lebenskompetenz« beinhaltet diese Intentionen.

Folgende Kompetenzen werden in diesem Bereich angestrebt:

- Selbstkompetenz
- eigenes Selbstwertgefühl/-bewusstsein verbessern bzw. aufbauen und Selbstsicherheit entwickeln/gewinnen
- sich selbst und andere differenziert wahrnehmen
- sich selbst und andere akzeptieren (Auseinandersetzung mit der Behinderung)
- eigene Gefühle wahrnehmen und ausdrücken können
- eigene Grenzen kennen und anderen vermitteln können, wo diese Grenzen sind
- Sozialkompetenz
- eigene Meinung ausbilden und gegenüber anderen vertreten
- Sachkompetenz

- Wissen über den Körper aneignen
- Wissen um körperliches Selbstbestimmungsrecht.

Die Komplexität und Umfänglichkeit des Schwerpunktes wird an dieser Stelle bereits deutlich. Für die unterrichtliche Realisierung bietet es sich an, die Inhalte und Intentionen in kleinere Vorhaben zu gliedern. Diese können sowohl parallel als auch aufeinander aufbauend vermittelt werden. Die Förderung und Initiierung kommunikativer Prozesse durchzieht alle Teilvorhaben des Schwerpunktes. Abbildung 1 veranschaulicht diesen Sachverhalt:

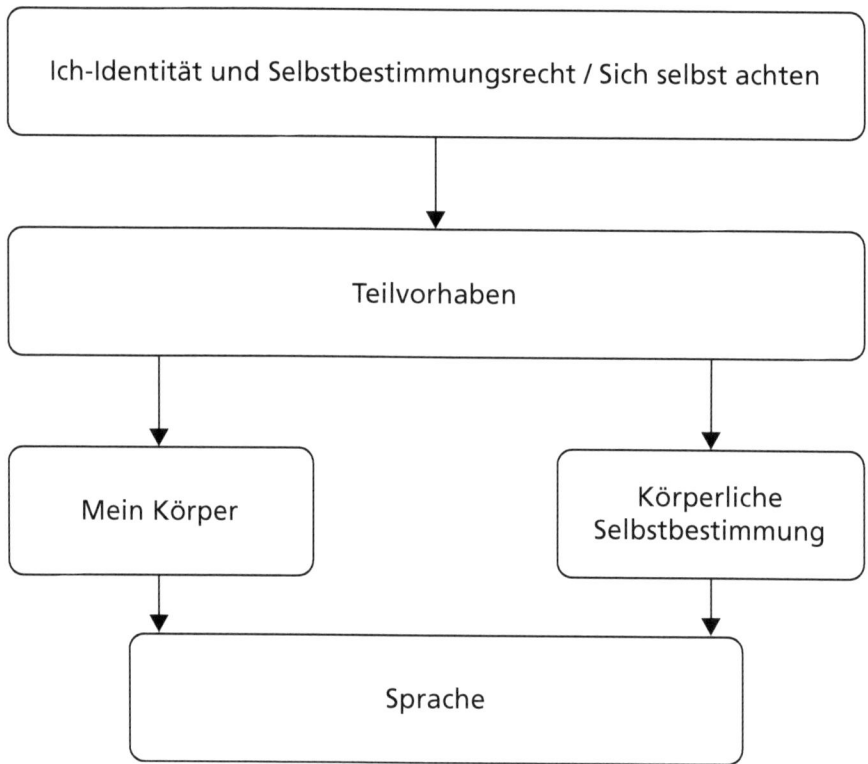

Abb. 1: Übersicht zur Gliederung des Schwerpunktes in einzelne Teilvorhaben

Teilvorhaben »Mein Körper«

Leitziel: Erwerb von Wissen über den eigenen Körper

Das übergeordnete Leitziel des Vorhabens »Mein Körper« besteht im Erwerb von Wissen über den Körper und der Auseinandersetzung mit dem eigenen Körper und seinen Veränderungen, um ihn somit als liebenswert zu empfinden, lernen ihn anzunehmen und sich in ihm wohlzufühlen.

Didaktisch-methodische Anregungen:

- Auseinandersetzung mit dem eigenen Körper auf verschiedenen Ebenen (Körperteile und deren Funktion kennen; Einzigartigkeit und Schönheit des eigenen Körpers erkennen/erleben/erfahren)
- Anfertigung von Körperumrissbildern
- Fotos in verschiedenen Körperhaltungen erstellen und die unterschiedlichen Ausdrucksvarianten wahrnehmen
- Veränderungen durch Kleidung, Körperpflege und Schminke erzeugen und den Kindern und Jugendlichen diese Veränderungen bewusst werden lassen (Fotos, Video vorspielen, Räume mit den eigenen Fotos gestalten und diese auf die Schüler wirken lassen)
- Die Lenkung der Aufmerksamkeit auf einzelne Körperteile mit Hilfe von Gipsplastiken: Schüler modellieren ihnen wichtige Körperteile (vgl. auch Truiders & Timmermanns, 2008) oder aber durch Körperbemalung
- Fotografische Dokumentation des Herstellungsprozesses und Initiierung von Gesprächen über Wahrnehmungen, Gefühle und Empfindungen innerhalb des Prozesses
- Verbalisierung positiver bzw. negativer »körperlicher Gegebenheiten«
- Ausstellung anregen (z. B. Elternabende) und mit anderen über die Werke ins Gespräch kommen
- Thematisieren der körperlichen und sozialen Entwicklung
- Anlage eines Biografiehefters mit Beginn des Schuleintritts, in dem Entwicklungsverläufe dokumentiert und veranschaulicht werden (Größe, Gewicht, wichtige Ereignisse)
- sich an Veränderungen in den Bereichen Gefühle, Hobbys u. a. erinnern
- Einsatz der Lebenswegkiste, in der Gegenstände, Bilder zu wichtigen Ereignissen im Lebensverlauf sowie eigene Fotos gesammelt werden, um damit den bisherigen Lebensweg zu veranschaulichen und zu besprechen (vgl. Caby, 2009, S. 102): Die Schüler gehen an einem Seil entlang, welches ihren Lebensweg symbolisieren soll.
- Anfertigung einer Lebenskette und Ausstellung im Klassenraum
- Auseinandersetzung mit der eigenen Behinderung.

Bereits in der Arbeit mit jüngeren Schulkindern ist die Auseinandersetzung mit der Behinderung relevant und notwendig. Bewährt hat sich der Einsatz von Bilder- und Kinderbüchern zum Thema »Behinderung«, wie z. B. »Ralph und Luc im Freakland« (Eggli & Imbach, 1998), »Irgendwie anders« (Cave & Ridell, 1994) »Keinohrhasen und Zweiohrküken« (Baumgart & Schweiger, 2009) oder auch »Der Igel mit den langen Ohren« (in Böhmer, Eggert & Krüger, 1995, S. 30).

Für die weiterführende Auseinandersetzung mit Jugendlichen eignen sich als Gesprächseinstiege Lieder (z. B. der »Frust-Rap«, siehe Materialien für den Einsatz in der pädagogischen Arbeit), Fotografien behinderter Menschen (z. B. Beurer 1997: Aus der Norm CAROL, Bildkarten von Craft & Dixon, 1992) oder Äußerungen von Jugendlichen mit körperlicher und geistiger Behinderung (Nutzung von Themenheften der Zeitschriften »Das Band« oder »Ohrenkuss«).

Die Verwendung von Methoden aus dem Bereich der Selbstwertarbeit, z. B. die Ressourcensuche/-aktivierung, bietet gleichfalls Möglichkeiten zur handlungsorientierten Auseinandersetzung. Die Erstellung eines Ressourcenmemorys oder die Visualisierung von Kompetenzen in den Buchstaben des eigenen Namens (Caby & Caby, 2009, S. 36 ff) sind nur zwei Methoden, die eine Sensibilisierung und Bewusstwerdung für eigene Fähigkeiten zum Ziel haben.

Teilvorhaben »Körperliche Selbstbestimmung«

Ein weiteres Teilvorhaben des Schwerpunktes stellt die »körperliche Selbstbestimmung« dar. Menschen mit einer Behinderung erfahren im Lauf ihres Lebens häufig die Überschreitung von Grenzen. Guttstadt (2000, S. 26) spricht von einer »Vernichtung von Selbstwert« in Institutionen. Die Lebensbedingungen und der teilweise hohe Assistenzbedarf lassen selten eine Privat- und Intimsphäre zu. Das folgende Beispiel verdeutlicht die »Tragik« für die betroffene Person und die sich daraus entwickelnden weitreichenden Folgen.

> Für Marita, 13, die seit dem Kleinkindalter im Heim lebt, ist es völlig normal, dass alle ihr bekannten und auch unbekannten Personen, sie am gesamten Körper berühren dürfen. In der Pubertät transportiert sie diese Erfahrungen auf die männlichen Schüler der Klassengemeinschaft. Sie bedrängt diese und »überschüttet« die Jungen mit Zärtlichkeiten. Diese wissen nicht, wie sie sich gegen die Annäherungen wehren können. Es kommt täglich zu körperlichen Auseinandersetzungen zwischen den jungen Menschen.

Leitziel: Sensibilisierung für eigene Rechte
Demzufolge besteht das Leitziel dieses Teilvorhabens in der Sensibilisierung für eigene Rechte, die gleichzeitig deren Bewusstmachung einschließt. Die Schüler sollten als »Rechtssubjekte« (Bundschuh, 2005, S. 6 zit. nach Deegener, 2010, S. 175) gestärkt und ihnen sollen Ausdrucksmöglichkeiten in diesem Zusammenhang vermittelt werden. Zu erwerbende Schlüsselqualifikationen sind z. B. Eigenverantwortung, Urteils- und Entscheidungsfähigkeit sowie Problemlösungsstrategien.
Didaktisch-methodische Anregungen:

- Sich angenehmer und unangenehmer Berührungen/Gefühle bewusst werden und diese unterscheiden lernen.
- Arbeit mit dem Körperumrissbild: Schüler kennzeichnen Körperstellen, an denen sie Berührungen mögen bzw. nicht mögen mithilfe von farbigen Klebepunkten oder Handabdrücken.
- Schüler entscheiden, ob sie mit Gegenständen, Musik, Materialien, Speisen etc. angenehme oder unangenehme Gefühle verbinden, ordnen die Materialien entsprechend in die Schatzkiste oder Mülltonne ein (modifiziert nach Präventionsbüro Petze, 2007, S. 11) und erleben so Mitbestimmung und Entscheidungssituationen.
- Unterschiedliche Beziehungsformen erkennen und unterscheiden.

- Arbeit mit dem Nähekreis; Fotos bzw. Namen bekannter Personen werden in verschiedene Kategorien eingeordnet, z. B. Freunde, Familie (Dietzel, 2002).
- Inhaltliche Absicherung des Begriffs »Freundschaft«.
- Thematisierung verschiedener Verhaltensweisen, z. B. Begrüßungsformen und deren Angemessenheit gegenüber den einzelnen Personen und gegebenenfalls Finden von Alternativen.
- Körperliche Grenzen erkennen und sie gegenüber anderen verteidigen.
- Übungen zum Nein-Sagen; Zeichen/Signale für Stopp kennen und einsetzen.
- Körperhaltung und Mimik als Ausdrucksvariante erleben, analysieren im Rollenspiel, auf Fotos u. a.
- Grenzen anderer respektieren – Nähe und Distanz
- Unterschiedliche Stopp-Signale erkennen und darauf reagieren können.

Es ist es wichtig, die oben genannten Aspekte nicht als einmalige Erfahrung/Erkenntnis zu vermitteln, sondern sie auf institutioneller Ebene durchgehend zu beachten und Bedingungen abzustecken, unter denen sie realisiert werden können. Hier einige Anregungen:

- Schaffung von Mitbestimmungsmöglichkeiten für die Schüler (Klassen- und Schülerrat, Themenwahl im Unterricht)
- Rechte von Kindern/Jugendlichen respektieren und mit den Betroffenen thematisieren
- körpernahe Pflegesituationen mit Schülern besprechen und Handlungsalternativen aufzeigen
- Sensibilisierung für die Intimsphäre der Kinder und Jugendlichen im Sport- und Schwimmunterricht.

9.5 Informationen über sexuelle Gewalt

Die Information über »sexuelle Gewalt« stellt einen weiteren signifikanten Schwerpunkt in der präventiven Arbeit dar.
Nachfolgende Kompetenzen sind in diesem Themenfeld von Relevanz:

Selbstkompetenz:

- eigene Formen von Handeln und Verhalten wahrnehmen und reflektieren
- Verantwortung für eigenes Handeln übernehmen
- Sensibilisierung für grenzverletzende Verhaltensweisen

Sozialkompetenz:

- eigene Kontaktfähigkeiten verbessern (z. B. Hilfe holen können; Fragen stellen können)

Sachkompetenz:

- Wissen über sexualisierte Gewalt/Formen sexualisierter Gewalt kennen
- Wissen um sexuell grenzverletzende Verhaltensweisen
- Vermittlung von Wissen über mögliche Täter und deren Strategien
- Wissen um die Folgen
- Möglichkeiten, Hilfe zu holen, kennen sowie die Vermittlung von Verhaltensstrategien
- Kennen von Beratungsstellen und deren Hilfe in Anspruch nehmen können

Wie bereits bei dem vorigen Schwerpunkt ist auch hier eine Aufgliederung in Teilvorhaben sinnvoll.

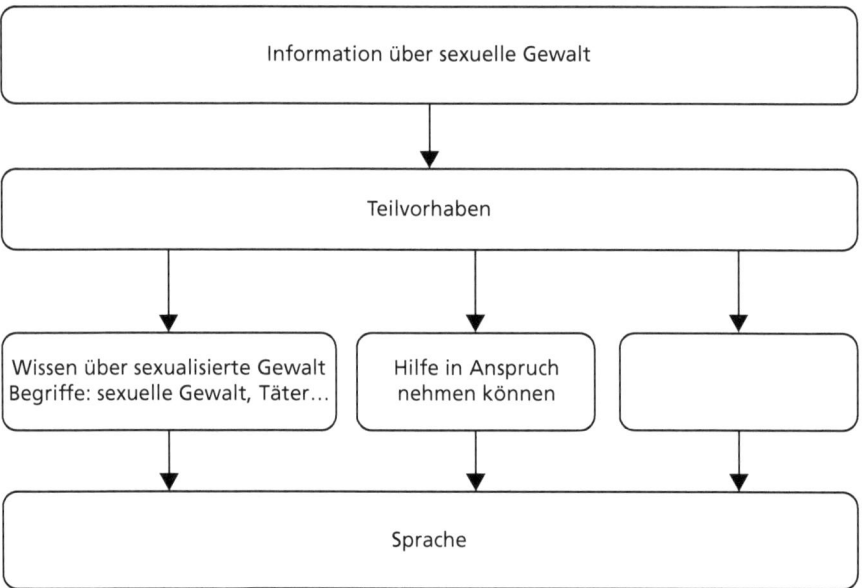

Abb. 2: Übersicht zur Gliederung des Schwerpunktes in Teilvorhaben

Teilvorhaben: Wissen über sexualisierte Gewalt

Leitziel: Erwerb von Wissen und Handlungskompetenzen
Das Leitziel des Teilvorhabens besteht in der alters- und entwicklungsgerechten sowie der lebensnahen Vermittlung von Wissen und dem Erwerb von Handlungskompetenzen.
Didaktisch-methodische Anregungen:

- Begriffsklärung und Herausarbeitung verschiedener Formen und unterschiedlicher Täter sexueller Gewalt
- Nutzung eines Fühlsacks, in dem Gegenstände Assoziationen zur Thematik initiieren sollen
- Aufgreifen von aktuellen Artikeln und Berichten in den Medien (z. B. Buch »3096 Tage«, Kampusch, 2012; z. B eines Artikels über einen Pädophilen-Ring im Kinderspiegel), die zu Gesprächen anregen
- Unterschiedliche Formen sexueller Gewalt besprechen. Kenntnisse vertiefen durch Spiel: Ist das Gewalt? – Pädagoge benennt verschiedene Situationen und die Schüler entscheiden, ob es sich um Gewalt handelt (Kategorien: ja – nein?) und begründen ihre Entscheidung
- Entwicklung von Fragebögen für die Hand der Schüler
- Einsatz von Liedern, die sexualisierte Gewalt thematisieren z. B. Pur – »Kinder sind Tabu« (siehe Materialien für den Einsatz im Unterricht)
- Kinderbücher wie »Ich bin doch keine Zuckermaus«, »Melanie und Tante Knuddel«: Verwendung zur Analyse des Handelns der einzelnen Personen und Übertragung auf persönliche Lebenssituation
- Materialien für Jugendliche z. B. aus der Reihe K.L.A.R. »Im Chat war er noch so süß« von Annette Weber (2006) und Begleitmaterial (Themen: Schönheitswahn, Chat, Chatsprache, Pädophilie, Nein-Sagen, Stalker, ausgewählte Verhaltensstrategien, siehe Materialien für den Einsatz in der pädagogischen Arbeit)
- Christina Wahlden (2005): »Kurzer Rock« (siehe Materialien für den Einsatz in der pädagogischen Arbeit): Modifikation des Textes notwendig, die Kernaussagen und die sprachliche Form bieten gute Identifikationsmöglichkeiten (sexualisierte Gewalt in einer Jugendgruppe unter Alkoholeinfluss)
- Einsatz von Videosequenzen z. B. »Chatgeflüster« (Katholisches Filmwerk GmbH, 2008).

Das Video thematisiert in Form eines Krimis Cyber-Grooming und somit Gefahren für Kinder und Jugendliche durch das Chatten (Katholisches Filmwerk GmbH Arbeitshilfe Chatgeflüster, 2010, S. 8 ff). Es handelt sich dabei um eine Folge der Fernsehreihe KRIMI.DE. Die Folgen greifen Themen aus der Lebenswelt Jugendlicher auf und bereiten diese zielgruppenorientiert auf. Der Film hat eine Dauer von 45 Minuten und ist in einzelne Sequenzen gegliedert. Das dazugehörige Begleitmaterial bietet für Lehrer eine Orientierungsgrundlage und Pädagogen an Förderschulen finden einen Ideenpool, der in modifizierter Form reichhaltig einsetzbar ist.

In ähnlicher Weise greift das Video »Glaub mir« (Wildwasser, 2002) das Thema »unterschiedlicher Täter« auf. In kleinen Sequenzen werden sexuelle Übergriffe von unterschiedlichen Tätern und in verschiedenen Situationen gezeigt.

Anbahnung von individuellen und alltagsrelevanten Verhaltensmöglichkeiten mithilfe spielerischer Varianten:

- »Was wäre wenn,....?« – unterschiedliche Situationen zum Themenschwerpunkt werden benannt und die Schüler nennen spontan Handlungsmöglichkeiten (nach Selle, 2001)
- Die Schüler als Expertenteam: Der Pädagoge liest eine Situation, die bildlich gestützt werden kann, vor. Sie beinhaltet Erlebnisse eines Kindes oder Jugendlichen. Dieses/r bittet um Ratschläge. Die »Experten« tragen verschiedene Möglichkeiten zusammen.
- Die Schüler überlegen sich eine Problemsituation und stellen diese in einem Videoclip nach; der Videoclip kann für die Arbeit in weiteren Gruppen genutzt werden
- Die Schüler entwickeln eine Fotostory, stellen diese anderen Schüler vor und kommen so ins Gespräch

Teilvorhaben Hilfe in Anspruch annehmen können

Leitziel: Hilfe in Anspruch nehmen können
Das Leitziel des Teilvorhabens »Hilfe holen« besteht in der Befähigung der Kinder und Jugendlichen, entsprechend ihres Entwicklungsstandes und ihrer kommunikativen Kompetenzen Hilfen in Anspruch zu nehmen.
Didaktisch-methodische Anregungen:

- Erstellen eines Hilfeplakats für jüngere Kinder (z. B. Böhmer et al., 1995; Präventionsbüro Petze, 2007), eines Taschenhefts für Jugendliche: Auf diesem wird festgehalten, welche individuellen Möglichkeiten das Kind bzw. der Jugendliche hat, Hilfe zu organisieren.
- Analyse von Situationen und Ableiten von Hilfemöglichkeiten mithilfe von Bildgeschichten, Bildimpulsen oder des Spiels »Was wäre wenn....?«
- Vermittlung von verbalen und nonverbalen Ausdrucksmöglichkeiten oder über alternative Kommunikationssysteme
- Beratungsstellen am Wohnort kennen und deren Angebote nutzen können
- Beratungsstellen im Telefonverzeichnis finden und im Telefonat Auskünfte einholen können
- Öffentliche Verkehrsmittel zum Erreichen der Beratungsstelle mit oder ohne Begleitung nutzen können
- Für nicht- bzw. kaum sprechende Schüler Anlage eines alternativen Kommunikationssystems (Thementafel).

9.6 Sprache

Kommunikative Prozesse und Formen der Gesprächsführung haben in der sexualpädagogischen Begleitung eine nicht zu unterschätzende Wirkung. Diese leitet sich aus der Sprachbedürftigkeit von Sexualität ab. Sprache kann Sexualität hemmen oder enthemmen (Selle, 2001, S. 233 ff). Sie ist sowohl Mittler als auch Medium und somit allen Prozessen sexueller Bildung immanent. Eine Anordnung in Teilvorhaben ist aus diesen Gründen nicht notwendig.

Folgende Kompetenzen werden in diesem Bereich angestrebt:

- Begleitung der sexualsprachlichen Entwicklung von Kindern und Jugendlichen,
- Erweiterung des Ausdrucksrepertoires,
- Initiierung von Gelegenheiten zum Spracherleben (Selle, 2001, S. 249).

Im didaktisch-methodischen Vorgehen sollten folgende Ansätze beachtet werden:

- Herstellung eines Alltagsbezugs
- Betonung, Zulassung und Vergrößerung der Ausdrucksvielfalt
- Reflexion des Sprachmangels und
- Förderung der Kreativität und Lust am Sprechen (ebenda).

Selle (2001, S. 253 ff) trägt eine Vielzahl von Methoden für die Arbeit an einer Sexualsprache zusammen, die in modifizierter Form hervorragend für die Arbeit mit Kindern und Jugendlichen mit geistiger Behinderung einsetzbar sind. Nachfolgende Ausführungen stellen eine Auswahl mit ihren unterschiedlichen Intentionen vor. Sie wurden für die Arbeit in der Förderschule modifiziert.

- Die so genannten *Sammler* sind Methoden, die die sexualsprachliche Ausdrucksvielfalt anregen.
  - Dazu gehört z. B. das »Sex-ABC«. Der Pädagoge visualisiert die Buchstaben des Alphabets an der Tafel. Die Schüler nennen oder schreiben Begriffe zum Thema. Diese werden den einzelnen Buchstaben zugeordnet; alle Begriffe sind erlaubt. Diese Sammlung von Begriffen kann dann für eine weitergehende Übung genutzt werden, in der die Zuordnung zu den verschiedenen Sprachen (Kinder-, Vulgär- und Alltagssprache) erfolgt. Die Jugendlichen werden für die inhaltliche Bedeutung der einzelnen Wörter sensibilisiert.
  - Eine sehr kreative und humorvolle Variante für die Arbeit mit Schülern, die über schriftsprachliche Kompetenzen verfügen, stellt das Spiel »Stadt, Land, Fluss« modifiziert auf Kategorien aus dem sexualpädagogischen Bereich (Geschlechtsorgan, Gefühle, etc.) dar.
  - Die Erstellung eines individuellen sexualpädagogische Wörterbuches ermöglicht die Entwicklung eines Piktogramms und Symbolsystems, mit dem über Sexualität kommuniziert werden kann. Des Weiteren kann es als Basis

für die Konzipierung spezifischer Thementafeln dienen und somit systematisch das Ausdrucksrepertoire erweitern.
- Die *Ansprecher* stellen nach Selle (2001, S. 254 und 275)
  - Methoden dar, die zu einer sprachlichen Auseinandersetzung mit Sexualität anregen. Hierzu gehören z. B. die Sex-Schatzkiste oder der Grabbelsack. Die Schatzkiste wird mit Gegenständen zum Thema (Liebe, Eifersucht, Verhütung etc.) bestückt und die Schüler äußern, entsprechend ihrer Möglichkeiten, ihre Gedanken.
  - Eine weitere Variante ist der »anonyme Kummer- bzw. Fragekasten«. Dieser kann sowohl in der Arbeit mit Jugendlichen als auch in Fortbildungen mit Eltern oder Pädagogen genutzt werden. Die Teilnehmer können Fragen in den Kasten werfen. Diese werden im Verlauf der Veranstaltung oder des Schuljahres thematisiert.
- *Zungenlöser* sind Methoden, die zum sexuellen Sprachgebrauch animieren sollen (Selle, 2001, S. 272).
  - Hierzu gehört z. B. das im vorangegangenen Abschnitt erörterte Spiel »Was wäre wenn...?«

9.7 Abschließende Gedanken und Perspektiven

Die Ausführungen sollten verdeutlichen, dass die sexualpädagogische Arbeit in der Schule einen wesentlichen Beitrag zur Prävention sexualisierter Gewalt leisten kann.

Sexualerziehung muss dabei als gesamtschulische Aufgabe verstanden werden (Ortland, 2008, S. 93), die die Zusammenarbeit mit den Eltern und externen Partnern einschließt.

Moderne schulische Präventionsarbeit orientiert sich nicht an Gefahren- und Vermeidungskonzepten, sondern versteht sich als ressourcen- und stärkenorientierte individuelle Begleitung mit dem Ziel des Erwerbs bzw. der Stärkung individueller Handlungskompetenzen. Dies kann nur durch eine kontinuierliche und systematische sexualpädagogische Arbeit realisiert werden, nicht über einmalige oder punktuell angebotene Veranstaltungen.

Sexuelle Bildung ist als lebenslanger Prozess zu begreifen. Die differenzierte Wahrnehmung der Lebenskontexte und der psychosexuellen Entwicklung ist notwendig, um spezifische sexualpädagogische Angebote unterbreiten zu können. Diesbezüglich sind förderliche Bedingungen eine unbedingte Voraussetzung. Hierzu zählen:

- Eine sexualpädagogische Konzeption, die Rahmenbedingungen festschreibt
- Die kontinuierliche Qualifizierung der Mitarbeiter auf den Gebieten der sexuellen Bildung und der Gesprächsführung

- Eine enge Zusammenarbeit mit den Eltern (Informations- und Aufklärungsveranstaltungen; regelmäßige Infos über Unterrichtsinhalte, Ansprechpartner in der Schule)
- Die Konzipierung von Präventionsmaterialien und Schaffung eines Medienpools.

Die Schule als Institution sollte entsprechende Rahmenbedingungen schaffen.

Literatur

Blattmann, S. (2004): Prävention bei Mädchen und Jungen im Vor- und Grundschulalter. In: Körner, W. & Lenz, A. (Hrsg.): Sexueller Missbrauch Band 1. (S. 450-456). Göttingen: Hogrefe.

Böhm, Ch. (2010): Zum Umgang mit sexuellen Grenzverletzungen in der Schule – Intervention und Prävention. In: Briken, P., Spehr, A., Romer, G. & Bermer, W. (Hrsg.): Sexuell grenzverletzende Kinder und Jugendliche (S. 180–185). Lengerich: Pabst Science Publishers.

Böhmer, A., Eggert, M. & Krüger, A. (1995): Fühlen – Wahrnehmen – Handeln. Materialien zur Prävention sexuellen Missbrauchs. Stuttgart: Klett.

Bundschuh, C. (2005): 30 Jahre Prävention gegen sexualisierte Gewalt. AJS Forum 2,4-6, zit. in Deegener, G. (2010): Prävention von (sexueller) Gewalt durch Kinder und Jugendliche. In: Briken, P., Spehr, A., Romer, G. & Bermer, W. (Hrsg.): Sexuell grenzverletzende Kinder und Jugendliche (S. 67–179). Lengerich: Pabst Science Publishers.

BzgA (2004): Richtlinien und Lehrpläne zur Sexualerziehung. Eine Analyse der Inhalte, Normen, Werte und Methoden zur Sexualaufklärung in den sechzehn Ländern der Bundesrepublik Deutschland.

Carstensen, K.: Das Asperger-Syndrom. Sexualität, Partnerschaft und Elternsein. Norderstedt: Books on Demand.

Deegener, G. (2010): Prävention von (sexueller) Gewalt durch Kinder und Jugendliche. In: Briken, P., Spehr, A., Romer, G. & Bermer, W. (Hrsg.): Sexuell grenzverletzende Kinder und Jugendliche (S.167–179). Lengerich: Pabst Science Publishers.

Dietzel, A (2002): Sexuelle Gewalt gegen gehörlose Mädchen und Jungen. Möglichkeiten der präventiven Arbeit an der Gehörlosenschule. www.ub-uni-koeln.de/ediss/heilpaed-volltext-2002.htm). Zugriff am 1.8.2014

Egli-Alge, M. (2010): Behandlung minderbegabter junger Sexualstraftäter. In: Briken, P., Spehr, A., Romer, G. & Bermer, W. (Hrsg.): Sexuell grenzverletzende Kinder und Jugendliche (S. 210–224). Lengerich: Pabst Science Publishers.

Gutstatt, St. (2000): Sexualisierte Gewalt gegen Menschen mit Behinderungen – eine Bestandsaufnahme. In: Bundesarbeitsgemeinschaft Prävention & Prophylaxe e.V. (Hrsg.): Sexualisierte Gewalt gegen Menschen mit Behinderungen. (S. 25–33). Berlin: Verlag die Jonglerie.

Jungmann, T. & Reichenbach, Ch. (2009): Bindungstheorie und pädagogisches Handeln. Dortmund. Verlag Modernes Lernen.

Katzer, C. & Fetchenhauer, D. (2007): Cyberbullying: Aggression und sexuelle Viktimisierung in Chatrooms. In: Gollwitzer u. a. (Hrsg.): Gewaltprävention bei Kindern und Jugendlichen (S. 123–138). Göttingen: Hogrefe.

Kultusministerium des Landes Sachsen-Anhalt (1999) (Hrsg.): Sexualisierte Gewalt an Kindern und Jugendlichen - Ansätze präventiver Arbeit.

Landesinstitut für Lehrerbildung und Schulentwicklung Beratungsstelle Gewaltprävention Hamburg (2013): Sexuelle Grenzverletzungen bei Kindern und Jugendlichen. www.lihamburg.de/bsg). Zugriff am 18.7.2014

Leeners, J., Bässler, M. & Schmid, M. (2013): Management von grenzverletzendem Verhalten in sozialpädagogischen Institutionen für Kinder und Jugendliche: Der Bündner Standard. In: Zeitschrift für Heilpädagogik (6) 2013, 237–248.

Leue-Käding, S. (2004a): Sexualität und Partnerschaft bei Jugendlichen mit einer geistigen Behinderung. Probleme und Möglichkeiten einer Enttabuisierung. Heidelberg: Universitätsverlag Winter. »Edition S«.

Leue-Käding, S. (2004b): Sexuelle Gefährdungen von Menschen mit geistiger Behinderung. In: Wüllenweber, E. (Hrsg.): Soziale Probleme von Menschen mit geistiger Behinderung (S. 89–110). Stuttgart: Kohlhammer.

Leue-Käding, S. (2007): Beratung und Begleitung von Eltern behinderter Kinder als Baustein einer sexualpädagogischen Konzeption in der Schule. In: Sonderpädagogische Förderung (52) 2, S. 149–160.

Leue-Käding, S. (2014): Kommunikation im Zusammenhang mit sexueller Bildung bei Jugendlichen mit dem Förderschwerpunkt geistige Entwicklung. In: Wüllenweber, E. (Hrsg.): Einander besser verstehen. Hilfen und Ansätze für Menschen mit geistiger Behinderung, Lernbehinderung und Autismus Band 2. Gesprächsführung, Beratung, Begleitung (S. 208–224). Marburg: Lebenshilfe-Verlag.

Lohaus, A. & Schorsch, S. (1998): Kritische Reflexion zu Präventionsansätzen zum sexuellen Missbrauch. In: Amann, G. & Wipplinger, R. (Hrsg.): Sexueller Missbrauch: Überblick zu Forschung, Beratung und Therapie (S. 679–694). Tübingen: Dgvt Verlag.

May, A. (1997): Nein ist nicht genug. Prävention und Prophylaxe. Köln: Mebes & Noack.

Ortland, B. (2005): Sexualerziehung an der Schule für Körperbehinderte aus der Sicht der Lehrerinnen und Lehrer. Bad Heilbrunn: Klinkhardt.

Ortland, B. (2008): Behinderung und Sexualität. Grundlagen einer behindertenspezifischen Sexualpädagogik. Stuttgart: Kohlhammer.

Ortland, B. (2012): Die Schulen für die Schülerinnen stark machen! Prävention sexueller Gewalt (nicht nur) an Förderschulen. Zeitschrift für Heilpädagogik 3, S. 114–119.

Power-Child e.V. (Hrsg.) (2008): E.R.N.S.T. machen. Sexuelle Gewalt unter Jugendlichen verhindern. Köln: Mebes & Noack.

Schirmer, B. (2011): Schulratgeber Autismus-Spektrum-Störungen. München. Basel: Reinhardt Verlag.

Selle, U. (2001): Sexualität und Sprache. In: Sielert, U. & Valtl, K. (Hrsg.): Sexualpädagogik lehren (S. 233–300). Weinheim: Beltz.

Sielert, U. (2005): Sexuelle Bildung von Anfang an! Sexualität und Sexualerziehung im Bildungsauftrag von Kindertagesstätten. www.isp-dortmund.de/vortrag Sielert – Sexuelle Bildung pdfH. Zugriff am 15.8.2014

Timmermanns, St. & Tuider, E. (2008): Sexualpädagogik der Vielfalt. Weinheim. München: Juventa.

Valtl, K. (2005): Sexuelle Bildung als life long learning und die Aufgaben der Pädagogik. www.isp-dortmund.de7download files/Hauptvortrag%20Valtl%20SINNVENTUR.pdf. Zugriff am 16.7.2014

Valtl, K. (2008): Sexuelle Bildung: Neues Paradigma einer Sexualpädagogik für alle Lebensalter. In: R.-B. Schmidt & U. Sielert, (Hrsg.): Handbuch Sexualpädagogik und sexuelle Bildung (S. 125–140). Weinheim. München: Juventa.

Wanzeck-Sielert, Ch. (2004): Emanzipatorische Sexualerziehung als schulische Prävention von sexuellem Missbrauch an Jungen und Mädchen. In: Körner, W. & Lenz, A. (Hrsg.): Sexueller Missbrauch Band 1. (S. 457–70). Göttingen: Hogrefe.

Weber, G. (1999): Entwicklungspsychologische Aspekte zu fremd- und autoaggressivem Verhalten. In: M. Seidel & K. Hennicke, (Hrsg.): Gewalt im Leben von Menschen mit geistiger Behinderung (S. 27–44). Reutlingen: Diakonie-Verlag.

Materialien für den Einsatz in der pädagogischen Arbeit

ASS voices (2005): Frustrap. Albert-Schweitzer-Schule Gießen.
Baumgart, K. & Schweiger, T. (2009): Keinohrhase und Zweiohrküken. Frankfurt: Baumhaus.
Beurer, M. (1997): Aus der Norm CAROLE. Zürich: Edition Patrick Frey (Bildband).
Blattmann, S. & Hansen, G. (1994): Ich bin doch keine Zuckermaus. Neinsagegeschichten und Lieder. Köln: Mebes & Noack.
Böhmer, A., Eggert, M. & Krüger, A. (1995): Fühlen – Wahrnehmen – Handeln. Materialien zur Prävention sexuellen Missbrauchs. Stuttgart: Klett.
Braun, G. & Wolters, D. (2006): Melanie und Tante Knuddel. Köln: Mebes & Noack.
BzgA (o.J.): Entdecken, Schauen, Fühlen. Medienkiste Kindergarten. (Schutzgebühr 80 Euro).
BzgA: (2011): Mitmach-Aktionen für die HIV/Aids Prävention und Sexualaufklärung bei offenen Veranstaltungen.
BzgA: (2011): Handlungsorientierte Methoden für die Aids- und Sexualaufklärung mit geschlossenen Gruppen.
Caby, F. & Caby, A. (2009): Die kleine Psychotherapeutische Schatzkiste. Dortmund: Borgmann.
Cave, K. & Ridell, Ch. (1994): Irgendwie Anders. Hamburg: Oetinger Verlag.
Craft, A. & Dixon, H. (1992): Mach Dir selbst ein Bild. Bildkartei zur Sexualerziehung für schwer Lernbehinderte. Mülheim a.d.R.: Verlag an der Ruhr.
Das Band (2008): Themenheft Schönheit. 4/2008.
Eggli, U. & Imbach, R. (1998): Ralph und Luc im Freakland. Wo Behindertsein normal ist. Solothurn: Vereinigung Cerebral Schweiz.
Elmer, C.: Alles Liebe? Manual zum Comic »Alles Liebe?« für Eltern und Fachpersonen. Prävention sexueller Ausbeutung mit geistig behinderten Jugendlichen. Luzern: Interact Verlag.
Kampusch, N. (2012): 3096 Tage. Berlin: Ullstein Taschenbuch.
Katholisches Filmwerk GmbH (2008): Chat-Geflüster. Kurzspielfilm. 45 Min.. Frankfurt a.M.
Katholisches Filmwerk GmbH (2010): Chatgeflüster Arbeitshilfe. www.filmwerk.de
Mebes, M. & Sandrock, L. (1997): Kein Küsschen auf Kommando. Köln: Mebes & Noack.
PUR (1998): Mächtig viel Theater. Titel 4.
Präventionsbüro Petze (2007): Prävention – Echt Stark. Unterrichtsmaterialien für Förderschulen und Förderschulzentren zur Prävention von sexuellem Missbrauch. Kiel.
Tübinger Mädchentreff e.V. (2004): mutig, laut und selbstbewusst. CD-Rom.
Wahlden, Ch. (2005): Kurzer Rock. Frankfurt: Fischer Taschenbuch Verlag.
Weber, A. (2006): Im Chat war er noch so süß! Mülheim a.d.R.: Verlag an der Ruhr.
Weber, A. (2006): Im Chat war er noch so süß! Literatur-kartei. Mülheim a.d.R.: Verlag an der Ruhr.
Wildwasser Berlin e.V. (2002): Glaub mir! Animationsvideo. DVD. 25 Min.

10 Schlafende Hunde wecken?!

Andrea Huber

10.1 Sexualpädagogische Gruppenarbeit im Rahmen von WfbM

Ein Jahr nach der Eröffnung unseres Wohnheims für Menschen mit geistiger und körperlicher Behinderung befanden wir uns mitten in der Diskussion über das Thema Sexualität. Wie geht man damit um? Wie sollte verhütet werden? Dürfen die Bewohner bei anderen übernachten? Bei einer Fortbildung für alle Mitarbeiter bei Pro Familia wurde schnell klar, dass es dabei auch um die eigene Sexualität geht. Und wieder entstanden neue Fragen. Wie offen gehe ich mit meiner eigenen Sexualität um und wie offen soll oder darf das Team sein?

Nach dieser Fortbildung war unverkennbar, dass Sexualität ein Thema ist, was immer da ist und auch schon immer da war. Sexualität gehört zu jedem Menschen, sie ist »ein existentielles Grundbedürfnis des Menschen und ein zentraler Bestandteil seiner Identität und Persönlichkeitsentwicklung« (BzgA 2014).

In diesem Artikel wird zunächst ein Gruppenangebot für Mitarbeitende im Berufsbildungsbereich einer WfbM dargestellt und im Anschluss wird darüber berichtet, wie wir einen eigenen Film hergestellt haben.

10.2 Gruppenangebot im Rahmen einer WfbM

Nach einigen Angeboten im Wohnheim für die Bewohnerinnen und Bewohner beschlossen wir, diese Kurse im Berufsbildungsbereich der WfbM anzubieten. Es war uns wichtig, die »Neuen« in der Werkstatt in diesem Thema fit zu machen. Wir wollen sie in ihrer Persönlichkeit fördern und aufklären und gleichzeitig präventiv gegen sexuelle Gewalt tätig werden. In den Schulen findet zwar sexuelle Aufklärung statt, aber vieles gerät wieder in Vergessenheit. Da in der WfbM viel Zeit verbracht wird und es dort zu Beziehungen kommt, ist es wichtig, auch den Beziehungsaspekt nicht zu vergessen. Unser Angebot hat den Titel: Selbsterleben und Beziehung fand erstmals im November 2005 statt.

Folgende Themen sind Inhalte der Gruppenstunden:

1. Körper
   - Wissen über den eigenen Körper
   - Körperwahrnehmung/Körperbild
   - Körperpflege
2. Identität
   - Ich als Frau – Ich als Mann
   - Homosexualität
3. Kontakt/Beziehung
   - Sich kennen lernen
   - Traummann/Traumfrau
   - Freundschaft, Liebe, Partnerschaft, Lebensgemeinschaft
   - Streit Eifersucht, Trennung, Grenzen
   - Kinderwunsch, Elternschaft
4. Sexualität
   - Sex, Erotik, Lust, Leidenschaft, Zärtlichkeit, eigene Wünsche und Selbstbestimmung
   - Selbstbefriedigung, Petting, Genitalsex
   - Verhütung, Verhütungsmittel
5. Emotionale Differenzierung
   - Scham
   - Grenzen
   - Übergriffe auf sexuelle Selbstbestimmung.

Die Kurse umfassen insgesamt acht Einheiten und verlaufen folgendermaßen:

1. Warm-up und Gruppenregeln

In der ersten Stunden werden Regeln festgelegt, wie wir miteinander und dem Thema umgehen Es wird gefragt, ob alle einverstanden sind, dass wir uns duzen. Ferner legen wir fest, dass sich außerhalb der Gruppe niemand über den anderen bzw. über seine Fragen lustig machen darf. Mein Kollege und ich haben ebenfalls eine Schweigepflicht und erzählen den Gruppenleitern nur Sachen, die ausdrücklich erwünscht sind. Es darf alles gefragt werden. Allerdings sollte jeder von sich nur berichten, was er auch wirklich will. Persönliche Dinge können jederzeit unter vier Augen geklärt werden. Es darf sofort Stopp gesagt werden, wenn es jemanden zu eng oder zu intim wird.

Anschließend dürfen sich die Teilnehmer eine Postkarte aussuchen, die zu Beginn der Stunde auf dem Boden verteilt wurden. Die Karten haben verschiedene Aufdrucke, manche haben etwas mit Kondomen, Sexualität oder einfach nur mit lustigen Sprüchen oder Zeichnungen zu tun. Mit dieser Karte stellt sich dann jeder vor, erzählt etwas von sich und warum er diese ausgesucht hat. Manchmal entstehen dadurch schon erste Fragen. Im Anschluss stellen wir unsere Themen vor, geben aber auch gleich bekannt, dass Vorschläge aus den Gruppen immer mit einbezogen werden und sogar Vorrang haben.

2. Film »Sexualität – wie geht das?« und Diskussion

In dem Film, den wir zu Anfang zeigen »Sexualität wie geht das? Eine Gebrauchsanweisung für Jugendliche« wird fast alles zu diesem Thema angesprochen. Es handelt sich hierbei um einen Zeichentrickfilm. Da die Szenen ziemlich schnell ablaufen, stoppen wir häufig, um Fragen zu stellen oder zu erklären.

3. Arbeit mit Körperschemata, geschlechtstypische Merkmale und Körperhygiene

Zum Thema Körper lassen wir zwei Teilnehmer ihre Umrisse (Mann und Frau) auf Tapete oder Ähnlichem abzeichnen. Im Anschluss werden die Unterschiede besprochen und die innerlichen und äußerlichen Körperteile eingezeichnet. Dabei zeigt sich auch schon, was typisch Mann und typisch Frau ist, z. B. lange Haare, Lippenstift usw. Die Geschlechtsteile werden benannt und es dürfen bzw. sollen auch die Schimpfwörter genannt werden. Die Hygiene wird ebenfalls angesprochen, wie auch die verschiedenen Körperflüssigkeiten. Es werden Tampons, Binden und Slip-Einlagen gezeigt. Das Staunen ist groß, wenn wir einen Tampon ins Wasser tauchen.

4. Kollagen zu Idolen und Idealen

Beim Thema der geschlechtlichen Identität sollen die Teilnehmer ihre Idole aus Zeitungen ausschneiden oder aus Katalogen Menschen, die sie besonders schön finden. Es dürfen aber auch Menschen sein, die sie gar nicht gut finden. Dies kann sich auf Kleidung, schlanke Körper, lange Haare usw. beziehen. Bei Gruppen, bei denen sich diese Aufgabe als schwierig gestaltet, bringen wir Utensilien mit. Lange Kleider, Parfüm, Schuhe, Perücken und Ähnliches. Die Teilnehmer werden dann aufgefordert zu erzählen, warum sie den oder die Personen gut finden oder auch nicht. Es kommt dann zu lebhaften Diskussionen und es wird viel gelacht, wenn die Männer dann z. B. eine langhaarige Perücke aufsetzen. Das Thema Homosexualität kommt dann von ganz alleine auf. Wir stellen immer wieder fest, dass die Teilnehmer eine feste Meinung dazu haben.

5. Kontaktanzeigen schreiben, Beziehung

Beim Thema Kontakt und Beziehung werden Kontaktanzeigen geschrieben, die nur in der Gruppe bleiben. Hierzu sollen die Teilnehmer zunächst berichten, wie sie die anderen äußerlich sehen (schöne lange Haare, Brillenträger, modisch gekleidet). Anschließend geht es um persönliche Eigenschaften, gute und auch schlechte. Es darf dann natürlich nicht fehlen, wie denn der Gesuchte aussehen und sein soll. Auch hier ist es erstaunlich, wie sicher sich fast alle sind, Kompromisse werden kaum gemacht.

Zwei Beispiele:
Frau S: 21 Jahre, mittelgroß, dunkelblonde Haare, Brillenträgerin mit toller Uhr, eine normale Frau, die Weltstar werden möchte: ich bin nett, höflich, temperamentvoll, ich wünsche mir viele Kinder, suche richtigen Mann, einen Prinzen mit Krone und Schwert, mit viel Geld, kein Fußballfan!

Herr C: Anfang 20, hilfsbereit, freundlich, kinderlieb, musikalisch, sportlich (Schwimmen, Tanzen) religiös, konsequent, sucht Gleichgesinnte, offen für Religion, lange Haare, schlanke Figur, gute Allgemeinbildung, reiselustig, wanderfreudig, Fremdsprachenkenntnisse wären nett.

6. Film: »Der neue Badeanzug«. Diskussion über Eifersucht in Beziehungen und Rollenspiele zur Kontaktaufnahme

Zu diesen Themen arbeiten wir ebenfalls mit Filmen. Im Film »Der neue Badeanzug« (Evangelische Stiftung Alsterdorf) geht es unter anderem um Eifersucht. Von ersten Kontakten handelt der Film »Der Briefträger« (Evangelische Stiftung Alsterdorf). In Rollenspielen wird schnell klar, dass es gar nicht so einfach ist, jemanden anzusprechen. Es ist auch mit Körben zu rechnen. Teilweise spielen wir auch Szenen aus den Filmen nach und verändern diese dann, damit verschiedene Sichtweisen erkannt werden. Grenzen in Beziehungen kann man ebenso erklären.

7. Sex und Erotik: Gespräche mithilfe von ausgewählten Gegenständen

Beim Thema Sex und Erotik hat sich ein Grabbelsack bewährt, in denen verschiedene Sachen sind: Holzpenis, Kerzen, Kondome, Pillenpackung, Schwamm. Der Phantasie sind keine Grenzen gesetzt und es fallen uns auch immer wieder neue Dinge ein. Jeder darf dann in diesem Sack tasten, ohne zu gucken, und einen Gegenstand wählen. In der Runde wird dann über die Dinge gesprochen. Welchen Zweck haben sie? Wozu kann man es nutzen/gebrauchen? Wie funktionieren sie? Man kann Schulungspakete bestellten, so dass man Kondomaufziehen üben kann. Zu bestellen sind diese bei Ritex. Fragen zu Aids und anderen Geschlechtskrankheiten kommen von den Teilnehmern. Ebenfalls gibt es Pakete bei Johnson und Johnson.

Einführung in das Thema »Sexueller Missbrauch und Grenzüberschreitungen« mit den Filmen »Komm wir träumen« und »Halb so schlimm«.

In dem Film »Komm wir träumen« verliebt sich ein geistig behindertes Mädchen in den Zivi, der sie ebenfalls nett findet. »Halb so schlimm« erzählt ebenfalls die Geschichte von einer jungen Frau, die sich in den Zivi verliebt. Dieser nutzt diese Gefühle allerdings aus. Beide Filme laden zu intensiven Diskussionen ein.

Diskussionspunkte und Fragen für die Teilnehmenden sind:

- Was ist eine Grenzüberschreitung?
- Warum darf eine Beziehung zu einem Mitarbeiter nicht sein?
- Macht man Sachen, die man eigentlich gar nicht will, für jemanden, in den man verliebt ist?

- Können die anderen Betreuer einen helfen?
- Was ist schlimm oder nicht schlimm?

Die TeilnehmerInnen können durch die Filme und die Diskussion Grenzen leichter erkennen und es wird auch klar, dass niemand den anderen ausnutzen darf, nur weil er »schlauer« oder »normaler« ist.

Je nach Größe und Verständigungsgrad variieren die Angebote und Reihenfolge. Wichtig ist immer, dass die Fragen der Gruppe im Vordergrund stehen und diese auch selbst das Programm bestimmen können.

Im ersten Jahr der Berufseingangsphase werden die acht Einheiten erarbeitet und im Anschluss besteht weiterhin die offene Gruppe

10.3 Herstellung des Films »Und dann auch noch Liebe«

Da wir viel mit Filmen in unseren Gruppen arbeiten, entstand die Idee, einen eigenen Film zu drehen.

Gemeinsam mit meinem Kollegen Rolf Kaufmann überlegten wir, welche Schauspieler in Frage kämen und wie der Film aussehen könnte. Aus unserer Erfahrung mit den Problemen von Menschen mit einer geistigen Behinderung entstanden die verschiedenen Szenen. Mit den Schauspielern kam es dann zu den ersten Treffen, ohne Kamera. Wir schlugen ihnen unsere Ideen vor und besprachen diese mit ihnen. Ein Drehbuch wurde nur ganz grob geschrieben. Bei der Eifersuchtsszene am Teich wurde nur vorgegeben, wo jeder steht und worum es gehen sollte. Die Dialoge ergaben sich fast von allein. Teilweise waren auch wir überrascht, wie viel schauspielerisches Talent doch in jedem einzelnen lag. Auf den Satz: »Ist sie nicht ein bisschen klein?« von der Ex-Freundin ist niemand von uns vorher gekommen.

Nachdem alles durchgespielt war und auch die Finanzierung geklärt war, kam Andreas Buhr, ein Filmproduzent aus Hannover, dazu. Es wurde also ernst. Kostüme und Requisiten wurden zum größten Teil von uns mitgebracht. Das Drehen der einzelnen Szenen beanspruchte viele Stunden, und manchmal lagen die Nerven blank. Niemand von uns hätte gedacht, dass dieselben Handlungen so oft aus verschiedenen Richtungen gedreht werden müssen. Es kam vor, dass einige Tränen und Gefühlsausbrüche durchaus nicht gespielt waren. Die Szene in der Kantine ist so ein Beispiel: die Hauptdarstellerin stand unter Beobachtung der Anderen. Mehrmals hintereinander musste sie ertragen, wie ihr Wasser über den Kopf geschüttet wurde. Irgendwann war es ihr einfach zu viel und ihre Entrüstung war echt. Ihr reichte es wirklich! Dafür mussten die Tränen beim Beginn des Films mit Hilfe einer halben Zwiebel hervor geholt werden. Wohnungen wurden gesucht, manche Kollegen wurden überredet zum Mitspielen und auch der Arbeitsalltag wurde von uns durcheinander gebracht. In der Wäscherei verbrachte das Team fast den ganzen Vormittag, es blieb bestimmt einiges liegen. Auch hier gab es Mitarbeiter, denen wir erklären mussten, dass alles nur gespielt ist. Nicht alle kamen damit klar, über die Hauptdarstellerin zu tratschen und zu lachen. Der letzte Akt war dann noch das Schneiden, und unser Film war fertig. Zur Prämiere wurde das Kino in Helmstedt gemietet, die Schauspieler saßen in der ersten Reihe und wir alle standen für Fragen zur Verfügung. Der Vormittag war ein voller Erfolg!

Auf dem Cover steht folgender Text von Rolf Kaufmann:

> »Dieser Spielfilm entstand aus sexualpädagogischen Seminaren im Rahmen freiwilliger arbeitsbegleitender und freizeitpädagogischer Angebote der Lebenshilfe Helmstedt-Wolfenbüttel. Die Rollen sind ausschließlich mit Laienschauspieler/innen der Lebenshilfe besetzt. Leitfaden ist die fiktive Liebesgeschichte unser Hauptdarsteller. Ihre Erlebnisse führen uns durch den Film. Das Drehbuch entstand weitgehend aus dem Rollenspiel der Schauspieler/innen und spiegelt deren Intentionen und Haltungen wieder.
>
> Seit einigen Jahren stellen wir Selbsterleben und Beziehung in unseren sexualpädagogischen Gruppen thematisch in den Mittelpunkt. Zwischenmenschliche Beziehungen haben entscheidenden Einfluss auf das Klima des Zusammenlebens in den Wohnstätten und bei der gemeinsamen Arbeit in den Werkstätten. Das Thema ist allerdings vielschichtig und methodisch-didaktisch nicht greifbar. Es umfasst unsere Identität als Frau und Mann, Körper, Erotik, Lust, Leidenschaft und die Fähigkeit, Bindungen einzugehen.
>
> Gute Erfahrungen machen wir mit Rollenspielen – wie in unserem Film. Über das »szenische Verstehen« werden Strukturen mit oft unbewussten Inhalten sichtbar und verstehbar, die mit Worten nicht ausgedrückt werden können. Auch erweist sich die Herstellung eines Filmes als attraktives freizeitpädagogisches Angebot – und als Türöffner. Erlebnisorientierung tritt in den Vordergrund und erleichtert, die Schwelle von Angst und Scham zu überschreiten.«

10.4 Schluss

Auch nach all diesen Jahren ist die sexualpädagogische Arbeit immer wieder spannend. Ich freue mich auf die neuen Gruppen, da alle sehr verschieden sind. Manchmal ist es eine Gruppe mit Leuten, die sehr viel mitbringen, manchmal sind es Personen, die über nicht so viele Fähigkeiten verfügen. Dann liegt es an uns, dass wir die Themen so anbieten, dass alle sie verstehen. Es kommt auch schon mal vor, dass Quereinsteiger der WfbM mit dabei sind, die bereits Kinder haben oder eine berufliche Erfahrung haben. Wir stellen diesen dann frei, ob sie mit teilnehmen möchten oder nicht. Einige sind dabei geblieben und waren eine Bereicherung.

In den Abschlussrunden stellt sich heraus, dass die Gruppe für fast alle Teilnehmer hilfreich war und sie einiges dazu gelernt haben. Wahrscheinlich wird es nicht für alle zu intimen Beziehungen kommen, aber es gibt ja viele andere Aspekte rund um das Thema Sexualität. Wichtig ist es, aufzuklären, dass der eigene Körper für andere ein Tabu ist, wann Berührungen nicht erwünscht sind, dass »Nein-Sagen« erlaubt ist und Grenzen erkannt und respektiert werden. Häufig sind die TeilnehmerInnen dann auch in der offenen Gruppe mit dabei. Dort dreht sich auch weiterhin vieles um Beziehungsfragen. Gibt es ein Alter, in dem dieses Thema nicht mehr interessant ist?

In unserer Einrichtung existiert seit 2011 ein Arbeitskreis, der Standards und Handlungsstrategien zum Thema Gewalt und sexuelle Gewalt erarbeitet hat. Es ist bereits auch eine Broschüre in leichter Sprache erschienen, mit den jeweilgen Ansprechpersonen aus den verschiedenen Einrichtungen innerhalb der Lebenshilfe.

Literatur und Filme

Bundeszentrale zur gesundheitlichen Aufklärung (BzgA): Definitionen von sexueller und reproduktiver Gesundheit (www.bzga-whocc.de/bot_Seite4010.html), Zugriff am 12.5.2014
Der neue Badeanzug. Ein Film von Bernd Zemella. Beratungszentrum Alsterdorf. Hamburg. o.J. VHS 10 Minuten.
Der Briefträger. Ein Film von Bernd Zemella. Beratungszentrum Alsterdorf. Hamburg. o.J. VHS 15 Minuten.
Halb so schlimm. Grenzüberschreitung oder schon Missbrauch? Ein Film von Bernd Zemella. Beratungszentrum Alsterdorf. Hamburg 2010. DVD-Video 32 Minuten.
»Komm wir träumen«. Regie: Leo Hiemer. Drehbuch: Dr. Volker Jehle, Leo Hiemer. D: Leo Hiemer Filmproduktion 2004. Fassung: DVD. Egli Zürich 2004. 93 Minuten.
Sex wie geht das? Eine Gebrauchsanweisung für Jugendliche (www.youtube.com/watch?v=ZJz3rM8ErQU), Zugriff am 30.4.2014.
»Und dann auch noch Liebe ... ein Kurzfilm über die Erfahrungen jungen behinderter Menschen mit Liebe«. Regie: Andreas Buhr. Buch: Rolf Kaufmann & Andres Huber. Im Auftrag der Lebenshilfe Helmstedt-Wolfenbüttel gGmbH. DVCAM . 2009. 35 Minuten.

C Hilfen

11 Handlungsorientierungen in der pädagogisch-therapeutischen Begleitung sexuell traumatisierter Menschen mit geistiger Behinderung

Ulrike Mattke

In der Praxis der Behindertenhilfe wird seit der offenen gesellschaftlichen Diskussion über sexuelle Gewalt zunehmend die Frage gestellt: Was können wir tun bzw. was hilft bei Menschen mit geistiger Behinderung, von denen wir wissen oder stark vermuten, dass sie sexuelle Gewalt erlebt haben? Im Folgenden sollen Handlungsrichtlinien aufgezeigt werden, die als grundlegend gelten sowohl in der ambulanten als auch in der stationären Begleitung von Menschen mit geistiger Behinderung nach einer sexuellen Traumatisierung. Die Anwendung dieser Richtlinien hilft zu einer Stabilisierung von Menschen mit geistiger Behinderung, unabhängig von ihrem kognitiven Entwicklungsniveau und stellt weitgehend auch bei schwer geistig behinderten Menschen eine wirksame Unterstützung dar.

11.1 Folgen sexueller Gewalt für Menschen mit geistiger Behinderung

Alle Handlungskonzepte bauen auf dem Verstehen dessen auf, was bei sexueller Gewalt passiert. Deshalb wird zunächst erörtert, welche zentralen Prozesse sich bei der Erfahrung sexueller Traumatisierung abspielen und welche Folgen sexuelle Traumatisierungen gerade für Menschen mit geistiger Behinderung haben.

Der Begriff der sexuellen Gewalt wird hier präferiert gegenüber dem des sexuellen Missbrauchs, da der Terminus Gewalt zum einen die Schwere eines sexuellen Übergriffs eindeutiger zum Ausdruck bringt und zum anderen der Begriff sexuelle Gewalt an sich schon nahe legt, dass mit dem Geschehen gravierende – mit anderen Gewalttaten zu vergleichende – Folgen verbunden sind.

Sexuelle Gewalt verstehen wir in Übereinstimmung mit der Lebenshilfe (2011, 2) wie folgt:

> »Situationen …, in denen in die körperliche Integrität und sexuelle Selbstbestimmung eines anderen Menschen eingegriffen und sich über sie hinweggesetzt wird. Gewalt wird als Mittel der Dominanz über andere, der Herabwürdigung und Verletzung eingesetzt. Fälle von sexualisierter Gewalt aller Art und auch Fälle sexueller Belästigung beziehen sich dabei auf Handlungen, die nur mit vermeintlicher Einwilligung, ohne Einwilligung oder gegen den ausdrücklichen Willen erfolgen. Sie können aktuell oder vor langer Zeit erfolgt, einmalige Vorkommnisse oder wiederholte Übergriffe sein.«

Hier wird eine so genannte weite Definition präferiert, da nicht nur sexuelle Handlungen im engeren Sinne, sondern auch sexualisierte Berührungen und sexualisierte Situationen gravierende Folgen für die Betroffenen haben können, was besonders in der Studie von Becker-Fischer & Fischer (2008) über sexuelle Gewalt in der Psychotherapie deutlich wird: Das Autorenpaar weist darauf hin, dass es keinen Unterschied gibt zwischen der Schwere der Folgen nach Situationen mit direktem Geschlechtsverkehr oder beispielsweise nach Situationen mit sexualisierten Berührungen. Die traumatische Belastungswirkung ist auch bei Sexualisierung auf verbaler Ebene hoch (vgl. ebd., 84). Sie beschreiben sogar die verwirrenden Effekte bei versteckten Sexualisierungen als noch heftiger und schildern, dass dabei Konfusionen bis in Psychose nahe Zustände entstehen können (vgl. ebd., 85). Diese Ergebnisse lassen sich m. E. durchaus auf pädagogische Settings übertragen und die Auswirkungen eines Vertrauensmissbrauchs durch sexuelle Grenzüberschreitungen von Pädagog(inn)en sind demzufolge in jeder Form als schwerwiegend einzuschätzen (vgl. auch Mattke, 2012).

Die Folgen sexueller Gewalt werden bei allen Menschen, unabhängig vom Vorliegen einer Behinderung, meistens unterschätzt. Berichte von ehemaligen Schülern der Odenwaldschule, die in ihrer Kindheit sexuell missbraucht wurden, machen deutlich, wie gravierend das gesamte Leben, auch nicht intellektuell beeinträchtigter Menschen, über Jahrzehnte hinweg von den Erfahrungen der sexuellen Gewalt belastet ist (vgl. Dehmers, 2011). Es ist davon auszugehen, dass sexuelle Gewalt nahezu immer als Trauma erlebt wird und dementsprechend schwere traumatisierende Wirkungen hat (vgl. u. a. Scherwath & Friedrich 2012, 48). Traumata bleiben über viele Jahre und Jahrzehnte prägend für das Leben der Opfer. In der Literatur wird zum Teil von Überlebenden traumatischer Erfahrungen gesprochen (vgl. z. B. Huber, 2012, 33), worin die lebensbedrohliche Dimension traumatischer Erfahrungen zum Ausdruck kommt. Gleichermaßen werden posttraumatische Symptome als »Überlebensstrategien« gewürdigt.

Anlass eines Traumas sind »tatsächliche, extrem stressreiche äußere Ereignisse« (Huber, 2012, 38). In der traumatischen Situation, der so genannten traumatischen Zange, wird die Person mit aversiven Reizen überflutet, gegen die sie nicht ankämpfen und vor denen sie – im Unterschied zu Stress-Situationen – nicht fliehen kann (no fight, no flight). Das Gehirn reagiert auf diese äußerste Bedrohung mit der Auflösung des Selbst, einem Einfrieren (freeze) und einem Fragmentieren (fragment) der Wahrnehmungen und Gefühle (vgl. Huber, 2012, 38 ff.).

Besser definiert ein Trauma folgendermaßen:

> »Traumata (…) sind (…) Situationen, in denen Menschen von schockierenden Ereignissen überrascht werden, die durch ihr plötzliches Auftreten und ihre Heftigkeit/Intensität an Bedrohung und Ausgeliefertsein die Betroffenen in eine ungeschützte Angst-Schreck-Schock-Situation (…) und damit in einen innerlich überflutenden ›Stresszustand‹ versetzen, der die steuernden Hirnfunktionen vorübergehend beeinträchtigt oder gar mehr oder weniger außer Kraft setzt« (Besser, 2011, 46).

Traumatische Ereignisse enthalten also im Wesentlichen folgende Merkmale:

- Bedrohung und Verlust an Sicherheit
- Ausgeliefertsein und völlige Hilflosigkeit

- Emotionale Starre
- Fehlendes Denken
- Passivität und Unfähigkeit zu handeln.

Von einer Posttraumatischen Belastungsstörung (PTSD) wird gesprochen, wenn drei Monate nach dem traumatischen Ereignis Beeinträchtigungen vorliegen. Die drei Reaktionstypen der PTSD sind (vgl. Huber, 2012, 23 und 69):

- Konstriktion (Vermeidung)

Situationen, die der traumatischen Situation ähneln, z. B. bestimmte Orte, Fahrzeuge etc. werden ebenso vermieden wie stressreiche Situationen an sich, z. B. stressreiche Leistungsanforderungen bei der Arbeit. Es kann auch ein gänzlicher Rückzug aus dem aktiven Leben erfolgen, ein Rückzug in die eigenen sicheren vier Wände, ins eigene Bett etc.
Konstriktion bzw. Vermeidung als Traumafolge wird in nachfolgendem Interview mit einer Beraterin deutlich:

> »Bei den geistig behinderten Frauen mit denen ich gearbeitet habe, war ganz viel Angst, ganz stark ausgeprägt große Ängste, bis hin zu nicht mehr die Wohnung verlassen wollen, nur in Begleitung und alles nur noch in Begleitung« (Interview mit Frau Pfeifer, ambulante Beratungsstelle)[1].

- Intrusion

Hier handelt es sich um ein »quälendes Wiedererleben traumatischer Sequenzen« (ebd., 23). Wahrnehmungen und Empfindungen der traumatischen Situation tauchen plötzlich auf wie z. B. das Bild einer nach der Person geworfenen Bierflasche oder das Festhalten ihres Körpers.

- Hyperarousal

Das Phänomen der Übererregung beschreibt Menschen, die plötzlich, ohne scheinbaren Grund weinen, oder Menschen, die auf geringe Irritationen und Anlässe sehr aggressiv reagieren.
Es ist für das pädagogische und therapeutische Handeln hilfreich zu verstehen, dass bestimmte Verhaltensweisen Folgen einer PTSB darstellen und weder diffuse Ängste noch die Suche nach besonderer Zuwendung oder Aufmerksamkeit eine Rolle spielen: »Eine traumasensible Perspektive schützt vor vorschnellen Diagnosen« (Scherwath & Friedrich, 2012, 42).
Zu betonen ist: Es zeigt sich kein einheitliches Syndrom, an dem sich die Erfahrung sexueller Gewalt »ablesen« ließe, im Gegenteil: Die Auswirkungen se-

---

1 Die in diesem Text zitierten Interviews stammen aus einem Forschungsprojekt der Autorin im Jahre 2012.

xueller Gewalt gleichen den Folgen anderer traumatischer Erfahrungen (vgl. u. a. Huber 2012). In der Begleitung von Menschen mit geistiger Behinderung besteht – wie bei Verhaltensauffälligkeiten und psychischen Erkrankungen auch – die besondere Gefahr, dass nicht erklärbare Symptome der geistigen Behinderung an sich zugesprochen werden, eines Prozesses von »Diagnostic Overshadowing« (vgl. u. a. Mickler, 2009). Die Relevanz einer fundierten und umfassenden Differentialdiagnostik ergibt sich unmittelbar.

Die Lebensbedingungen von Menschen mit geistiger Behinderung erschweren die Aufdeckung und die Beendigung geschweige denn eine Strafverfolgung von Übergriffen vor allem aufgrund ihrer hohen sozialen Abhängigkeit (vgl. Mattke, 2004), die sich häufig auch auf die Täter bezieht, sowie einer ihnen häufig nicht zugestandenen Glaubwürdigkeit (vgl. Jeschke & Fegert, 2006, 327). Zudem verfügen Menschen mit geistiger Behinderung über weniger Bewältigungs- und Abwehrmechanismen (vgl. Hackenberg, 2001, 3) und vornehmlich abwehrorientierte Copingstrategien (vgl. Wüllenweber, 2000).

11.2 Prinzip der Kombination individueller Hilfen und struktureller Maßnahmen

In der Praxis der Beratung sexuell traumatisierter Frauen und Mädchen mit Behinderung gilt als Grundsatz, dass sexuelle Gewalt in der Analyse, Prävention und Intervention immer sowohl individuell als auch im Kontext struktureller Gewalt und gesellschaftlicher Diskriminierung zu sehen ist (Gathan-Ertl, 2011). Demzufolge beziehen sich Handlungs- und Unterstützungsmöglichkeiten im Falle von sexueller Gewalt sowohl auf eine strukturelle Ebene in der Behindertenhilfe als auch auf eine personale bzw. individuelle Ebene der von sexueller Gewalt Betroffenen.

Strukturelle Maßnahmen, die in einer Einrichtung der Behindertenhilfe ergriffen werden können, werden in diesem Buch in dem Artikel von Ursula Sauder anhand konkreter Beispiele erörtert. Deshalb soll hier der Fokus auf individuelle Hilfen gerichtet werden.

11.3 Individuelle Handlungsorientierungen zur Überwindung der Folgen sexueller Traumatisierungen

Im Folgenden werden grundlegende Orientierungen der individuellen Begleitung aufgezeigt, die sowohl im pädagogisch-therapeutischen Einzelsetting als auch im stationären Setting der Behindertenhilfe von Bedeutung sind.

In der Jugendhilfe gibt es seit wenigen Jahren vereinzelt die Bemühung, traumatisierte Kinder und Jugendliche in Wohngruppen mit traumapädagogisch geschultem Personal fachlich besonders fundiert zu unterstützen (vgl. Gahleitner, 2013). Eine Ausarbeitung solcher Konzepte für traumatisierte Menschen mit geistiger Behinderung findet zurzeit in einzelnen Einrichtungen der Behindertenhilfe statt. Die traumapädagogische Perspektive in den Konzepten von Wohngruppen für Menschen mit geistiger Behinderung zu verankern, erscheint angesichts der Prävalenz sexueller Traumatisierungen unabdingbar.

Folgende Handlungsorientierungen werde ich diskutieren und erläutern:

1. Sicherheit
2. Achtung und Respekt
3. Selbstbestimmung
4. Bildung
5. Ressourcenorientierung.

Sicherheit

Bedrohung und der Verlust an Sicherheit sind – wie oben aufgezeigt – Merkmale eines traumatischen Ereignisses. Deshalb muss es in der Begleitung traumatisierter Menschen zunächst um die Herstellung und das Garantieren äußerer Sicherheit gehen. Alle anderen Maßnahmen sind dem nachgeordnet. Das Schaffen sicherer Orte gilt in der Traumapädagogik als elementarer Auftrag (Kühn, 2011, 29). Den Aspekt der Sicherheit halte ich insbesondere im stationären Bereich für wesentlich, nachdem Forschung und gesellschaftliche Diskussion gezeigt haben, dass pädagogische Einrichtungen nicht immer Sicherheit und Schutz für ihr Klientel bieten können.

Eine Sozialpädagogin beschreibt, wie ihre Klientin, eine sexuell traumatisierte junge Frau mit geistiger Behinderung, im Laufe der Begleitung deutlich an Sicherheit gewinnt:

> »... dass der Bus sie direkt hier abgesetzt hat nach der Arbeit und ich sie dann, wenn wir fertig waren an die Bushaltestelle gebracht hab und sie ist dann nach Musterstadt mit dem Bus gefahren, mit einem ganz normalen Linienbus. ... da wurde sie immer sicherer (.) am Anfang fand sie das ganz bedrohlich, diese Vorstellung und sie muss da dann an die Bushaltestelle und dann geht vielleicht irgendwas schief«.

Hinweisen möchte ich darauf, dass kreative und imaginative Übungen zur Erfahrung von Sicherheit aus der Traumatherapie bzw. Traumapädagogik (vgl. Reddemann, 2002) auf keinen Fall mit Klientinnen durchgeführt werden dürfen, so lange keine äußere Sicherheit besteht. Die würde zu einer starken inneren Konfusion führen.

Achtung und Respekt

Das Erleben von Demütigung, Entwürdigung, Missachtung, das mit dem Erleben der sexuellen Gewalt verbunden ist, kann nur durch eine besonders sensible Achtung vor der Würde einer Person überwunden werden. Achtung ist als Grundhaltung gegenüber Menschen mit Behinderungen zum einen Grundlage jeder Prävention gegen sexuelle Gewalt und zum anderen Grundlage für einen heilsamen Umgang nach einer Traumatisierung.

In der Praxis umfasst Achtung drei Aspekte:

1. Achtung von Bedürfnissen und Wünschen
2. Verschwiegenheit und Takt
3. Begegnen mit Respekt und Würde

1. Achtung von Bedürfnissen und Wünschen

Viele Menschen mit geistiger Behinderung können eigene Bedürfnisse und Wünsche nicht benennen, da sie es nicht gelernt haben, diese wahrzunehmen und zu äußern.

> »Wenn ich frage, wollen Sie wiederkommen? Da muss ich erst meine Mama fragen« (Frau P., Begl. Dienst WfbM).

Das in Selbstverteidigungskursen geübte Nein-Sagen fällt im Alltag von Menschen mit geistiger Behinderung auf wenig fruchtbaren Boden:

> »Nein sagen. Das wird geübt, das wird auch so postuliert, aber es ist nicht wirklich im Alltag verankert, denn sie sollen halt da nein sagen wo die anderen denken sie sollen es sagen, aber im Alltag im Wohnheim, in der Werkstatt, Zuhause geht es vielmehr um Funktionieren und sich Einpassen« (Frau M., ambulante Beratungsstelle).

2. Verschwiegenheit und Takt

Sexuelle Gewalt bedeutet eine massive Grenzüberschreitung. Daraus ergibt sich die Notwendigkeit, traumatisierte Menschen bei der Wahrung von Grenzen zu unterstützen, ihnen die Erfahrung des Schutzes von Grenzen zu vermitteln, da ansonsten die Gefahr weiterer und erneuter Traumatisierungen besteht. Zemp (2010, 30) betont, dass das Recht auf Intimsphäre als ein Grundrecht im Zusammenhang mit Sexualität zu sehen ist und gleichermaßen als ein wesentlicher Baustein der Prävention gegen sexuelle Gewalt gilt. Nicht in Bezug auf Menschen mit Behinderungen, doch sehr anschaulich beschreibt Bieri das menschliche Bedürfnis nach Intimität: »Wir haben das Bedürfnis nach einem intimen Raum in unserem Leben. Wenn andere diesen Raum gegen unseren Willen betreten oder wir ihn für andere aus falschen Gründen öffnen, kann unsere Würde in Gefahr geraten« (Bieri, 2013, 157).

Das offene Reden in Einrichtungen der Behindertenhilfe, weit über den engen Kreis der begleitenden Personen hinaus, über biografische und intime Erfahrungen, auch über Traumatisierungen, ist als Verstoß gegen das Recht auf Intimität zu werten. So äußert eine Beraterin, die eine Klientin in aufsuchender Beratung begleitet:

> »Es besteht kein diskreter Umgang mit der Situation, dass ich als Beraterin komme. Jeder weiß Bescheid, warum ich komme. Das wird von den Frauen als selbstverständlich hingenommen« (Frau B., ambulante Beratungsstelle).

Hierzu noch einmal Bieri: »Man kann auch jemanden missachten, wenn man über ihn redet statt zu ihm« (Bieri, 2013, 117).

Dem Pädagogischen Takt, auf den Johann Friedrich Herbart schon im Jahre 1802 hingewiesen hat (vgl. Muth, 1977, 237), ist eine aktualisierte Diskussion mit dem Ziel des Schutzes der Würde von Menschen mit Behinderungen zu wünschen

3. Begegnen mit Respekt und Würde

Bei geistig behinderten Opfern sexueller Gewalt ist das Selbstwertgefühl meistens doppelt beschädigt. Zum einen haben sie oft jahrelange Entwertungen aufgrund der geistigen Behinderung erfahren, zum anderen hat die Erfahrung der sexuellen Grenzüberschreitung das Gefühl der Wertlosigkeit weiter bestätigt. Das Fatale ist, dass mit dem Einlassen auf den Täter häufig zunächst der starke Wunsch nach einer Aufwertung des Selbstwertgefühls verbunden ist.

> Die Klientin »äußert spontan, sie sei als Monster geboren, sie sei eine Missgeburt. Das scheint für sie selbstverständlich. Den hiermit verbundenen tiefen Schmerz zeigt sie nur ansatzweise. Ihr Selbstwertgefühl ist beschädigt durch die abwehrenden und abwertenden Reaktionen des sozialen Umfelds auf die zunächst verzögerte Entwicklung und später sich herausstellende geistige Behinderung. Schon als Kind habe sie sich das Leben nehmen wollen. Sie habe ihre Hände aufgekratzt und habe mit dem Kopf gegen die Wand geschlagen. Die Beziehung zu einem nicht-behinderten Mann und das Heiratsversprechen bargen für Frau M. ... die Hoffnung auf Normalität« (Hackenberg, 2001, 5).

Beraterinnen und Psychotherapeutinnen geben an, dass in jedem therapeutischen Prozess nach einer Traumatisierung auch die Verarbeitung der Behinderung einen zentralen Stellenwert einnimmt.

Bereits das Setting von Beratungs- bzw. Therapiegesprächen verbindet sich für Klientinnen mit einer besonderen Wertschätzung und Achtung:

> »Bei vielen Klientinnen ist es erst mal wichtig zu erfahren, ich kann darüber reden, ich werde gehört, ich bin in Ordnung und ich bin akzeptiert« (Frau Bauer, ambulante Beratungsstelle).

Selbstbestimmung

Das Erleben von Gewalt verbindet sich für die Betroffenen immer mit einem völligen Verlust an Selbstkontrolle. Weit über die theoretischen Überlegungen zum Leitbild der Selbstbestimmung in der Heilpädagogik hinaus (vgl. z. B. Hähner, 2013) gewinnt Selbstbestimmung bei der Begleitung traumatisierter Menschen eine fundamentale und nicht zu hinterfragende Begründung. Selbstbestimmung und die Vermittlung von Erfahrungen der Selbstwirksamkeit sind unabdingbar, um

Selbstkontrolle wieder erfahrbar zu machen und herzustellen. Dies wird besonders evident beim Zugang zu Unterstützungsmaßnahmen, bei einem transparenten Verstehen der Geschehnisse sowie bei der Gestaltung bzw. Einflussnahme auf Prozesse der Begleitung, wie im Folgenden ausgeführt wird.

Selbstbestimmung im Zugang zu Maßnahmen der Unterstützung

Frauen und Mädchen mit geistiger Behinderung erhalten Empfehlungen und Informationen über Beraterinnen oder Therapeutinnen von Polizistinnen, Mitarbeitenden der Wohnheime oder Werkstätten oder von Angehörigen. Dabei muss es akzeptiert werden, wenn die Betroffenen selbst keine Unterstützung in Anspruch nehmen wollen oder sich andere Unterstützerinnen suchen, ansonsten werden Bevormundung und Grenzüberschreitung auch im Rahmen eines pädagogisch-therapeutischen Settings wiederholt.

So akzeptiert eine Beraterin durchaus, dass eine 17-Jährige sich keinem therapeutischen Prozess stellen will bzw. kann und unterstützt deren Selbstbestimmungsrecht gegenüber ihrer Mutter:

> »Also die Mutter hat großen Druck gemacht, da muss was geschehen, weil sie merkt, das Mädchen ist auffällig. Das Mädchen selber sagt, ich will eigentlich gar nicht. Das war dann meine Arbeit, eben sie da in ihrer Selbstbestimmung zu stärken, auch der Mutter gegenüber zu sagen: ›Ja Sie stehen unter Druck und haben da einen hohen Bedarf, aber Ihre Tochter möchte jetzt nicht‹« (Frau Roth, ambulante Beratungsstelle).

Transparenz als Voraussetzung von Selbstbestimmung

Für die Therapie nicht-behinderter Frauen weist Hieblinger auf die Bedeutung der Transparenz des Vorgehens hin: »… ist ein transparentes therapeutisches Vorgehen besonders für die Therapie mit sexuell traumatisierten Frauen von großer Bedeutung. Durch ihre Erlebnisse des Benützt-Werdens und des Kontrollverlusts ist die Angst, dass etwas geschehen könnte, was sie nicht wünschen, besonders groß« (Hieblinger, 2006, 10).

> »Sie wissen, was auf sie zukommt, sie wissen, dass sie das beeinflussen können, wie viele Stunden und welche Methoden sie sich wünschen« (Frau Kasic, ambulante Beratungsstelle).

Mit Scherwath & Friedrich (2012, 72) sind »Transparenz und Eindeutigkeit als … eine zentrale Aufgabe traumapädagogischer Arbeit« zu sehen.

Selbstbestimmung als Einflussnahme auf den Prozess

Bezugspersonen von Frauen und Mädchen mit geistiger Behinderung versuchen mitunter nicht nur auf die Aufnahme einer Beratung oder Therapie Einfluss zu nehmen, sondern darüber hinaus Aufgaben an die Beraterinnen zu delegieren.

»Und da war es so, dass die Mutter sagte, ihr wäre daran gelegen, dass mal klar rauskommt, was eigentlich passiert ist, weil Verena das nie wirklich benannt hat und weil es so diffus und dann ist eben eine Anzeige erfolgt, aber der Täter, der hat es natürlich völlig anders dargestellt und Verena aber auch gar nicht mal gesagt hat, was wirklich passiert ist, dass die Mutter gerne wollte, dass wir sozusagen mit Verena Ursachenforschung betreiben« (Frau Pfeifer, ambulante Beratungsstelle).

Auch solche Delegationen stehen im Widerspruch zur notwendigen und heilsamen Erfahrung von selbstbestimmter Einflussnahme auf einen Beratungsprozess.

Als ein weiteres Prinzip der Unterstützung sexuell traumatisierter Menschen mit geistiger Behinderung nennen alle Expertinnen eine inhaltliche Orientierung ausschließlich an den Wünschen und Themen der Klientinnen.

»Ich gehe den Weg mit, den die Frau gehen kann, und sie bestimmt. Wenn sie sagt: ›Über den blöden Kerl will ich nicht reden‹. Dann reden wir nicht darüber« (Frau Leber, Begleitender Dienst einer WfbM).

Dabei muss Selbstbestimmung oft erst eingeübt werden. Beraterinnen achten darauf, dass Klientinnen tatsächlich überlegen und entscheiden, was sie möchten.

»Ich mache Vorschläge. Frauen mit geistiger Behinderung sagen ganz schnell ja. Ich muss da noch mal nachfragen« (Frau Bauer, ambulante Beratungsstelle).

Bereits hier wird ersichtlich, dass – wie weiter unten genauer ausgeführt – im Vordergrund der professionellen pädagogisch-therapeutischen Begleitung Stabilisierung steht. Eine Problemaktualisierung, wie sie in anderen psychotherapeutischen Ansätzen mit Menschen mit geistiger Behinderung postuliert wird (vgl. Lingg & Theunissen, 2008, 221 f.), gilt als nachrangig und nicht durchgängig als notwendig.

Bildung

Mit Bildung möchte ich zusammenfassen, was in der Praxis als Information, Erklärung oder Psychoedukation bezeichnet wird. Hier geht es um zweierlei: Einerseits um die Bearbeitung von Kognitionen und Bewertungen und andererseits um Information über Sexualität und sexuelle Gewalt.

Verbunden mit den Erfahrungen der sexuellen Gewalt sind nahezu durchgängig Entwertungen, Demütigungen und Schuldzuweisungen an das Opfer. Gemeint sind hier die so genannte Verführung durch das Opfer oder eine Attribution des Opfers mit »Dummheit, Hässlichkeit oder Nutzlosigkeit« (Scherwath & Friedrich, 2012, 40, vgl. auch Hieblinger, 2006, 06.f.) als Rechtfertigung für sexuelle Gewalt. In der pädagogisch-therapeutischen Begleitung ist das Aufdecken dieser Herabwürdigungen ebenso erforderlich wie die Information über körperliche und seelische Reaktionen auf die Erfahrung von sexueller Gewalt.

Grundlegende Informationen über Sexualität und sexuelle Normen in unserer Gesellschaft sind häufig erforderlich, denn viele Opfer haben keine sexuelle Aufklärung erfahren und die Erfahrung der sexuellen Gewalt ist oft die erste und einzige sexuelle Erfahrung.

»Wenn ich ihnen erkläre, was bei sexuellen Übergriffen passiert, hellt ihr Gesicht auf, sie fragen: Hast Du das auch erlebt« (Frau Leber, Begleitender Dienst einer WfbM)?

Aspekte von Bildung, Aufklärung und Information erhalten beim Vorliegen einer kognitiven Beeinträchtigung eine erhöhte Relevanz und sind von der Methodik an das Klientel anzupassen:

> »Diese Psychoedukation ist da ganz wichtig. Ich kann mit sehr einfachen Sätzen erklären, wie das Gehirn funktioniert, was im Kopf passiert, warum das so schwierig ist, über Verletzungen zu sprechen, und das versuche ich aufzumalen, zu erklären. Und ich versuche zu sagen, dass die meisten Reaktionen völlig gesunde, normale Reaktionen sind auf die sehr oft nicht normale Welt. Und ich versuche den Frauen, den Mädchen zu vermitteln, dass sie, wie Jugendliche sagen, schwer in Ordnung sind und die missbräuchlichen Personen sehr schwach, sehr verloren sind und das ist auch die Psychoedukation, den Frauen und den Mädchen zu erklären, warum Menschen die Grenzen sexuell nicht einhalten. Also die Psychoedukation verläuft so, dass ich Einiges erkläre und dann mich erkundige, was angekommen ist und ich dann immer wieder sage, offensichtlich habe ich das nicht gut erklären können« (Frau Kasic, ambulante Beratungsstelle).

Spezifische Anpassungen der Psychoedukation für Menschen mit geistiger Behinderung finden sich bei Lauer & Wüllenweber (2009).

Ressourcenorientierung

Anschaulich beschreibt Irene Hieblinger (2006, 04), welche Relevanz der Ressourcenorientierung in der Therapie mit sexuell traumatisierten Frauen zukommt:

> »Meine Haltung, die im therapeutischen Prozess Ressourcen aktiviert und fokussiert, hilft, dass die Fähigkeit sexuell traumatisierter Frauen, ihr Leben zu meistern, nicht in Vergessenheit gerät. Diese Stärken- und Ressourcenorientierung in der therapeutischen Arbeit, die gleichzeitig auch die Folgen und schweren Beeinträchtigungen durch das Trauma würdigt, halte ich deshalb für so bedeutend, weil sie Betroffene nicht nur auf den Opferstatus reduziert, sondern Klientinnen stärkt, ihre Potentiale beachtet, aktiviert und fördert.«

Dieses Prinzip ist auch bei der Begleitung von kognitiv beeinträchtigten Menschen von hoher Bedeutung. Ressourcen finden sich, wenn Klientinnen beschreiben, wie sie ihren Alltag bewältigen:

> »Ich bin schon so froh, wenn sie mir drei Sachen benennen können, die sie gut können, und ganz oft sagen sie, dass sie hervorragend Eiersalat machen können und dass sie gut Blumen gießen und dass sie inzwischen das Zimmer halbwegs aufräumen können. Für mich ist es wichtig, die Informationen zu dem Alltag zu bekommen, wo sich was erweitert, wo sich was leichter anfühlt, wo sie sich kompetenter vorkommen« (Frau Kasic, ambulante Beratungsstelle).

11.4 Traumabearbeitung

Sowohl in der ambulanten Beratung als auch in der pädagogischen Begleitung ist das primäre Ziel eine tiefgreifende Stabilisierung der Klientinnen. Eine Bearbeitung der unmittelbaren Trauma-Erlebnisse wird meistens dezidiert vermieden und in der stationären pädagogischen Begleitung wird empfohlen, darauf zu achten, dass das Trauma an sich nicht thematisiert wird. Vermieden werden sollen Re-Inszenierungen bzw. Re-Traumatisierungen. Klientinnen, die immer wieder über ihr Trauma sprechen wollen, werden unterbrochen und es wird der Fokus auf stabilisierende Wahrnehmungen gelenkt.

> »Das Ziel ist Stabilisierung. Wir sprechen nicht über die schweren Geschichten« (Frau Reimann, begleitender Dienst einer Komplexeinrichtung).

Wenn Klientinnen zur Traumakonfrontation und Traumabearbeitung bereit sind bzw. sich diese wünschen, werden sie meistens an Fachkliniken überwiesen. In Deutschland gibt es unseren Informationen zufolge einige wenige Fachkliniken, die auch Menschen mit geistiger Behinderung aufnehmen.

Vereinzelt findet jedoch auch eine Traumabearbeitung durch Expertinnen im ambulanten Setting statt. Als Voraussetzungen gelten eine Stabilisierung der Klientin und eine Vorbereitung des sozialen Umfelds.

> »Wenn ich das mit den Bezugspersonen vorbereitet habe, wenn die Bezugspersonen verstanden haben, was die Methodik an sich hat, wenn ich die Sicherheit habe, dass die Person anschließend gut begleitet wird, dann wage ich auch, die Traumata anzuschauen, wenn es gewünscht wird« (Frau Kasic, ambulante Beratungsstelle).

Ein ausführlicher Bericht über die Psychotherapie einer Frau mit geistiger Behinderung, in der nahezu von Anfang an auch die Situationen der sexuellen Gewalt thematisiert werden, findet sich in der Literatur bei Hackenberg (2001).

In der Begleitung sexuell traumatisierter Menschen mit geistiger Behinderung sind viele verschiedene methodische Möglichkeiten als hilfreich erprobt worden. Diese werden in diesem Band in den Artikeln von Cornelia Schulte und Anneke Bazuin beschrieben.

11.5 Pädagogisch-therapeutische Handlungsorientierungen als Quintessenz der Heilpädagogik

Die oben beschriebenen Handlungsorientierungen in der Begleitung sexuell traumatisierter Menschen mit geistiger Behinderung decken sich mit den aktuellen Leitbildern heilpädagogischer und Sozialer Arbeit (vgl. z. B. Hähner, 2013, Scherwath & Friedrich, 2012, 13). Heilpädagogische und Soziale Arbeit zielen in ihrer grundsätzlichen Orientierung auf Sicherheit, auf Achtung und Respekt sowie auf Selbstbestimmung bzw. Empowerment. Das Recht auf Bildung gilt für alle Menschen ohne jegliche Voraussetzungen in Bezug auf Herkunft, Begabung oder Alter. Der Nachweis einer Bildungs- bzw. Lernfähigkeit aller, auch geistig und schwer behinderter Menschen war ein Meilenstein in der Geschichte der Heilpädagogik (vgl. Möckel, 2007). An die Stelle einer Zentrierung auf Defizite ist das Prinzip der Ressourcenorientierung getreten und löst den defizitären Blick auf Menschen zunehmend ab.

So streicht eine Beraterin die Bedeutung der Haltung gegenüber Menschen mit Behinderungen heraus, die nicht nur im pädagogischen Alltag, sondern im Lebensalltag an sich von hoher Relevanz erscheint:

> »Da ist die Haltung vor Ort so wichtig, die Haltung des Teams. Dass man da ins Team eine einheitliche Ansicht und eine gemeinsame Haltung hinbekommt. Das ist mehr wert als eine Stunde Therapie pro Woche, finde ich« (Frau L., Begl. Dienst eines Wohnheims).

In einer konsequenten Konzentrierung auf die beschriebenen Grundsätze kommt deren therapeutischer und heilsamer Effekt zur Geltung. Gleichermaßen erfahren heilpädagogische Leitbilder hier eine besondere Bestätigung und Fundierung.

Literatur

Becker-Fischer, M. & Fischer, G. (2008): Sexuelle Übergriffe in Psychotherapie und Psychiatrie. Orientierungshilfen für Therapeut und Klientin. Kröning: Asanger.
Besser, L. U. (2011): Wenn die Vergangenheit Gegenwart und Zukunft bestimmt. Wie Erfahrungen und traumatische Erlebnisse Spuren in unserem Kopf hinterlassen, Gehirn und Persönlichkeit strukturieren und Lebensläufe determinieren. In: Bausum, J., Besser, L., Kühn, M., Weiß, W. (Hrsg.): Traumapädagogik. Grundlagen, Arbeitsfelder und Methode für die pädagogische Praxis (2. Auflage) (S. 39–54). Juventa. Weinheim. München
Bieri, P. (2013): Eine Art zu leben. Über die Vielfalt menschlicher Würde. München: Hanser.
Bundesvereinigung Lebenshilfe für Menschen mit geistiger Behinderung (2011): Zur Prävention und zum Umgang bei (Verdachts) Fällen von sexuelle Gewalt. Eine Empfehlung der Lebenshilfe für Menschen mit geistiger Behinderung. www.lebenshilfe.de/wData/downloads/stellungnahmen/BVLH/2011-07-15-Empfehlung-Praevention-von-sexueller-Gewalt.pdf). Zugriff am 24.6.2014
Dehmers, J. (2011): Wie laut soll ich denn noch schreien? Die Odenwaldschule und der sexuelle Missbrauch. Reinbek bei Hamburg: Rowohlt.
Gahleitner, S. B. (2013): Das Therapeutische Milieu in der Arbeit mit Kindern und Jugendlichen. Trauma- und Beziehungsarbeit in stationären Einrichtungen (3. Auflage). Köln: Psychiatrie Verlag.
Gathan-Ertl, O. (2011): Barrieren in den Köpfen. Sexuelle Gewalt gegen Frauen und Mädchen mit Behinderungen. Vortrag am 2.7.2011 in München
Hackenberg, W. (2001): »Missbrauchte Behinderte können sich nicht wehren«. Zur psychotherapeutischen Arbeit mit einer geistig behinderten Frau nach sexuellem Missbrauch. In: Geistige Behinderung (40) 2001, 3–13.
Hähner, U. (2013): Von der Verwahrung über die Förderung zur Selbstbestimmung. In: Hähner, U., Niehoff, U., Sack, R. & Walther, H. (Hrsg.): Vom Betreuer zum Begleiter (8. Auflage) (S. 25-52). Marburg: Lebenshilfe Verlag.
Hieblinger, I. (2006): Psychotherapie mit Frauen nach sexueller Traumatisierung. In: Systemische Notizen 04/06, 04–12.
Huber, M. (2010): Der innere Garten. Ein achtsamer Weg zur persönlichen Veränderung (4. Auflage). Paderborn: Junfermann Verlag.
Huber, M. (2012): Trauma und die Folgen. Trauma und Traumabehandlung. Teil 1. (5. Auflage). Paderborn: Junfermann Verlag.

Jeschke, K. & Fegert, J. (2006): Die Sicht des Fachpersonals auf sexuelle Gewalt. In: Fegert, J. et al. (Hrsg.): Sexuelle Selbstbestimmung und sexuelle Gewalt: ein Modellprojekt in Wohneinrichtungen für junge Menschen mit geistiger Behinderung. (315–425). Weinheim u.a.: Juventa.

Kühn, M. (2011): »Macht Eure Welt endlich wieder mit zu meiner«. Anmerkungen zum Begriff der Traumapädagogik. In: Bausum, J., Besser, L., Kühn, M., Weiß, W. (Hrsg.): Traumapädagogik. Grundlagen, Arbeitsfelder und Methoden für die pädagogische Praxis (2. Auflage) (S. 25–37). Weinheim/München: Juventa.

Lauer, U. & Wüllenweber, E. (2009): Psychoedukation. In: Theunissen, G. & Wüllenweber, E. (Hrsg.): Zwischen Innovation und Tradition. Methoden und Handlungskonzepte in der Heilpädagogik. Marburg: Lebenshilfe-Verlag., 370–378.

Lingg, A. & Theunissen, G. (2008): Psychische Störungen und geistige Behinderungen. Ein Lehrbuch und Kompendium für die Praxis (5. überarbeitete Auflage). Freiburg i. B.: Lambertus.

Mattke, U. (2004): »Wir wissen was für dich gut ist!« Soziale Abhängigkeit und Fremdbestimmung bei Menschen mit geistiger Behinderung. In: Wüllenweber, E. (Hrsg.): Soziale Probleme von Menschen mit geistiger Behinderung. Fremdbestimmung, Benachteiligung, Ausgrenzung und soziale Abwertung. Stuttgart: Kohlhammer.

Mattke, U. (2012): Sexuelle Gewalt in (heil-) pädagogischen Beziehungen. Analyse, Forschungsergebnisse, Prävention. In: Teilhabe 3/2012, 109–115.

Mickler, B. (2009): Sexualisierte Gewalt an Mädchen und Jungen mit Behinderung. In: Amyna e.V. (Hrsg.): Sexualisierte Gewalt verhindern. Selbstbestimmung ermöglichen. Schutz und Vorbeugung für Mädchen und Jungen mit unterschiedlichen Behinderungen (2. aktualisierte Auflage). München. 25–39.

Möckel, A. (2007): Geschichte der Heilpädagogik oder Macht und Ohnmacht der Erziehung (2. Auflage). Stuttgart: Klett-Cotta.

Muth, J. (1977): Takt, pädagogischer. In: H. Rombach (Hrsg.): Wörterbuch der Pädagogik (237). Freiburg. Basel. Wien: Herder.

Reddemann, L. (2002): Imagination als heilsame Kraft: zur Behandlung von Traumafolgen mit ressourcenorientierten Verfahren (7. Auflage). Stuttgart: Klett-Cotta.

Scherwath, C. Friedrich, S. (2012): Soziale und pädagogische Arbeit bei Traumatisierung. München. Basel: Ernst Reinhardt Verlag.

Wüllenweber, E. (2000): Krisen und Behinderung: Entwicklung einer praxisbezogenen Theorie und eines Handlungskonzepts für Krisen bei Menschen mit geistiger Behinderung. Bonn: Psychiatrie-Verlag.

Zemp, A. (2010): »Ich bestimme selbst!« Prävention von sexueller Gewalt bei Menschen mit einer Behinderung. In Forum – Sexualaufklärung und Familienplanung. Köln: BzGA, 27–31.

12 Pädagogisch-therapeutische Begleitung sexuell traumatisierter Kinder mit geistiger Behinderung

Cornelia Schulte

12.1 Einleitung

In den letzten Jahrzehnten hat sich die Landschaft der psychiatrischen Versorgung für Menschen mit einer geistigen Behinderung deutlich zum Positiven verändert. Menschen mit Behinderungen werden zunehmend von Psychologen und Psychiatern als Patientenkreis gesehen und es entstehen vielerorts Projekte, die sich für die adäquate Behandlung von Patienten mit einer geistigen Behinderung und psychischen Erkrankungen einsetzen.

Dennoch reicht dieser Prozess nicht aus.

In der täglichen Arbeit mit unseren Klienten erleben wir es immer noch, dass Personen, die von einem therapeutischen Angebot profitieren würden, nur unzureichend oder gar nicht versorgt werden.

Dieser Artikel soll daher dazu beitragen, allen Fachkräften neue Impulse und Handlungsmöglichkeiten in der Begleitung sexuell traumatisierter Kinder und junger Erwachsener anzubieten. Er stellt aber keine Anleitung zur traumatherapeutischen Arbeit dar oder möchte diese gar ersetzen. Da in vielen Fällen aber eine therapeutische Begleitung durch eine Psychiaterin, Psychologin oder eine Traumatherapeutin nicht realisierbar ist, werden hier einige Ideen und Methoden vorgestellt, diese besondere Klientel professionell zu begleiten.

Grundlage dieses Artikels sind meine Erfahrungen als Fachtherapeutin in einer Ambulanz der Kinder- und Jugendpsychiatrie, spezialisiert auf die Behandlung von Patienten mit einer geistigen Behinderung. Im Laufe der Jahre behandelten wir in einem mulitprofessionellen Team, bestehend aus Psychologen, Psychotherapeuten, Psychiatern und Heilpädagogen, viele Kinder mit unterschiedlich schweren kognitiven Beeinträchtigungen und entwickelten dabei Methoden, die die besonderen Bedürfnisse dieser Patienten berücksichtigen.

Zunächst wird anhand eines Fallbeispiels der Verlauf der pädagogisch-therapeutischen Begleitung einer Patientin mit frühen Missbrauchserfahrungen exemplarisch dargestellt, um im Anschluss die darin enthaltenen und weiterführenden Methoden detailliert vorzustellen. Abschließend werden einige wichtige Grundlagen in der Begleitung sexuell traumatisierter Kinder und junger Erwachsener mit einer geistigen Behinderung aufgeführt.

12.2 Fallbeispiel

Lena war zum Zeitpunkt der Therapie 11 Jahre alt. Sie wird mit einem IQ von 65 einer leichten geistigen Behinderung zugeordnet. Lena wurde von der Bezugsbetreuerin ihres Wohnheims vorgestellt, da sie extreme Wutausbrüche und Stimmungsschwankungen zeigte, deren Gründe und Ursachen den Betreuern häufig nicht ersichtlich waren. Sie suchte zudem den Kontakt zu männlichen Jugendlichen und Erwachsenen und zeigte hierbei einen altersuntypischen Umgang mit den Themen Kinderwunsch und Geschlechtsverkehr. Außerdem verhielt sie sich in Beziehungen wechselhaft und war oft zu Beginn eines neuen Kontaktes sehr misstrauisch. Des Weiteren grenzte sie sich heftig von anderen Kindern mit Behinderungen ab und beleidigte diese oft heftig. Lena zeigte zudem selbstverletzende Verhaltensweisen, sie ritzte sich beispielsweise demonstrativ in Anwesenheit der Betreuer. Laut der Betreuer ging es hierbei aber vor allem um aufmerksamkeitssuchendes Verhalten und nicht um einen emotionalen Spannungsabbau. Sie testete stark Grenzen aus und zeigte verschiedene Ängste in Bezug auf ihre Herkunftsfamilie, die sie nicht eigenständig regulieren konnte. Sie sorgte sich beispielsweise sehr um ihre jüngere Schwester, die wieder zurück in die Familie geführt werden sollte.

Zur Vorgeschichte von Lena ist zu sagen, dass sie bis zu ihrem 4. Lebensjahr in ihrer Herkunftsfamilie mit ihren 2 Geschwistern, einem Bruder von 8 Jahren und einer Schwester von 2,5 Jahren, zusammen gelebt hatte. Die leibliche Mutter beschrieb im Rahmen der Aufnahme einer Strafanzeige gegen den Vater die häusliche Situation wie folgt: Der Kindsvater habe beide Kinder und die Mutter vor den Augen der Kinder geschlagen. In die Wohnung wurden wiederholt fremde Personen aufgenommen. Es kam vor den Kindern zu Geschlechtsverkehr und gewalttätigen Handlungen mit diesen Personen und der leiblichen Mutter. Der Vater habe die Geschwister regelmäßig gebadet und dabei die Tür verschlossen. Lena habe des Öfteren im Ehebett neben dem Vater schlafen müssen. Als Lena 4 Jahre alt war erfolgte eine Inobhutnahme aller im Haushalt lebender Kinder durch das Jugendamt. Lena kam im Zuge dessen in eine stationäre Wohngruppe für Kinder mit einer geistigen Behinderung. Die Geschwister wurden in einem anderen Kinderheim aufgenommen.

Zum weiteren Entwicklungsverlauf von Lena gebe ich einen kurzen Überblick über Einschätzungen der Betreuer des Wohnheims sowie aus Berichten von verschiedenen Einrichtungen, Fachärzten und Therapeuten.

Kindergarten und Schule

Im Kindergarten und zu Beginn der Schulzeit zeigte Lena ein sehr distanzloses Verhalten. Sie klammerte sich an Erzieher, an andere Kinder und respektierte kaum Grenzen. Sie zeigte verschiedene Ängste, z. B. Angst vor neuen Situationen, neuen Räumlichkeiten, fremden Personen, vor Dunkelheit u. a. Sie präsentierte ein heftiges, gewalttätiges Spiel mit Puppen, in dem sie sexuelle und gewalsame Situationen mit den Puppen nachspielte. Zu dem zeigte sie eine nicht altersentsprechende emotionale und soziale Entwicklung, die sich in einer nicht angemessenen Emotionsregulation, durch Schwierigkeiten in der Kontaktaufnahme mit anderen Kindern und Erwachsenen, durch ein unsicher gebundenes und ambivalentes Bindungsverhalten und ein nicht altersentsprechendes Spielverhalten äußerte. Auch in der sprachlichen Entwicklung konnten deutliche Entwicklungsrückstände beobachtet werden. Die Erzieher beschrieben außerdem einen altersuntypischen Wortschatz und Sprachgebrauch, z. B. benutzte sie anstatt der für Kinder typischen Umschreibungen Wörter wie Scheide, Fotze, Penis und ähnliche.

Jugendamt

Die Fachkräfte aus dem Jugendamt beschrieben eine schwere psychosoziale Störung mit wechselhaftem Verhalten bei Lena. Nach einiger Zeit in der Wohngruppe wurden begleitete Besuchskontakte mit den leiblichen Eltern durchgeführt. Besonders auffälliges Verhalten zeigte Lena nach diesen Besuchskontakten. Sie war danach zunehmend unruhiger und zeigte selbstverletzendes sowie sexualisiertes Verhalten, welches sich unter anderem durch sich selbst und andere Kratzen und Beißen äußerte.

Therapeuten, Fachärzte

Lena suchte ein hohes Maß an Selbstbestimmung bei bestehender Stimmungslabilität und Impulsivität. Sie zeigte ein unsicheres Bindungsverhalten sowie eine misstrauische und wechselnde Kontaktaufnahme, Störung der sozialen Interaktion sowie deutliche Anzeichen von Deprivation. Ihre Grob- und Feinmotorik und ihr rezeptives Sprachverständnis erschienen im Wesentlichen altersgemäß. Zusätzlich wurde eine rezeptive Sprachstörung und eine erhebliche Störung der aktiven Sprache diagnostiziert. Es bestand zudem der Verdacht auf eine Wahrnehmungsstörung. Des Weiteren zeigte sie im Spiel Wiederholungen von verletzenden, zerstörenden und sexualisierten Szenen mit Puppen.

Berichte aus der Wohngruppe

Lena sei in der Zeit nach der Aufnahme in die Wohngruppe extrem verhaltensauffällig gewesen. Sie zeigte massives sexualisiertes Verhalten, Auffälligkeiten in der sprachlichen, sozialen, emotionalen und in der kognitiven Entwicklung. Sie spielte wiederholt sexualisierte Szenen nach und untermalte diese mit einem für ihr Alter nicht angemessenen Vokabular. Besonders während der Pflege z. B. beim Windelnwechseln kam es zu heftigen Angst- und Wutreaktionen und sexualisiertem Verhalten. Sie hielt beispielsweise ihre Beine weit auseinander gestreckt und führte sich ihre Finger oder andere Gegenstände vaginal ein. Dieses, für die Betreuer nur schwer zu verarbeitende Verhalten, schwächte sich aber mit der Zeit sukzessive ab. Sie zeigte auch verschiedene Ängste wie Dunkelangst und Angst vor neuen Situationen. Zudem verletzte sie selbst, meist nach Wutausbrüchen oder wie oben beschrieben nach Besuchskontakten zu den leiblichen Eltern. Im Alter von 7 Jahren bis zum heutigen Zeitpunkt hatten sich Lenas sprachliche Fähigkeiten deutlich gebessert, auch zeigte sie kaum noch sexualisierte Verhaltensweisen. Die Bindungsprobleme, die verschiedenen Ängste und die Wutausbrüche sind allerdings immer noch Thema.

12.3 Pädagogisch-therapeutische Begleitung

Ziele

Im gemeinsamen Gespräch mit der Bezugsbetreuerin, der Klassenlehrerin sowie der behandelnden Psychologin wurden für die therapeutische Begleitung von Lena folgende Ziele formuliert:

Kennenlernen und Vertrauensaufbau
Erstellung des Therapieplans
Emotionale Stabilisierung
Förderung des Sozialverhaltens und der Emotionsregulation
Verminderung von selbstgefährdenden, sexualisierten Verhaltensweisen
Entwicklung von Handlungsstrategien zum Umgang mit Emotionen wie Angst, Wut usw.

Rahmenbedingungen

Ein wichtiger Grundpfeiler der Therapie bestand aus der Arbeit mit der Wohngruppe, dem Familienunterstützenden Dienst und der Schule. Alle drei Monate wurde regelmäßig eine gemeinsame Besprechung der aktuellen Situation und des Therapieverlaufes durchgeführt. Zudem gab es jede Woche vor oder nach der Therapie eine kurze Rückmeldung der Betreuer zur Stimmung von Lena und aktuellen Themen. Die Therapie fand ein Mal wöchentlich für eine Dreiviertelstunde statt.

Therapieverlauf

Der Einstieg in die Therapie beinhaltete eine intensive Phase des Vertrauensaufbaus und des Kennenlernens. Diese Phase war anfänglich geprägt durch eine deutliche Ablehnung des therapeutischen Settings seitens Lenas. Im weiteren Verlauf unterlag Lenas Stimmung und ihr Bindungsverhalten heftigen Schwankungen. In manchen Stunden wollte sie sich kaum verabschieden und verlangte zwei Termine pro Woche oder wünschte sich, zu Hause und in der Schule besucht zu werden. In der

Stunde darauf konnte diese Hochstimmung wieder umschlagen und sie zeigte sich erneut verschlossen und misstrauisch. Ich nahm während der gesamten Zeit Lena gegenüber eine freundliche und emotional ausgeglichene Haltung ein, um ihr ein Gefühl von Sicherheit und emotionaler Beständigkeit zu bieten. Durch diese Haltung konnte sich Lena durchgängig darauf verlassen, sich angenommen und willkommen zu fühlen, ohne dass dies von ihrem Verhalten abhängig gemacht wurde. Diese Umgangsweise bildete in der gesamten Therapie die Grundlage für den Aufbau einer vertrauensvollen Beziehung. Für Lena bestand der positive Lerneffekt darin, sich akzeptiert und angenommen zu fühlen, auch wenn sie es nicht schaffte sich angepasst zu verhalten. Für die Anbahnung einer emotionalen Stabilisierung war es zunächst unerlässlich, die eigenen Gefühle anzunehmen und nicht diese zu vermeiden. Wutausbrüche und Trauer waren also erwünscht, um an und mit diesen Emotionen zu lernen. Neben dem Vertrauensaufbau wurde in der Kennenlernphase gemeinsam mit Lena und ihrer Bezugsbetreuerin ein Therapieplan erstellt. Dieser wurde von Lena, ihrer Bezugsbetreuerin und mir gemeinsam gestaltet. Zunächst durfte jeder seine eigenen Wünsche für die Therapie formulieren. Lenas Bezugsbetreuerin wünschte sich, dass Lena selbstbewusster werden sollte und lernen sollte, ihre Wut und Trauer angemessen auszudrücken. Lena suchte sich als wichtigstes Ziel aus, nicht genervt zu werden. Sie erarbeitete mit meiner Hilfe hierfür ein Stoppsignal, das sie einsetzen konnte, wenn sie eine Pause benötigte. Meine Ziele waren pro Sitzung ein gemeinsames Spiel und dass wir über Ängste und Sorgen sprechen können. Zudem legten wir Tabuthemen fest, über die in der Therapie nicht gesprochen werden sollte und vereinbarten einen rituellen Ablauf: Begrüßung, ein Wunsch von Lena, ein Vorschlag von mir und ein gemeinsames Spiel zum Abschluss. Dies diente unter anderem dazu, dass Lena lernen sollte, ihre eigenen Bedürfnisse und Wünsche wahrzunehmen und angemessen einzufordern.

Im Anschluss an die Kennenlernphase und die Erstellung des Therapieplans begann die eigentliche therapeutische Arbeit mit Lena. Zunächst erarbeiteten wir anhand von verschiedenen Materialien die grundlegenden Emotionen wie Traurigkeit, Wut, Angst und Glücklich-Sein. Lena arbeitete hier am liebsten mit dem Gefühlebuch und dem Gefühlespiel. Ihr gelang es zu Beginn kaum, von ihren eigenen Emotionen zu berichten, weshalb sie es vorzog, mittels der Bücher und Spiele die Emotionen anderer Kinder zu erforschen. Nach und nach erarbeiteten wir in der Therapie den Einsatz von Emotionskarten. Mittels dieser Karten gestalteten wir nun die Begrüßung. Jeder sollte zu Beginn eine oder mehrere Karten auswählen, die abbildeten, wie wir uns an diesem Tag fühlten. Lena konnte sich mit der Zeit gut auf diese Methode einlassen, ihr war es dabei immer sehr wichtig, dass zuerst ich ehrlich und offen von meinen Gefühlen sprach. Im zweiten Schritt erarbeiteten wir gemeinsam mithilfe des Gefühlebuchs und des Gefühlespiels, welche Handlungs- und Ausdrucksmöglichkeiten uns zur Emotionsregulation zur Verfügung stehen. Auch hier gelang es Lena gut, dies im Spiel für andere Kinder zu formulieren. Der Schritt, diese Handlungsmöglichkeiten auf sich selbst zu beziehen, dauerte wesentlich länger an und war nur in enger Abstimmung mit der Wohngruppe und Schule möglich. Wir erarbeiten zudem gemeinsam einen Kummerkasten, in den Lena regelmäßig Bilder oder kurze Texte legen konnte, die ihre Sorgen und Ängste abbildeten. Dies stellte sich für Lena als eine gute Lösung dar, da sie es nicht immer schaffte, ihre Sorgen und Ängste im Dialog zu verbalisieren.

Wir erstellten für Lena ebenso einen Notfallkoffer mit Hilfsmitteln und Fähigkeiten, die sie anwenden konnte, wenn sie wütend oder traurig war. Hierzu gehörten beispielsweise: Bei Wut gegen Wände treten, laut schreien, etwas zerreißen oder bei dem Wunsch nach selbstverletzendem Verhalten sich mit duftendem Haut-Öl die vernarbtem Arme eincremen, ein Gummiband, welches sie um das Handgelenk legte und auf die Haut fletschen lassen konnte, u. a.. Hier zeigte sich erneut, wie wichtig die enge Begleitung durch die Betreuer der Wohngruppe war, denn durch die Unterstützung ihrer Betreuer gelang es ihr, ihre Anspannung mit den erlernten Methoden adäquat umzulenken und zu regulieren.

In den quartalsmäßigen Verlaufsgesprächen wurden diese Methoden auch mit der Klassenlehrerin von Lena besprochen. An dieser Stelle zeigte sich, dass sich Lena in der Schule eher introvertiert, gehemmt und sozial sehr angepasst verhielt.

Etwa nach sechs bis neun Monaten versuchte ich, mit Lena aktuelle Themen im Rollenspiel zu bearbeiten. Ihr machte zu dieser Zeit große Angst, dass ihre jüngere Schwester wieder in die Herkunftsfamilie zurückkehren sollte. Lena konnte sich sehr gut auf die Methode des Rollenspiels einlassen. Wir legten hierfür zu Beginn der Spielphase einige Regeln fest (siehe: Abschnitt Rollenspiel). Lena setzte sich im freien Rollenspiel sehr intensiv mit der aus ihrer Sicht bestehenden Bedrohung für ihre Schwester auseinander. Sie spielte nach, wie ihre Schwester wieder im Haus ihrer Familie leben würde und sie gemeinsam Fallen für ihren Vater bauen würden. Ihrer Kreativität waren hierbei keine Grenzen gesetzt. Lena nutzte das Rollenspiel als Chance, ihre eigene Geschichte emotional umzuschreiben. Im Spiel wurde Lena nun in die Lage versetzt, die Rollen fiktiv zu tauschen. Sie konnte sich als stark und machtvoll erleben und ihren Vater ein ums anderen Mal in die Rolle des »Ohnmächtigen« versetzen. Sie schmiedete Pläne und entwickelte immer komplexere Möglichkeiten, sich und ihre Schwester vor dem Zugriff durch den Vater zu schützen. Parallel zu ihrem emotionalen Empfinden im Spiel konnte sie sich auch in der realen Welt als selbstbestimmt und selbstwirksam erleben. Da Lena so positiv auf die Methode des Rollenspiels reagierte, näherten wir uns mit dieser Methode langsam ihrer Gefühlswelt. Lena zog es aber weiterhin vor, über die Gefühle anderer zu sprechen. Um es Lena zu ermöglichen, in ihrem eigenen Tempo den Verlauf der Therapie zu bestimmen, wählte ich eine Kombination beider Elemente. Wir lasen deshalb gemeinsam Geschichten über Kinder, die verschiedene belastende Situationen erlebt hatten. Die Geschichten ähnelten teilweise stark ihren eigenen Erfahrungen und zeigten ihr, dass sie mit ihren Erfahrungen nicht allein war. Die Geschichten der anderen Kinder spielte sie häufig nach dem Lesen im Rollenspiel mit mir nach. Hierbei testete sie alle Rollen und Emotionen nach und nach aus. So konnte Lena Schritt für Schritt einen Zugang zu ihren eigenen Emotionen finden und lernen, diese zu steuern. Im weiteren Verlauf erarbeiteten wir uns auf Grundlage der Erfahrungen im Spiel, Möglichkeiten ihre Emotionen wie Trauer, Angst und Wut wahrzunehmen und angemessen zu regulieren. In dieser Phase arbeiteten wir sehr eng mit der Schule und der Wohngruppe zusammen, um alltagstaugliche Lösungen für Lena zu finden. Sie konnte beispielsweise immer über einen Stapel alter Bücher und Zeitungen verfügen, die sie bei Wutausbrüchen zerreißen konnte. Über die Zeit lernte Lena auch, ihre tiefsitzenden Ängste im Spiel und im Gespräch ihrer Bezugsbetreuerin mitzuteilen und gemeinsam an Lösungsmöglichkeiten dafür zu arbeiten.

Nachdem Lena emotional sehr viel stabiler geworden war und einige Fortschritte in der Emotionsregulation gemacht hatte, konnten wir uns in der Therapie dem Themenkomplex Sexualität und Partnerschaft nähern. Lena zeigte von Beginn an ein außergewöhnlich starkes und für ihr Alter untypisches Interesse am anderen Geschlecht. Sie berichtete im Verlauf mehrfach von dem Wunsch, Mutter zu werden und mit ihrem Freund Geschlechtsverkehr zu haben. Die oben beschriebenen sexualisierten Verhaltensweisen, die sie noch während der Kindergartenzeit zeigte, waren aber deutlich zurückgegangen. So zeigte sie zu Beginn der Therapie kaum noch sexualisierte Verhaltensweisen. Ihre Auseinandersetzung mit dem Thema hatte sich auf eine sprachliche Ebene verlagert. Im Verlauf der nächsten Monate erarbeitete sich Lena, anhand von Körperübungen, ein besseres Körperempfinden. Sie lernte ihren Körper und sich selbst bewusster wahrzunehmen und als ihr zugehörig zu erfahren. Wir begannen mit einfachen Entspannungs- und Aktivierungsübungen sowie dem Entwerfen von Körperbildern. Es zeigte sich, dass Lena in ihrer Körperwahrnehmung stark eingeschränkt war. Ihr fiel es besonders schwer, sich zu entspannen und Momente der Ruhe auszuhalten. Zusätzlich zur Arbeit in der Therapie wurde für Lena eine motopädische Therapie angebahnt. Durch diese Übungen und die Mototherapie lernte Lena ihren Körper als etwas Wertvolles und Schönes zu erleben. Da sich Lena nach wie vor für ihre eigene Sexualität interessierte, begannen wir das Thema sexuelle Aufklärung, in kindgerechter Art und Weise, zu erarbeiten. Arbeitsmaterialien hierzu entnahm ich den Büchern »Kein Küssen auf Kommando/Kein Anfassen auf Kommando« und »Sexualpädagogische Arbeitsmaterialien für die Arbeit mit geistig behinderten Menschen« (siehe Literaturverzeichnis). Wir besprachen verschiedene Formen der Beziehungsgestaltung, da Lena lernen sollte, dass nicht alle Beziehungen mit einer körperlichen bzw. sexuellen Komponente verknüpft sein müssen. Da Lena wahrscheinlich ihre frühesten Bindungserfahrungen in Zusammenhang mit körperlichen Übergriffen gemacht hat, hatte sie gelernt, dass Liebe, Zuneigung und Geborgenheit häufig an sexuelle Handlungen gebunden waren. Für sie wird es daher ein lebenslanger Lernprozess sein, dass enge Beziehungen zu anderen auch ohne ein Anbieten der Sexualität oder des Körpers gestaltet werden können. Wir erarbeiteten also gemeinsam, wie angenehme Beziehungsmuster für Lena aussehen können. Lena gestaltete Körperbilder, mittels derer sie festlegte, wer sie wo und wann berühren durfte. Wichtig war es ihr, ihre Bezugsbetreuerin regelmäßig in den Arm zu nehmen und z. B. gemeinsam auf dem Sofa zu kuscheln. Bei ihrem Freund wurde schnell klar, dass ihr Berührungen im Intimbereich unangenehm sind, sie aber einen Kuss auf die Wange, wenn sie den Zeitpunkt selbst bestimmen konnte, als angenehm empfand. Nach Abschluss dieses Themenkomplexes wurde das Ende der Therapie mit Lena und der Wohngruppe vorbereitet.

Abschluss der Therapie

Nach ca. 1 ½ Jahren beendeten wir die Therapie. Zunächst fanden die Therapiestunden nur noch alle zwei Wochen statt, danach für 3 Monate einmal im Monat. In der letzten Stunde wurde gemeinsam Abschied gefeiert. Für die Wohngruppe und Lena stellte sich der Abschied recht schwer dar, da Lena immer noch herausfordernde Verhaltensweisen und verschiedene Ängste zeigte. Allerdings waren die Betreuer und Lena nun in der Lage, die meisten Schwierigkeiten mit den erlernten Methoden eigenständig zu bearbeiten und zu lösen. Es fanden auch weiterhin alle drei Monate Gespräche in unserer Ambulanz statt, um den weiteren Entwicklungsverlauf von Lena zu begleiten und gegebenenfalls bei neuen Herausforderungen schnell eingreifen zu können.

Es zeigte sich aber, dass die Wohngruppe und Lena gut in der Lage waren, auch mit neuen Schwierigkeiten adäquat umzugehen.

12.4 Methoden und Materialen

In diesem Abschnitt möchte ich die im Therapieverlauf kurz vorgestellten Methoden detaillierter erläutern, um eine Adaption der Methoden in verschiedene Arbeitsbereiche zu ermöglichen. Natürlich ist die Liste der vorgestellten Methoden nicht vollständig und nicht alle Methoden sind in der dargestellten Form in der Forschung oder Literatur schon beschrieben und evaluiert worden. Einige der Methoden sind im Verlauf der Therapie von mir und meinen Kollegen entwickelt worden oder es sind bestehende Methoden soweit verändert worden, dass sie den Bedürfnissen von Menschen mit einer geistigen Behinderung entsprechen.

Therapieverträge

Der Therapievertrag dient dazu, alle Personen in die Gestaltung der Therapie aktiv miteinzubeziehen. Der Patient soll sich von Beginn an als selbstwirksam und kompetent erleben. Zudem ist er ein bedeutendes Instrument zur Sicherung der Motivation der Patienten. Der Therapievertrag sollte immer die bedeutendsten Wünsche der involvierten Personen beinhalten, er bietet aber auch die Möglichkeit, Themen auszuschließen. Ich habe die Patienten immer auch dazu ermuntert, Tabuthemen zu benennen oder Regeln für Themen zu bestimmen. Beispielsweise hatte eine junge Frau mit Behinderung Schwierigkeiten, über das »Verliebt-Sein« zu sprechen, sie legte fest, dass nur sie das Thema anschneiden durfte und jederzeit ein Gespräch darüber abbrechen konnte, ohne dass ich weiter darauf einging. Zudem habe ich den Therapievertrag genutzt, um einen ritualisierten Stundenaufbau gemeinsam zu planen. Gerade für Menschen mit einer Behinderung kann es hilfreich sein, sich an gleichbleibenden Regeln und Ritualen »festzuhalten«. Ein Therapievertrag sollte aber auch immer flexibel gehandhabt werden und neue aktuelle Themen mit aufnehmen. Wir haben beispielsweise die quartalsweise stattfindenden Beratungsgespräche dazu genutzt, den Therapieplan mit allen zu diskutieren und weiterzuentwickeln (vgl. Herman 2003, S. 203 f.).

Emotionen und Emotionsregulation

In der pädagogisch-therapeutischen Arbeit mit Menschen mit und ohne Behinderung nehmen die Wahrnehmung und der Umgang mit den eigenen Emotionen viel Raum ein. In der Begleitung von Menschen mit Behinderungen sehen sich die Fachkräfte mit der gesamten Bandbreite an Emotionen, die uns Menschen eigen sind, konfrontiert. Häufig kommt aber erschwerend hinzu, dass diese Patienten in ihrer Wahrnehmung und Kommunikationsfähigkeit eingeschränkt sein können. Das Erlernen eines intuitiven Umgangs mit den eigenen Emotionen kann sich auf Grund dessen als schwieriger erweisen. Ich habe beobachtet, dass meist zwei Formen des emotionalen Ausdrucks besonders hervorstechen. Diese müssen sich aber nicht ausschließen und können auch bei ein und derselben Person gleichermaßen vorhanden sein. Ich meine damit einerseits einen eher zurückhaltenden und introvertierten emotionalen Ausdruck, bei dem die Patienten ihre Emotionen nicht offen zeigen und Probleme haben, ihre Bedürfnisse, Sorgen, Ängste im Gespräch zu äußern. Andererseits kann ein eher extrovertierter und kaum regulierter Ausdruck von Emotionen gezeigt werden. Hierbei bestehen die Schwierigkeiten unter anderem in einer mangelnden Impulskontrolle. Bei Menschen mit Behinderungen, die zusätzlich eine traumatische Erfahrung durch einen sexuellen Missbrauch erlebt haben, ist ein sensibler Umgang mit der emotionalen Befindlichkeit der Patienten von größter Wichtigkeit.

Ich stelle im Folgenden nun einige Methoden vor, die den Zugang, die Wahrnehmung und die Regulation der eigenen Emotionen positiv unterstützen können. Es sollte aber immer vor der Inanspruchnahme dieser Methoden in einem ausführlichen diagnostischen Prozess erarbeitet werden, ob der Patient emotional stabil genug ist, mit den eigenen Emotionen konfrontiert zu werden und auf welchem Stand er sich in der emotionalen Entwicklung befindet.

Bücher

- Ich und meine Gefühle! Emotionale Entwicklung für Kinder ab 5 von H. Kreul
- Wohin mit meiner Wut? Emotionale Entwicklung für Kinder ab 5 von D. Geisler
- Der Kummerkönig, Buch und Ratgeber zum Umgang mit schwierigen und gewalttätigen Lebenssituationen von Kindern, von L. Keune-Sekula und F. Becker

Diese Bücher habe ich, wie im Therapieverlauf beschrieben, zu unterschiedlichen Zwecken eingesetzt. Meiner Ansicht nach eignen sich alle Bücher sehr gut, um Grundemotionen anhand von Beispielgeschichten anderer Kinder kennenzulernen. Besonders bei Kindern und Jugendlichen, die Schwierigkeiten haben, über ihre eigenen Gefühle zu sprechen, kann es gerade zu Beginn sehr hilfreich sein, mittels einer Beispielgeschichte die Kinder auf die Therapie vorzubereiten.

Spiele

Kosmolino Spiel: Fröhlich oder traurig ... wie zeigst du Gefühle?

Dieses Spiel habe ich häufig zur Diagnostik genutzt. In dem Spiel gibt es zwei Spielflächen, auf denen Kinder in den unterschiedlichsten Situationen abgebildet sind. Einige Kinder spielen gemeinsam ein Spiel und freuen sich, während andere Kinder traurig sind, da sie ausgeschlossen werden. Wieder andere Kinder sind wütend oder ängstlich. Mit Hilfe von Bildkarten können zunächst die Emotionen der Kinder erraten und benannt werden. Hierdurch kann die Begleitperson erfahren, welche Emotionen der Patient kennt und ob er diese an Hand von Gestik und Mimik oder der Situation interpretieren kann. Weiterhin nutzte ich das Spiel dazu, spielerisch zu erarbeiten, welche Lösungsmöglichkeiten es in den verschiedenen Situationen gibt: Wie kann man sich verhalten, wenn ein Kind traurig ist, da es ausgeschlossen wird? Es könnte sich an andere Kinder oder einen Erwachsenen wenden und um Hilfe bitten o.ä. Diese Erfahrungen lassen sich in einem zweiten Schritt auf konkreten Situationen der Patienten übertragen.

Skalen

Skalen können in den unterschiedlichsten und kreativsten Formen dazu verwendet werden, Emotionen in ihrer qualitativen Ausprägung sichtbar zu machen. Aus therapeutischen Zusammenhängen sind beispielsweise Skalen zur Einschätzung des Angstgefühls bekannt. Bei Menschen mit Behinderung habe ich die Erfahrung gemacht, dass es sehr hilfreich sein kann, so viel wie möglich zu visualisieren und somit leichter nachvollziehbar zu machen. Die Skalen bieten durch ihre vielseitigen Anwendungsgebiete eine tolle Möglichkeit, auch positive Verläufe für Patienten sichtbar zu machen. Es müssen hierbei nicht nur die bekannten Skalen mit Zahlen verwandt werden, sondern es sollen vielmehr nach den Fähigkeiten der Patienten eigene Formen und Varianten erstellt werden, beispielsweise über Abbildungen von traurigen und lächelnden Smileys, über selbstgemalte Bilder oder auch Fotos. Ich habe häufig die Erfahrung gemacht, dass diese Karten auch in den Kindergärten und Schulen verwandt werden. Um die Patienten nicht zu verwirren und die gleiche Symbolik zu verwenden, halte ich es für angebracht, bestehende Systeme aufzugreifen. Der Patient hat durch die Nutzung der individuellen Skalen nicht nur die Möglichkeit, seine aktuelle emotionale Befindlichkeit auszudrücken, er kann zudem beurteilen, wie hilfreich er eine, in der Therapie angewandte Methode empfindet. Auf diese Weise kann man den Fortschritt in der Therapie nachvollziehen und für alle sichtbar zu machen.

Emotionskarten

Vor der Arbeit mit Emotionskarten sollte immer eine diagnostische Phase eingeleitet werden, um zu eruieren, auf welchem Stand in der emotionalen Entwicklung sich der Patient befindet. Hierzu können folgende Fragen hilfreich sein:

- Kennt der Patient grundlegende Emotionen wie Freude, Trauer, Wut und Angst?
- Kann er diese Emotionen bei sich selbst wahrnehmen und benennen?
- Kann er diese Emotionen bei anderen wahrnehmen und benennen?
- Welche bewussten und unbewussten Strategien zur Emotionsregulation zeigt der Patient?

Über diese Fragen kann festgestellt werden, auf welchem Niveau die Emotionskarten eingesetzt werden können. Ich habe beispielsweise bei einem Patienten über einen Zeitraum von 3 bis 6 Monaten mit nur zwei Karten, einem traurigen und einem lachenden Gesicht, gearbeitet. Diese habe ich unter anderem für eine ritualisierte Einstiegsrunde genutzt. Dabei hat er durch das Antippen einer Karte ausdrücken können, in welcher Stimmung er sich befindet. Bei anderen Patienten hat es sich als hilfreich herausgestellt, mit einfachen Emotionskarten zu beginnen und nach und nach differenziertere Karten hinzunehmen. Besonders hilfreich sind die Karten bei Patienten, die Schwierigkeiten haben, offen über ihr emotionales Befinden zu sprechen und sich durch die Karten eher trauen, auch negativ bewertete Emotionen zu äußern. Die Karten eignen sich nicht nur für eine Abfrage der Emotionen, sondern auch dazu, spielerisch neue Emotionen zu entdecken.

Eine Spielvariante, die ich häufig verwandt habe, ist das »Emotionsmemory«. Hierbei wurden Fotos von Gesichtern, die unterschiedliche Emotionen zeigen, auf der einen Seite ausgebreitet und die dazu passenden Emotionskarten auf der anderen Seite. Die Aufgabe bestand darin, die Emotionskarten den Gesichtern zuzuordnen. Dieses Spiel eignet sich auch gut für die Arbeit mit Kleingruppen.

Der Kummerkasten

Den Kummerkasten entwickelte ich mit einer Patientin gemeinsam im Verlauf der Therapie. Wie oben beschrieben, dient er dazu, Sorgen und Ängste mitzuteilen und zu bearbeiten, ohne diese im Gespräch offen ansprechen zu müssen. Für jeden Patienten, der diese Methode nutzen sollte, wurde ein eigener Kummerkasten in gemeinsamer Arbeit angefertigt. Bei der Gestaltung des Kummerkastens sollten dem Patienten immer alle kreativen Freiheiten gewährt werden. Es muss nicht darum gehen, ihn besonders schön oder aufwendig zu gestalten, wenn dies nicht dem Wunsch des Patienten entspricht. Für die, die sich von einer Bastelarbeit eher abschrecken lassen, genügt auch eine schlichte, gekaufte Box. Für den Umgang mit dem Kummerkasten entwickelte ich für jeden Patienten eigene Regeln, die dazu dienten, dem Patienten Sicherheit zu geben. Diese Regeln sollten immer mit dem Patienten gemeinsam erarbeitet werden und sind individuell unterschiedlich. Beispielsweise wurde bei einigen Patienten der Kummerkasten in den ritualisierten

Ablauf einer jeden Therapie mit eingebaut: Der Kummerkasten wurde immer zum Abschluss der Therapie hervorgeholt und zur Auswahl gestellt, ob der Patient etwas daraus hervorholen möchte, um darüber zu sprechen, oder ob er einen Brief oder ein Bild hineinlegen möchte. Bei anderen Patienten wurde der Kummerkasten nur auf Nachfrage oder Angebot miteinbezogen. Bei einem Patienten gab es beispielsweise die Regel, dass ich nie in den Kummerkasten sehen durfte und während der Patient einen Brief für den Kummerkasten schrieb, ich mich nicht im selben Raum aufhalten sollte. Wichtig ist, dass der Patient sich sicher fühlt, dass seine Geheimnisse in dem Kummerkasten gewahrt werden und er nicht dazu gezwungen wird, über etwas zu sprechen, zu dem er noch nicht bereit ist. Es kann für die Patienten schon eine Erleichterung bedeuten, ihre Sorgen und Ängste aufzuschreiben oder zu malen und danach zu verschließen, ohne dass diese im Detail besprochen werden müssen.

Rollenspiele

Das Rollenspiel bietet, wie in dem Fallbeispiel ausführlich beschrieben, einen einzigartigen Zugang zur emotionalen Welt des Kindes oder des Jugendlichen. Besonders für die Arbeit mit Menschen mit einer geistigen Behinderung kann das Rollenspiel eine hervorragende Methode bieten, Emotionen zu erfahren und zu erarbeiten, zu denen sprachlich kaum ein Zugang besteht.

> »Im freien Spiel zeigt das Kind also nicht, was von ihm erwartet wird, sondern nach was ihm zumute ist« (Weinberg 2011, S. 147).

Weinberg beschreibt in ihrem Buch »Traumatherapie mit Kindern«, von welch existenzieller Bedeutung das Spiel für Kinder ist. Die Kinder und Jugendlichen schaffen sich im Spiel eine so genannte »zweite Realität«, in der sie die Herausforderungen des realen Lebens oder auch der »ersten Realität« spielerisch meistern können. Besonders das Rollenspiel bietet daher allen die Möglichkeit, ihrer inneren Verwirrung und ihren Ängsten Ausdruck zu verleihen und ins Handeln zu kommen, auch wenn ihnen dies beispielsweise in der ersten Realität verwehrt ist. Das freie Spiel und das Rollenspiel sollten, wenn sie in der geplanten, pädagogisch-therapeutischen Begleitung angewandt werden, nicht unreflektiert und ohne Regeln eingesetzt werden. Wie in meinem Fallbeispiel im vorigen Kapitel beschrieben, bilden diese Regeln den sicheren Rahmen, in dem sich das Kind frei im Spiel entfalten kann. Weinberg schlägt hierzu folgende Regeln vor:

1. Wir tun uns nicht gegenseitig weh
2. Wir machen nichts kaputt
3. Ich lasse mich nicht abwertend anreden oder behandeln
4. Jeder darf seine Rolle verlassen, wenn er sich nicht mehr wohlfühlt

(Weinberg 2005, S. 166).

Im Fallbeispiel Lena nutzte ich das Rollenspiel, um mit ihr gezielt Ängste und Sorgen zu bearbeiten. Durch die Erfahrungen im Spiel lernte Lena, sich selbst zu bemächtigen und ihre innere Gefühlswelt nach außen zu tragen, ohne in einem Gespräch dazu gezwungen zu werden. So kann man die natürlichen gegebenen und intuitiven Bewältigungsstrategien von Kindern gezielt für den Heilungsprozess in der Therapie nutzen. Bei einem weiteren Patienten, der eine Traumatisierung durch Vernachlässigung und Verwahrlosung erlitten hatte und kaum über eine aktive Sprache verfügte, spielten wir mehrere Monate verschiedene Alltagssituationen nach, die ihm ansatzweise seine fehlenden Erfahrungen des Geborgenseins und des Vertrauens zurückgaben. Er spielte häufig eine »Zu Bett geh Situation« nach. Er wollte dann mit mehreren Kissen und Decken zugedeckt werden, suchte sich ein Schlaflied oder eine Geschichte aus, die ich vorsingen bzw. lesen sollte, und forderte ein, dass ich solange neben ihm saß, bis er von selbst das Spiel beendete.

Diese kurzen Beispiele sollen einen kleinen Einblick darin geben, wie vielfältig das Rollenspiel in der Arbeit mit traumatisierten Kindern genutzt werden kann.

Sichere Orte

> »Traumatisierte Kinder und Jugendliche brauchen Sicherheit.«
> (Tammerle Krancher, 2009, S. 45).

Dies gilt umso mehr für Menschen mit einer geistigen Behinderung. Sie sind häufig noch weniger in der Lage, sich eigenständig eine sichere Umgebung zu schaffen. Der Sichere Ort ist ein in der Traumatherapie anerkanntes Konzept, dessen Wirksamkeit auch durch neurobiologische Forschung gesichert ist. Es wird hierbei grundsätzlich zwischen dem inneren und äußeren Sicheren Ort unterschieden.

> »Der äußere Sichere Ort ist für traumatisierte Kinder und Jugendliche eine unabdingbare Voraussetzung, um sich auch auf innere Sichere Orte einlassen zu können« (Tammerle Krancher 2009, S. 46).

Für Kinder und Jugendliche, die in einer Institution leben, stellt der äußere Sichere Ort einige Bedingungen an die Fachkräfte. Dazu gehört, dass es keinen Kontakt zu den Tätern geben darf, es ein stabiles Betreuerteam gibt und dass die Fachkräfte zum Thema Trauma geschult wurden. Als Bedingungen für den Einsatz des Sicheren Ortes in der Therapie gelten zudem ein stabiles Umfeld (äußerer Sicherer Ort), eine vertrauensvolle Beziehung zu einer Bezugsperson, Vertrauen in die eigene Handlungsfähigkeit, Selbstvertrauen und die Fähigkeit, sich imaginäre Orte bzw. Situationen vorstellen zu können. Insbesondere der letzte Faktor kann in der Arbeit mit Menschen mit Behinderungen Schwierigkeiten bereiten. Leider gibt es in der Literatur, in der Forschung und in der Praxis nur wenige Anregungen, die sich auf die Implementierung des Sicheren Ortes bei Menschen mit einer geistigen Behinderung beziehen. Wie und ob der Sichere Ort von uns in der Therapie eingesetzt werden sollte, muss also immer von unserer eigenen Einschätzung der Fähigkeiten des Patienten und unseren kreativen Ideen zur Umsetzung abhängen. In der Traumatheorie wird der Sichere Ort als ein Platz, den man in seiner Vorstellung aufsuchen kann und der uns vollkommene Sicherheit und Wohlbefinden bietet, beschrieben (vgl. z. B. Scherwath & Friedrich 2012, 69 ff). In der Therapie mit Lena habe ich die Erfahrung gemacht, dass es ihr schwer fiel, sich eigenständig einen solchen Ort auszuwählen und vorzustellen. Ich nutze hier eine Kombination mit dem Instrument der Phantasiereise. In verschiedenen Einheiten zur Körperwahrnehmung und Entspannung hatte Lena dieses Konzept schon kennengelernt und schaffte es mit Hilfe einer Geschichte, sich in ihrer Phantasie an verschiedene Orte zu begeben. Wir erarbeiteten ihren Sicheren Ort gemeinsam und verbanden ihn mit einer Geschichte, die ihr dabei half, sich selbst sicher und geborgen zu fühlen. Der Sichere Ort soll für die Patienten immer in ihrer Vorstellung verfügbar sein, damit sie sich bei Angst oder Anspannung in ihren Gedanken dorthin zurückziehen können, um Sicherheit und Geborgenheit zu finden (vgl. auch Huber 2010).

Notfallkoffer bei selbstverletzendem Verhalten

Die Methode des Notfallkoffers ist ursprünglich ein Bestandteil der Dialektisch-Behavioralen Therapie (DBT) in der Behandlung von Borderline Patienten (vgl. Bohus 2009). Ein wesentlicher Bestandteil der DBT ist das Skilltraining (Fähigkeits-Training). Hierbei werden die individuellen Fähigkeiten der Patienten entdeckt und weiterentwickelt. Sobald der Patient in eine Krise gerät, sich seine Anspannung erhöht und er eigentlich das selbstverletzende Verhalten einsetzen würde, um seine Anspannung zu regulieren, greifen nun die trainierten Fähigkeiten. Der Notfallkoffer soll dazu dienen, alle hilfreichen Fähigkeiten, die dem Patienten zur Emotionsregulation dienen, immer griffbereit zu haben. In einem Notfallkoffer können nicht nur Fähigkeiten wie »ich kann mir Hilfe holen« oder »ich kann über das Problem sprechen« enthalten sein, sondern auch ganz konkrete Dinge oder Maßnahmen, die dabei helfen, den Spannungsdruck abzubauen, wie zum Beispiel: Reize für die Geschmacksnerven, Reize für die Geruchsnerven, Reize für die körperliche Empfindung sowie geistige Ablenkung und Beruhigung.

Im Folgenden stelle ich einige konkrete Ideen meiner Patienten vor:

Sich austoben, heiß oder kalt duschen gehen, sich mit einem Körper-Öl eincremen, sich mit dem Igelball über die Arme und Beine rollen, eine Brausetablette auf die Zunge legen, laut Musik hören, Zeitung zerreißen, laut schreien, ...

Für den richtigen Einsatz dieser Methode sind im Vorfeld einige wichtige diagnostische Fragestellungen zu bearbeiten. Da der Notfallkoffer in erster Linie zur Regulation emotionaler Anspannung eingesetzt wird, muss eruiert werden, ob das selbstverletzende Verhalten überhaupt zum Spannungsabbau eingesetzt wird oder einen anderen Hintergrund hat. Bei Menschen mit einer mittelgradigen bis schweren geistigen Behinderung hat sich aus meiner Erfahrung gezeigt, dass das selbstverletzende Verhalten häufig andere Ursachen hat. Vermehrt dient es bei Menschen mit Behinderung unter anderem zur Selbst-Stimulation, zur Durchsetzung der eigenen Wünsche oder als Kommunikationsversuch (vgl. Mühl 2001). Zudem ist es wichtig auch in der Arbeit mit Menschen mit Behinderungen, die Patienten selbst dazu zu befähigen, die Inhalte des Koffers eigenständig einzusetzen. Der Mitarbeiter sollte niemals von sich aus den Patienten unter eine kalte Dusche stellen oder ihm eine Brausetablette in dem Mund legen. Auch muss der Einsatz des Notfallkoffers in einem Fähigkeits-Training mit dem Klienten geübt werden. Er sollte zudem nie isoliert als Maßnahme angewandt werden. Als gute Grundlagenlektüre in der Arbeit mit dem Notfallkoffer diente mir das DBToP-gB-

Manual, erschienen im Bethel-Verlag, herausgegeben von Samuel Elstner, Christoph Schade und Anton Diefenbacher.

12.5 Grundsätzliches in der pädagogischen Begleitung

»Die Erwartungen traumatisierter Kinder sind auf Beziehungsangebote ausgerichtet, in denen sie zuverlässige Personen, einen geschützten Raum und eine vertrauensvolle Atmosphäre vorfinden« (Tammerle Krancher 2009, S. 47)

Dies soll unser wichtigstes Leitziel in der pädagogischen Begleitung sexuell traumatisierter Kinder und Jugendlicher mit einer geistigen Behinderung sein. Somit wird ein hoher Anspruch an alle gestellt, die diese Klientel professionell begleiten. Die Fachkräfte sollen eine verlässliche und kontinuierliche Beziehung anbieten können, die von Einfühlungsvermögen und Empathie geprägt ist. Sie sollen den Klienten Stärke vermitteln und versuchen, das Verhalten der Kinder und Jugendlichen vor dem Hintergrund ihrer speziellen Biographie zu verstehen. Im Folgenden stelle ich einige grundsätzliche Prinzipien vor, die in der Begleitung dieser besonderen Klientel hilfreich sein können. Auch wenn sich für uns diese Punkte oft selbstverständlich anhören, können ihre Beachtung und Umsetzung für die Patienten von existenzieller Bedeutung.

- Sicherheit geben
- Transparenz über den Prozess und Inhalt der Therapie, über Regeln, über Strukturen
- Keine Gespräche erzwingen, Zeit lassen, sich dem Tempo des Klienten anpassen
- Aufklärung, eine angemessene Form der Psychoedukation
- Einfache Sprache, Symbole verwenden, möglichst viel visualisieren
- Offenheit
- Empathie
- Umfeld-Strukturierung, Anpassung der Rahmenbedingungen an die Bedürfnisse der Klienten
- Mit Rückschritten rechnen
- Überlegen: Wer muss über was informiert werden?

12.6 Schlusswort

Ich hoffe, dass ich durch diesen kleinen Einblick bei einigen Fachkräften das Interesse geweckt habe, sich in die Arbeit mit diesem besonderen Personenkreis einzubringen. Ich bin mir bewusst, dass die pädagogisch-therapeutische Begleitung von traumatisierten Kindern und Jugendlichen mit einer geistigen Behinderung keine leichte Aufgabe ist und viel Mut und Eigeninitiative fordert. Doch wenn wir uns noch einmal die Zahlen aus den aktuellen Studien vor Augen führen, geht es hier nicht um eine kleine Randgruppe, sondern um viele Kinder und Jugendliche, die unserer professionellen Unterstützung bedürfen. Aus diesem Grund soll der Artikel auch als ein Appell an alle verstanden werden, sich mit diesem Thema auseinanderzusetzen und sich für die Belange der Kinder und Jugendlichen einzusetzen.

Literatur

Achilles, I. (2009): Sexualpädagogische Materialien für die Arbeit mit geistig Behinderten Menschen. Herausgegeben von der Bundesvereinigung der Lebenshilfe e.V. Marburg.
Berger, E. (2007): Psychotherapie für Menschen mit intellektueller Behinderung. Medizin für Mensch geistiger und mehrfach Behinderung 4 (S. 10–16). www.bidok.uibk.ac.at/library/berger-intellektuell.html), Zugriff am 20.03.2014
Bohus, M. (Hrsg.) (2009): Grundlagen der Dialektisch Behavioralen Therapie (DBT). Stuttgart: Kohlhammer.
Geisler, D. (2012): Wohin mit meiner Wut. Bindlach: Loewe Verlag.
Elstner, S., Schade, C. & Diefenbacher, A. (Hrsg.) (2012): DBToP-gB-Manual für die Gruppenarbeit. An der Dialektisch Behavioralen Therapie orientiertes Programm zur Behandlung Emotionaler Instabilität bei Menschen mit geistiger Behinderung (1. Auflage). Bielefeld: Bethel-Verlag.
Enders, U., Boehme, U. & Wolters, D. (1997): Lass das – nimm die Finger weg! Weinheim: Beltz Verlag.
Herman, J. (2003): Die Narben der Gewalt. Traumatische Erfahrungen verstehen und überwinden. Paderborn: Junfermann Verlag.
Kreul, H. (2010): Ich und meine Gefühle. Bindlach: Loewe Verlag.
Huber, M. (2010): Der innere Garten. Ein achtsamer Weg zur persönlichen Veränderung (4. Auflage). Paderborn: Junfermann Verlag.
Kahn, G. (2008): Das Innere-Kinder-Retten – eine Methode der imaginativen Traumatherapie. In: Trauma & Gewalt 1, 48–52.
Keune-Sekula, L. (2011): Der Kummerkönig. Köln: Mebes & Noack Verlag.
Luxen, U. (1999): »Starke Mädchen das sind wir«. In: Psychosozial. 22, Heft 3.
Mebes, M. (2010): Kein Küsschen auf Kommando und Kein Anfassen auf Kommando. Köln: Mebes & Noack Verlag.
Mühl, H. (2001): Zum pädagogischen Umgang mit selbstverletzendem Verhalten bei Menschen mit geistiger Behinderung. In: Wüllenweber, E. & Theunissen, G. (Hrsg.): Handbuch Krisenintervention. Hilfen für Menschen mit geistiger Behinderung. Theorie, Praxis, Vernetzung. Stuttgart: Kohlhammer.
Scherwath, C. & Friedrich, S. (2012): Soziale und pädagogische Arbeit bei Traumatisierung. München. Basel: Ernst Reinhardt Verlag.
Tammerle Krancher, M. (2009): Traumatisierte Kinder und Jugendliche – erkennen, verstehen, handeln. Papier zur 42. Bundesfachtagung des Berufs- und Fachverbandes Heilpädagogik e.V. Berlin: BHP Verlag.
Weinberg, D. (2013): Traumatherapie mit Kindern. Strukturierte Trauma-Intervention und Trauma bezogene Spieltherapie (5. Auflage). Stuttgart: Klett-Cotta.

Weiterführende Links:
www.zartbitter.de/gegen_sexuellen_missbrauch/Aktuell/100_index.php
www.neuewege-caritas-bochum.de/
www.bundekriminalamt.de/pks/pks1999.
www.praevention.org/fachinformationen

13 »Den Wolf der Freude füttern«
Materialien und Methoden bei der Beratung von sexuell traumatisierten Frauen mit Lernschwierigkeiten

Anneke Bazuin

Ein alter Navajo-Indianer sprach zu seinem Enkel: »Manchmal hab ich das Gefühl, dass in mir ein Kampf tobt, ein Kampf zwischen zwei Wölfen. Der eine Wolf ist böse. Er ist der Wolf des Zorns und Neids, der Sorgen, des Vorwurfs, der Gier und Arroganz, des Selbstmitleids, der Schuld, der Ablehnung, der Minderwertigkeit oder Überlegenheit; der Angst vor der Heilwerdung von Körper und Seele, vor dem Erfolg und davor, dass das, was die anderen gesagt haben, wahr sein könnte; der Angst, in den Mokassins eines anderen zu laufen, um nicht mit seinen Augen sehen und seinem Herzen fühlen zu müssen, wie sich die Wirklichkeit aus seiner Sicht darstellt, so dass ich an hohlen Ausreden festhalten kann, die ich im Inneren längst als falsch erkannt habe.

Der andere Wolf ist gut. Er ist der Wolf der Freude, des Friedens, der Liebe und Hoffnung, der Gelassenheit, Bescheidenheit und Güte, des Mitgefühls für jene, die mir geholfen haben, wenngleich ihre Bemühungen nicht immer perfekt waren, der Bereitschaft, mir selbst und anderen zu vergeben und zu erkennen, dass ich mein Schicksal selbst in der Hand habe.«

Nachdem der Enkel eine Weile über die Worte seines Großvaters nachgedacht hatte, fragte er: »Sag mir, Großvater, welcher der beiden Wölfe wird nun gewinnen?« Und der alte Mann antwortete: »Der Wolf, den ich zu füttern beschließe.« (John Izzo, 2010, S. 105)

13.1 Einleitung

In der traumatherapeutischen Beratung von Frauen und Mädchen mit sexuellen Gewalterfahrungen geht es darum, die Klientin in Kontakt zu bringen mit diesen zwei Wolfen, die in ihrem Inneren um Aufmerksamkeit ringen, und darum, ihre Identifikation mit dem »guten Wolf« zu stärken. »Wie kann ich den guten Wolf in mir füttern?« ist die Aufgabe der Klientin, bei der ihr die Beraterin unterstützt.

Wie eine solche Beratung mit der Anwendung unterschiedlicher Materialien und Methoden bei Klientinnen mit Lern- und Mehrfachbehinderungen beim »Notruf für vergewaltigte Frauen und Mädchen e.V. Hannover« (Frauennotruf) aussehen kann, ist Inhalt dieses Beitrags. Die Ausführungen basieren auf meinen Erkenntnissen aus langjährigen Erfahrungen in der Arbeit als Diplompädagogin zu den Themen Sexualität und sexualisierte Gewalt im Leben von Menschen mit Behinderungen in verschiedenen Fachberatungsstellen. Die persönlichen Kontakte zu Frauen und Mädchen mit unterschiedlichen Behinderungen, zu Fachkräften aus Einrichtungen der Behindertenhilfe und anderen Berufs- und Interessengruppen sowie zu Angehörigen haben die Art, wie ich die Beratung gestalte, geprägt. Ausgangspunkt für mich ist die Absicht, immer hundertprozentig auf Seiten der Klientin zu sein. Was das bedeuten kann, möchte ich im Folgenden zum Ausdruck bringen.

Einleitend folgen einige Informationen zum Frauennotruf und zu seinem Schwerpunkt »Sexualisierte Gewalt gegen Frauen und Mädchen mit Behinderungen«. Dann befasse ich mich mit den Fragen: Welche Bedeutung und Konsequenzen haben die Lebensrealitäten von Frauen mit Behinderungen für die Beratung? Wie können unterschiedlichen Materialien in der traumatherapeutischen Beratung von Klientinnen mit Behinderungen den Heilungsprozess erleichtern und unterstützen bzw. welchen Sinn haben sie? Abschließend werde ich einige Materialien und Methoden vorstellen, die ich gerne anwende, und die Erfahrungen berichten, die ich damit mache.

13.2 Der Frauennotruf Hannover

Der Frauennotruf ist eine Fachberatungsstelle für Frauen und Mädchen (ab etwa 16 J.), die von sexualisierter Gewalt betroffen sind. Neben der Krisenberatung bei akuten Fällen von Vergewaltigung ist die Hauptaufgabe des Frauennotrufs die traumaberaterische und therapeutische Begleitung von Klientinnen, deren sexualisierten Gewalterfahrungen meist länger – oft in Kindheit oder Jugend – zurückliegen. Informative Angebote sowie Fachberatung richten sich auch an private und professionelle Bezugspersonen und Interessenvertretungen.

Sexualisierte Gewalt gegen Frauen und Mädchen mit Behinderung ist ein Problem, deren Ursachen und Auswirkungen auf gesellschaftlicher, struktureller und personaler Ebenen zu finden sind. Um kompetent auf die Bedürfnisse der Klientinnen mit Behinderungen reagieren zu können, erfordert es für eine Beratungsstelle wie dem Frauennotruf eine gezielte Auseinandersetzung mit diesen Ursachen. Aus diesem Grund wurde 1999 der Arbeitsschwerpunkt »Sexuelle Gewalt gegen Frauen und Mädchen mit Behinderungen« eingerichtet, welchen ich seit 2006 hauptverantwortlich betreue. Durch aktive Öffentlichkeitsarbeit, Aufklärung und Vernetzung im Rahmen dieses Schwerpunkts trägt der Frauennotruf zur Enttabuisierung auf gesellschaftlicher, institutioneller und individueller Ebene bei. Im Jahr 2007 wurde der Arbeitskreis »Sexuelle Gewalt gegen Frauen und Mädchen mit Behinderungen« gegründet, der es ermöglicht, die Problematik aus verschiedenen fachlichen Perspektiven zu betrachten und praktische Maßnahmen zum Schutz, zur Unterstützung und zur Beratung von Frauen und Mädchen mit unterschiedlichen Behinderungen zu installieren.

Der Frauennotruf erstellt Materialien in leichter Sprache, organisiert Fachtagungen, Fortbildungen und Aufklärungskampagnen. Die Homepage ist weitestgehend barrierefrei eingerichtet, mit ausführlichen Informationen in leichter Sprache, Audiodateien und Videodateien mit Gebärdensprache.

Die Thematik ist inzwischen fest im Aufgabenbereich des Frauennotrufs verankert. Der Zugang zur Beratung ist für Klientinnen mit und ohne Behinderungen gleichermaßen gewährleistet. Bei Bedarf werden seh- oder gehbehinderte Klientinnen von und zu Bahnhaltestellen begleitet. Ebenso bei Bedarf führen wir aufsuchende Beratung durch, z. B. wenn der E-Rolli nicht in unseren Fahrstuhl passt, die Organisation des Fahrdienstes zu aufwändig ist oder es aus anderen Gründen sinnvoll ist, zu einer Klientin zu kommen. Dies ist aber nicht unbedingt nachteilig. Die Beratung in Wohn- oder Werkstatt bringt uns auch wertvolle Informationen, die wir für die Beratung und weitere Angebote nutzen.

Aktuelle gesellschaftliche und politische Entwicklungen fordern den Frauennotruf zu immer neuen Aktivitäten und Angeboten für unsere Klientinnen heraus. Für Klientinnen mit Behinderungen geht es dabei insbesondere um Angebote zur Prävention, um Vermittlung von traumatherapeutischen und -pädagogischen Kenntnissen für Bezugspersonen und das Voranbringen weiterer Barrierefreiheit und Vernetzung.

13.3 Grundsätze der Beratung

Obwohl es für manche Klientinnen sehr erleichternd sein kann, in der Beratung endlich über ihre sexuelle Gewalterfahrungen zu sprechen, ist es im Allgemeinen so, dass lange überhaupt nicht darüber gesprochen wird, auch nicht mit einer Fachberaterin, die sich damit auskennt. Gefühle von Schuld, Scham, Ekel und Selbstvorwürfe machen es schwer, darüber zu reden, aber auch das »Nicht-gehört-Werden«, der Unglaube und das Unverständnis, welche frühere Versuche, darüber zu reden, bei den Mitmenschen auslösten.

In der therapeutischen Beratung geht es um die Arbeit mit dem Selbstbild der Klientinnen, das meist negativ und destruktiv ist (»der böse Wolf«), weil durch die erlebte sexualisierte Gewalt ihre Integrität zerstört wurde und das Vertrauen in anderen und in ihrer Selbstkompetenz verloren ging (siehe Exkurs, S. 186 f.).

In der Beratung wird dieses Selbstbild (behutsam) in Frage gestellt, damit es verändert oder aufgelöst werden kann. Dazu ist es notwendig, ein anderes zu entwickeln, das positiv und hilfreich ist, und auch »wahrer« (»der gute Wolf«), um das alte zu ersetzen. Für diese Arbeit braucht es eine vertrauensvolle Beziehung zur Beraterin und eine Atmosphäre, die der Klientin Schutz und Sicherheit bieten, so dass sie sich traut, diese alten, (selbst)zerstörenden, aber doch vertrauten Sichtweisen los zu lassen. Um eine solche Umgebung herzustellen, helfen folgende wichtige Grundsätze, an denen wir uns in der Beratung orientieren und die ich an Beispielen aus den Erfahrungen mit Klientinnen mit Behinderung erläutere.

Parteilichkeit

Hiermit vermitteln wir, dass wir auf der Seite unserer Klientinnen stehen und eindeutig für sie Partei ergreifen. Wir würden nie sagen: »Das glaube ich Dir nicht«, »Das hat der doch nicht getan«, »Wieso sind Sie denn mitgegangen?« oder »Warum haben Sie sich nicht gewehrt?«. Wir ermöglichen es ihnen, über ihre Erfahrungen, Erlebnisse, Gefühle und Ängste ohne Bewertungen zu sprechen. Wir benennen eindeutig, wer die Verantwortung für die Gewalt trägt (der Täter oder die Täterin), wo Gewalt und Unterdrückung geschieht und wer davon profitiert.

> Beispiel: Frau Koch, eine autistische Frau mit einer Lernbehinderung, ist seit kurzem in Beratung. Sie wurde in ihrem Zimmer im Wohnheim von einem Mitbewohner vergewaltigt. Eine Betreuerin hat den Kontakt zu uns hergestellt und begleitet sie auch heute. Während Frau Koch vor der Beratung zur Toilette geht, flüstert die Betreuerin mir zu, dass Frau Koch wohl erzählen wird, dass sie am Wochenende von ihrem Ex-Freund vergewaltigt wurde. »Nehmen Sie das nicht so ernst, sie erzählt öfters so was.« In der Beratung erzählt Frau Koch dann tatsächlich über die Vergewaltigung. Ich nehme sie ernst und glaube ihr. Sie erzählt, was geschehen ist und wie es ihr geht. Ich kann nie genau wissen, was passiert ist, und es ist nicht meine Funktion, das herauszufinden. In der Beratung geht es darum, zusammen mit der Klientin herauszufinden, was in ihr vorgeht und was sie jetzt braucht, um damit fertig zu werden. In diesem Fall brauchte sie auch Mitgefühl für ihre Empörung und Verletzung darüber, dass die Betreuerin ihr nicht glaubte, was sie natürlich gespürt hatte.

Gleichberechtigung

Beraterin und Klientin begegnen sich auf Augenhöhe. Die Klientin bestimmt, worum es geht in der Beratung, was sie sagen will, ob sie eine bestimmte Methode machen will oder nicht. Ein »Nein« wird respektiert, es wird nicht versucht, sie zu irgendetwas zu überreden.

Klientinnen mit Behinderungen erleben im Alltag oft, dass für sie oder über sie entschieden wird, dass andere es scheinbar besser wissen als sie oder schon eine Lösung haben für ihr Problem. In der Beratung sollen sie andere Erfahrungen machen. Sie sollen erfahren, dass ihre Meinung zählt, und sie sollen lernen, dass sie für sich selbst eintreten dürfen. Deshalb ist Respekt gegenüber den Wünschen der Klientin wichtig. Auch wenn ich als Beraterin vielleicht denke, dass bestimmte Maßnahmen der Klientin helfen würden, wird das selbstverständlich respektiert, wenn sie entsprechende Vorschläge ablehnt.

Vertraulichkeit

Wir unternehmen nichts gegen den Willen der Klientinnen, sondern nur in Absprache mit ihnen. Wir behandeln die Inhalte der Beratung vertraulich und halten uns an die Schweigepflicht. Manchmal kann dies für die Beraterin schwer auszuhalten sein, z. B. wenn die Klientin weiterhin sexuelle Grenzverletzungen erleidet, die sie nicht alleine beenden kann, aber auch nicht will, dass eine Bezugsperson, die helfen könnte, darüber informiert wird.

Hilfe zur Selbsthilfe

Das Vermögen, sich selber zu helfen, ist durch sexualisierte Gewalterfahrungen oft verloren gegangen. Wir unterstützen die Klientinnen darin, die verschütteten eigen Quellen zur Selbsthilfe (wieder) zu entdecken und selbstverantwortlich neue Wege zu gehen. Wir beurteilen nicht, welchen Weg sie dabei wählen und wie sie ihn gehen, sondern ermutigen sie, sich selber darin treu zu sein.

Ganzheitlichkeit

Wir »reduzieren« Frauen und Mädchen nicht auf die erlittene Gewalt, sondern sehen sie mit ihren Stärken und Fähigkeiten. Krisen und psychische Schwierigkeiten verstehen wir als Überlebens- und Bewältigungsstrategien. Es sind wichtige Ressourcen, denen wir Achtung und Respekt entgegenbringen. Wir erklären den Frauen und Mädchen, dass ihre Bewältigungsversuche »normale Reaktionen auf unnormale Erlebnisse sind«.

Wir betrachten ferner die gesellschaftlichen Realitäten und die konkrete Lebenssituation von Frauen und Mädchen als ein Ganzes und orientieren uns daran.

Angebot aufsuchender Beratung

Die aufsuchende Beratung in Einrichtungen wird dort sehr begrüßt und gerne angenommen. Allerdings zeigt sich auch, dass die Strukturen der Einrichtung nicht auf die Bedingungen einer solchen Beratung ausgerichtet sind und dass die vermittelnden Bezugspersonen nicht genügend über sexualisierte Gewalt und deren Folgen für Betroffenen wissen. Manches lässt sich auf Unachtsamkeit zurückzuführen, aber das bedeutet für die Klientin, dass sie nicht so wichtig ist. Dieses Gefühl haben durchgehend alle Klientinnen.

In einer Werkstatt fand die Beratung jedes Mal in einem anderen Raum statt. Nicht immer wurden Beraterin und Klientin über die Raumänderung informiert, so dass wichtige Zeit mit der Raumsuche verloren ging. In anderen Fällen wurde die Beratung gestört oder wurden Termine bei Krankheit der Klientin oder der Beraterin nicht weiter kommuniziert, so dass entweder die Beraterin umsonst in die Einrichtung kam oder die Klientin auf der Beraterin vergebens wartete.

In Wohneinrichtungen fand die Beratung häufig im Zimmer der Klientinnen statt. In diesem Zimmer soll sie sich so sicher und geborgen wie möglich fühlen und sich nicht mit der sexuellen Gewalt auseinandersetzen. Meist gab es wegen Raummangel keine andere Lösung.

In einer anderen Werkstatt wussten viele Kolleginnen der Klientin sowie Fachkräfte über die sexualisierte Gewalt Bescheid und auch, dass die Beraterin vom Frauennotruf für diese Frau kam.

Heute klären wir von vornherein unsere Bedingungen, d. h. ein fester Beratungsraum, keine Störungen der Beratung, eine feste Bezugsperson für die Absprachen zwischen Beraterin und Klientin. Beim ersten Kontakt weisen wir auf die Diskretion im Interesse der Klientin hin. Wenn allerdings, wie in den Wohneinrichtungen, keine andere Möglichkeit für eine Beratung als das eigene Zimmer gegeben ist, klären wir mit der Klientin, ob sie sich das zumuten will.

13.4 Exkurs: »Nicht Ihre Reaktionen sind ›verrückt‹, sondern was Ihnen passiert ist!«

Sexuelle und andere Traumatisierungen sowie Verletzungen durch Diskriminierungen und Demütigungen aufgrund der Behinderung haben extreme und langwierige Folgen, die sich auf allen Entwicklungsebenen auswirken. Je früher die Gewalt- und Misshandlungserfahrungen beginnen und je länger sie anhalten, umso gravierender sind die Störungen in der Persönlichkeitsentwicklung. Die Reaktionen, die sich z. B. in psychischen Störungen zeigen, sind Bewältigungsversuche, mit den erlebten Verletzungen umzugehen. Sie haben einen Sinn und nichts mit individuellem Versagen der Klientin zu tun. Das sieht die Klientin selber nicht so. Sie verurteilt sich für ihre Symptome und glaubt: »Es ist mein Versagen, dass ich mich so komisch verhalte, dass ich immer ängstlich bin, zu viel oder zu wenig esse, zu viel rauche oder trinke, immer Schulden habe, nicht arbeiten kann und immer wieder Grenzverletzungen erlebe. Ich bin zu doof, das zu verändern.« Sie bestraft sich, indem sie sich selbst heftig kritisiert, sich angenehme Dinge verbietet oder sich selbst verletzt.

Wie fast alle Betroffenen denkt sie, wenn sie irgendetwas anders gemacht oder irgendetwas nicht getan hätte, wenn sie nicht so viel Angst gehabt oder sich irgendwie anders verhalten hätte, dann wäre die sexualisierte Gewalt nicht passiert. Also empfindet sie es als ihre Schuld. Mit diesen Kognitionen kommen viele Klientinnen mit Behinderungen in die Beratung, auch wenn ihnen diese Gedanken und Überzeugungen mit ihren zerstörerischen Wirkungen meist nicht (ganz) bewusst sind.

Die Klientin sieht sich und ihr ganzes Leben im Kontext der sexuellen Gewalt, die sie als Kind (oder später) erlebte. Sie fühlt sich einerseits als hilfloses Opfer, das keine Perspektive zur Änderung sieht, andererseits erlebt sie sich als Versagerin, die nichts ändern kann. Sie kann nicht sehen, was sie alles schafft und schon geleistet hat, weil sie das als selbstverständlich sieht.

Für eine Klientin war z. B. der Hinweis wichtig, dass sie es schafft, immer rechtzeitig zur Beratung zu kommen und auch abzusagen, wenn sie verhindert ist. Manche unserer Klientinnen brauchen viel Zeit, bis sie das schaffen.

13.5 Bedeutung und Konsequenzen der Lebensrealitäten von Frauen mit Behinderungen für die Beratung

In unserer Betrachtungsweise von Behinderung schließen wir uns der Definition von Cloerkes (2001, S. 7) an:

> »Eine Behinderung ist eine dauerhafte und sichtbare Abweichung im körperlichen, geistigen oder seelischen Bereich, der allgemein ein entschieden negativer Wert zugeschrieben wird. Dauerhaftigkeit unterscheidet Behinderung von Krankheit. Sichtbarkeit ist im weitesten Sinne das Wissen anderer Menschen um die Abweichung. Ein Mensch ist behindert, wenn erstens eine unerwünschte Abweichung von wie auch immer definierten Erwartungen vorliegt und wenn zweitens deshalb die soziale Reaktion auf ihn negativ ist.«

Das heißt: Behinderung ist nicht als etwas Absolutes, sondern erst als soziale Kategorie begreifbar. Nicht die Schädigung ist ausschlaggebend, sondern die Folgen für die einzelne Klientin in einer Gesellschaft, in der sie erlebt, dass sie aufgrund ihrer Behinderung negativ bewertet und diskriminiert wird. Für die Beratung ist die Auseinandersetzung mit dem Thema der eigenen Behinderung wichtig, damit die Klientin sich den Einfluss der Gesellschaft bewusst machen kann.

Die Erfahrungen mit den Klientinnen mit Lernschwierigkeiten, ihren professionellen und privaten Bezugspersonen und auch die Beratungen in den Einrichtungen ermöglichen Einblicke in die Lebensumstände der Klientinnen, die mir sonst verborgen geblieben wären. Diese beeinflussen meine Haltung den Klientinnen gegenüber und helfen, dass ich als Beraterin manche Reaktion der Klientinnen nachvollziehen kann. So ist es mir besser möglich, die Klientin wirklich dort abzuholen, wo sie steht, und ich kann meine Beurteilungen über ihre Lebensbedingungen leichter zurückstellen.

Die meisten Klientinnen mit so genannten Lernschwierigkeiten, die zur Beratung kommen, sind zusätzlich körper- oder sinnesbehindert. Nicht selten zweifle ich an der Diagnose »geistige Behinderung« oder »Lernbehinderung«, sondern ich habe den Eindruck, dass die intellektuelle Einschränkung tatsächlich Folge der oft sehr frühen und/oder andauernden sexualisierten Gewalt sein könnte. Vor allem wenn diese durch nahestehende Personen in ihrem sozialen Umfeld, oft in der eigenen Familie, passierte und nicht durch liebevolle persönlichkeitsstärkende Erfahrungen ausgeglichen werden konnte, können Störungen der intellektuellen Entwicklung die Folge sein.

Viele Klientinnen haben als Kind und oft später noch als Jugendliche und erwachsene Frau neben der sexualisierten Gewalt zusätzlich körperliche und/oder psychische Gewalt erlitten und wurden/werden aufgrund der Behinderung diskriminiert. Die sexuelle Traumatisierung, weswegen sie in die Beratung kommen, »stapelt« sich sozusagen auf weitere traumatische Erfahrungen auf. Durch die Diagnose »geistige Behinderung bzw. Lernbehinderung« begann oft ein Werdegang in sogenannten »Sondereinrichtungen«, wodurch sich diese Zuschreibungen noch verfestigten.

Aus den Schilderungen der Klientinnen wird deutlich, dass Eltern und Angehörige oft schlicht überfordert waren mit einem behinderten Kind und diese Überforderung auf das Kind projizierten. Es wurde beschuldigt: »Du bist Schuld, dass ich trinke, Schuld an der Scheidung, Schuld an meinem Unglück« oder beschimpft als »Missgeburt«, »dumm«, »doof, »behindert« oder Ähnlichem. Eine körperbehinderte Klientin erzählte, dass sie als kleines Kind manchmal aus dem Rollstuhl fiel und von der (alkoholisierten) Mutter einfach liegen gelassen wurde.

In dieser Atmosphäre der Gewalt und Unsicherheit wurden diese Kinder in ihrer Hilflosigkeit, Einsamkeit und ihren Selbstzweifeln allein gelassen und mussten damit irgendwie umgehen. Sie verinnerlichten die Beschuldigungen und lernten sich anzupassen und Rücksicht zu nehmen. Manche entwickelten eine frühe Selbstständigkeit in den Bereichen, in denen das trotz der Behinderung möglich war, damit sie ihre Bezugspersonen nicht über das »Notwendige hinaus belästigten«. Sie waren ständig auf der Hut, um eventuelle Angriffe oder Ausbrüche zu mildern oder zu vermeiden. Das heißt, sie mussten mit ihren Emotionen alleine klar kommen und ihre Gefühle verdrängen. Für sie war die Behinderung die Ursache für das Elend, das sie erlebten. Das ist die Überzeugung mancher Klientin »Weil ich behindert bin, ist mir das passiert«, »Mit Behinderten kann man das ja machen!«.

Während Klientinnen ohne Behinderungen z. B. durch Erfolge in der Ausbildung, im Beruf oder im Sport die negativen Erfahrungen und Selbstbilder kompensieren können, gibt es diese Möglichkeiten für Klientinnen mit Behinderungen kaum. Ihre Ausbildung, Arbeit oder Wohnsituation sind oft durch die Behinderung bestimmt und geben wenig persönliche Entfaltungs- bzw. Erfolgsmöglichkeiten. Anerkennung und Bewunderung erfahren sie oft für die Art und Weise, wie sie mit der Behinderung umgehen und wie selbständig sie vieles – trotz Behinderung – bewältigen. Das empfinden sie selber auch als Erfolg und Stärke, doch um dies zu erreichen, haben sie sich selber gegenüber eine gewisse Härte und Strenge entwickelt und erlauben sich auf keinen Fall Schwächen. In der Wohngruppe oder bei der Arbeit sind sie mit anderen zusammen, die alle auf eine spezielle Art bedürftig sind. Auch dort nehmen sie sich auf eigene Kosten zurück, um vor allem nicht lästig zu sein. In der Beratung zeigt sich, wie schwer es ihnen fällt, ihre Gefühle der Trauer oder Wut darüber zuzulassen, weil sie diese als Schwäche empfinden.

13.6 Materialien, Methoden, Geschichten und Gleichnisse als Hilfsmittel in der traumatherapeutischen Beratung von Klientinnen mit Behinderungen

Hinter der Frage nach Materialien und Methoden stecken bei Beraterinnen und Therapeutinnen oft Berührungsängste oder Zweifel an den eigenen Kompetenzen im Umgang mit Klientinnen mit Lernbehinderungen. Vielleicht möchten sie die Angst, Fehler zu machen, durch Methoden und Materialien kompensieren. Auch ich dachte anfänglich, dass ich vor allem die »richtigen« Materialien und Methoden bräuchte, weil z. B. die Verständigung schwieriger sei und diese den Kontakt erleichtern würde. Doch dies ist nicht unbedingt der Fall und die Verständigung ist selten ein Problem. Als Beraterin stelle ich mich jeweils individuell auf die Klientin ein, egal ob diese behindert ist oder nicht, ob sie sprechen kann oder nicht. Manchmal erfordert es (viel) mehr Geduld und daher mehr Zeit. Dadurch können Beratungen länger dauern.

Als Beraterin soll ich mich auf jeden Fall auskennen mit den Materialien, Methoden und Übungen, die ich anbiete und hinter den Geschichten stehen, die ich erzähle. Wenn ich z. B. der Klientin vermitteln möchte, wie sie die Wölfe aus der Anfangsgeschichte erkennen kann, muss ich aus meiner Erfahrung erklären können, wie ich »meinen guten Wolf füttere« und dass auch ich mich von der Stimme des bösen Wolfs immer wieder distanzieren muss, weil die am lautesten spricht.

Gerade für Klientinnen mit Lernbehinderungen ist es wichtig, über sich und ihre Erfahrungen reden zu können, ihre Gedanken ohne Unterbrechungen aussprechen zu können und die Erfahrung zu machen, dass ihnen zugehört wird. So entdeckt sie ihre Überzeugungen und kann überlegen, ob sie diesen weiterhin Glauben schenken will. Im Alltag hat sie oft nicht die Möglichkeit, dass sich die eigenen Gedanken entwickeln lassen können.

Spielzeug im Beratungszimmer

In unserem Beratungszimmer stehen Körbe mit Kuscheltieren und Stoffpuppen. Auf einem Tisch befinden sich Matrjoschkas, die russischen Schachtelpüppchen, eine »Energie-Uhr« und Emotionskärtchen. Im Regal sind Strickseile, Steine, Modelliermasse, Tuschkasten, Malblöcke- und -stifte. Es gibt eine Musikanlage, Trommel und ein Tamburin, kleinere und größere Igelbälle und noch viele ähnliche Sachen mehr. Besucherinnen und Klientinnen fragen manchmal, ob auch Kinder zu uns zur Beratung kommen, weil da so viel »Spielzeug« ist. Das ist nicht der Fall. Wir beraten überwiegend erwachsene Frauen und ältere Mädchen, ab etwa 16 Jahren.

In der Traumatherapie werden grundsätzlich viele Materialien, Methoden und Übungen benutzt, um der Klientin positive Erfahrungen zu ermöglichen und auch mit dem eigenen Körper, den Gefühlen und Überzeugungen Kontakt aufzunehmen.

Wenn Traumatisierungen im frühen Alter stattfinden, werden die Bewältigungsstrategien und Überlebensmechanismen von kindlichen Entwicklungsebenen aus gesteuert. Es stehen einem Kind vor allem Gefühlsreaktionen zu Verfügung. Auch eine erwachsene Frau, die einmal oder mehrere Male vergewaltigt wurde oder andere sexuelle Grenzverletzungen erlebte, fühlt sich hilflos wie ein Kind. Die nicht verarbeiteten Folgen der Traumatisierung sind im Körper und in der Seele gespeichert. Mit den Materialien und Übungen können Erlebnis- und Gefühlsebenen angesprochen werden und die Klientinnen können lernen, die oft quälenden Gefühle und Gedanken anders zu betrachten, sie auf eine spielerische Art bewusster wahrzunehmen, sie zu verstehen und sich allmählich davon zu distanzieren. Darum gibt es so viele »Spielsachen«, die sich für unterschiedliche Altersstufen eignen.

»Kinderkram«

Materialien und Methoden können besonders hilfreich sein bei Klientinnen, bei denen körperliche, verbale oder intellektuelle Fähigkeiten durch eine Behinderung eingeschränkt sind. Allerdings passiert es auch, dass eine Klientin mit Lernbehinderung diese Materialien ablehnt, weil sie sich nicht als erwachsene Frau angesprochen fühlt: »Das ist doch alles Kinderkram! Ich bin doch kein Kind mehr! Damit spiele ich nicht!«

Wie und wozu?

Alle Materialien und Methoden können helfen, Blockaden, Widerstände oder verborgene Gefühle der Klientin zu entdecken und diese hier und jetzt in der Beratung willkommen zu heißen. Es soll jetzt nicht irgendetwas verändert oder verbessert, sondern einfach wahrgenommen werden.

Oft ist es genau dann, wenn Blockaden und Widerstände sein dürfen und nicht »weg müssen«, dass dann auch die Gefühle sein dürfen, die oft lange unterdrückt wurden. Diesen Gefühlen von extremer Wut, Trauer oder Angst Raum zu geben, wird meist als sehr erleichternd erfahren. Allerdings braucht es auch Zeit, sich daran zu gewöhnen, dass die Gefühle nicht bedrohlich sondern hilfreich sind.

Ich verwende Methoden und Materialien meist intuitiv und spontan, z. B. um etwas zu verdeutlichen oder Kontakt mit Gefühlen, Gedanken oder Körperempfindungen herzustellen. Ich setze sie auch ein, wenn die Beratung stockt oder ich gerade nicht weiter weiß.

Doch meist sind solche Situationen – wenn es scheinbar nicht weitergeht – für den therapeutischen Prozess sehr wertvoll und geben möglicherweise wichtige Informationen für die Klientin. Wie geht es uns beiden, wenn etwas nicht sofort weitergeht? Was passiert, wenn wir eine Weile schweigen oder keine Antwort wissen? Können wir das aushalten? Es ist eine gute Übung in Geduld und Selbstvertrauen.

Dennoch freue ich mich, wenn ich so ab und zu neue Hilfsmittel, speziell für die Beratung von Klientinnen mit Behinderung, entdecke, wie z. B. die Bildkarten der

»Inneren Helfer«, die für das Beratungskonzept »So und So« von Sabine Stahl (2013) entwickelt wurden.

Diese und alle anderen Methoden und Materialien sollen der Klientin helfen, sich hier und jetzt in der Beratung zu erfahren und mehr Einsicht in sich selber zu bekommen, sich besser wahrzunehmen und anzuerkennen als die Person, die sie ist.

»Eine Entspannungsreise dient nicht zur Entspannung«

So gesehen dient eine Entspannungsreise nicht dem Erreichen von Entspannung, sondern um zu entdecken, was z. B. die Entspannung schwierig macht oder verhindert oder warum die Klientin sie nicht will. Bei einer Körperreise geht es nicht darum, diese irgendwie erfolgreich zu Ende zu bringen, sondern um z. B. zu bemerken, dass die Klientin am liebsten davon laufen will, wenn sie sich nur auf ihren Fuß oder ihre Hand konzentriert. Es wird ihr dann vielleicht bewusst, wie sehr sie den eigenen Körper ablehnt.

Natürlich können Kuscheltiere dazu dienen, sich über das weiche oder zärtliche Gefühl zu freuen, aber vielleicht entdeckt die Klientin auch, dass sie als Kind nie ein Kuscheltier hatte oder sehr selten gestreichelt wurde, und wie sie sich danach gesehnt hat.

Der gute und der böse Wolf

Klientinnen mit Behinderungen sind sich selbst gegenüber meist sehr kritisch, oft ohne dass ihnen das wirklich bewusst ist. Im Leben eines Menschen mit Behinderung geht es sehr oft um Bewertungen und darum, was noch verbessert werden kann. Dies vermittelt ein Gefühl, nicht gut genug zu sein. Die erlebten sexuellen Gewalterfahrungen verstärken solche Gefühle der Wertlosigkeit. Es ist also kein Wunder, wenn die Gedanken und innere Stimmen überwiegend negativ sind.

Der »böse Wolf« ist die Stimme, die andauernd Kritik übt. In der Beratung wählt die Klientin eine Puppe oder ein Stofftier für diese Stimme aus und lässt ihn »reden«. Es wird ihr bewusst, wie negativ sie über sich denkt und dass sie selber innerlich so mit sich redet. Sie überlegt auch, was ein »guter Wolf« sagen würde, und erfährt, dass ihr das gut tut.

Gemeinsam überlegen wir, wie sie den guten Wolf füttern kann. Sie malt z. B. ein Bild vom guten Wolf und wir schreiben freundliche und gütige Worte dazu. Sie kann einen schönen Gegenstand aussuchen, der sie im Alltag an den guten Wolf erinnert. Ich spreche als Beraterin wie der gute Wolf, übe nie Kritik, sondern versuche immer zu ermutigen. So lernt sie die gütige Stimme besser kennen und kann sie auch selber üben.

Dabei soll es der Klientin deutlich werden, dass es nicht darum geht, danach zu streben, »einen guten Wolf«, d. h. ein guter Mensch zu werden und den »bösen Wolf« bzw. den schlechten Menschen zu bekämpfen. Es geht darum zu lernen, die beiden »Stimmen« in sich zu unterscheiden, sie bewusster zu hören. Solange sie unbewusst sind, lassen wir uns von verinnerlichten Überzeugungen führen und können diese nicht in Frage stellen.

Die meisten Klientinnen können kaum Gutes über sich hören, sie glauben es nicht. Das heißt, dass das immer wieder geübt werden muss und dabei muss auch immer wieder daran erinnert werden, weswegen es ihr so schwer fällt, dem Guten in sich Raum zu geben.

Informationen in leichter Sprache zur Psychoedukation

Bücher und Broschüren in leichter Sprache helfen, um Informationen über sexualisierte Gewalt, insbesondere über die Folgen von Traumatisierungen für Körper und Seele zu vermitteln. Wenn die Klientin versteht, dass sie ihre Reaktionen nicht steuern konnte, weil sie die Vorgänge im Gehirn nicht beeinflussen konnte, ist das eine große Erleichterung. Auch das Wissen über Täterstrategien hilft, sich nicht länger selbst die Schuld zuzuschreiben, sondern diese beim Täter zu belassen. Oder es geht darum zu erklären, was bestimmte Begriffe überhaupt bedeuten. Solche Informationen können durch Materialien in leichter Sprache vermittelt werden.

> **Beispiel:**
> Die Klientin ist in Beratung, weil sie von ihrem Ex- Freund vergewaltigt wurde und sich eine neue Beziehung wünscht. Sie schaut sich die Broschüre »Nicht allein« vom Frauennotruf an, eine Information in leichter Sprache über sexuelle Gewalt. Sie liest die Broschüre in Stille durch und sagt anschließend:
> »Ja, das ist gut, was darin steht. Aber das habe ich ja nicht erlebt, sexuelle Gewalt. Das ist ja, wenn die Eltern das Kind schlagen, das war ja nicht so bei mir.«

Mir war nicht klar, dass sie den Begriff sexualisierte Gewalt nicht verstand, so dass diese Aussage Anlass war, um ausführlich über unterschiedliche Formen der Gewalt zu sprechen.

»Matrjoschkas«

Diese aus Holz gefertigten und bunt bemalten russischen Püppchen, in verschiedenen Größen, die verschachtelt ineinander passen, werden in der Beratung auf verschiedene Weisen eingesetzt. Die Klientin muss verstehen können, dass die Püppchen Symbol sind und sie selbst in verschiedenen Altersphasen ihres Lebens darstellen können. Da die Matrjoschkas sich nur in der Größe unterscheiden und sich im Aussehen gleichen, können die meisten Klientinnen sich gut vorstellen, dass in der großen Figur noch immer auch die Kleineren enthalten sind, die sie früher einmal war. Sie kann sich selbst als eine Frau sehen, die jetzt erwachsen ist, in der aber noch die jüngeren Mädchen stecken. So kann sie nachvollziehen, dass es natürlich ist, dass sie auch heute noch an den Folgen der (früheren) sexualisierten Gewalt leidet. Damals konnten sie nicht heilen, es gab niemand, die geholfen hat. Dadurch konnte sie nicht in allen Bereichen groß werden. Deshalb reagiert sie auch heute manchmal noch wie ein Kind, deshalb versteht sie sich selbst manchmal nicht. Diese jüngeren Anteile oder das Kind, das sie einmal war, können jetzt in der Beratung endlich Aufmerksamkeit bekommen, damit die Verletzungen heilen können.

> Beispiel:
> Die Püppchen werden in einer Reihe der Größe nach aufgestellt. Die Klientin ist ganz gerührt, als sie sich vorstellt, was die Kleinen ausgehalten habe, und wie alleine sie waren.
> Sie bezieht das allerdings noch nicht auf sich. Später zeigt sich, dass sie ganz sauer ist auf eines der Kleinen in einem bestimmten Alter. Sie verabscheut es, weil »sie das mit sich hat machen lassen«.

Viele Klientinnen zeigen diese Ablehnung des kleinen Mädchens, das sie früher waren. Hier liegt die Ursache dafür, dass es ihr so schlecht geht. Die ganze Schuld wird auf dieses Kind – das sie ja selber ist – projiziert.

Je nach Intention kann man alle Püppchen verwenden, um einen ganzen Lebensweg darzustellen, oder nur einige, um verschiedene Persönlichkeitsanteile zu erklären.

Strickseile

Mit einem Strickseil kann die Klientin z. B. ihre Grenzen erfahren, indem sie mit dem Seil »ihren Raum« in einem Kreis auf den Boden markiert. Wie viel »eigenen Raum« gesteht sich die Klientin zu, wie groß ist der Raum, den niemand betreten darf oder welche Personen dürfen die Grenzen überschreiten? Wie fühlt sich der Raum an, wenn er sehr klein oder sehr groß ist? Wo werden Grenzverletzungen erlebt, wann kann sie sich wehren, wann und bei wem nicht? Wie nah darf die Beraterin kommen? Wie kann sie den eigenen Raum verteidigen?

Wolf im Schafspelz

Diese Handpuppe, bei der sich der Wolf im Schafspelz versteckt, hilft zu verstehen, dass man nicht immer sein »wahres« Gesicht zeigt und das manchmal auch dann nicht kann, wenn man es gerne möchte. Manche Klientinnen fühlen sich immer wie ein böser Wolf, andere gerade wie das liebe Schaf, das sich immer anpasst. In der Beratung kann die Klientin beides ausprobieren und entdecken, welche Seite sie von sich zeigt und welche sie verbirgt. Es geht dabei nicht darum, dass das Schaf »besser« ist als der Wolf, sondern dass beide Seiten zum Menschen gehören.

»Stimmungsflip«, »Lebenskarten«, Bücher über Gefühle usw.

Klientinnen erleben starke Gefühle als Folge der Traumatisierungen. Sie meinen oft, dass diese Gefühle nicht in Ordnung seien, dass sie z. B. nicht so oft traurig oder wütend sein sollten. Sie haben Angst, von den Gefühlen überwältigt zu werden. Eine berechtigte Angst, denn was im Dunkeln verborgen ist, ist auch im Dunkeln wirksam und zeigt sich oft unerwartet und ungewollt. Tatsächlich werden sie oft von quälenden Gefühlen und Gedanken überrollt und wollen sie loswerden – durch Verdrängung, Ablenkungen und allerhand Symptome, aber vor allem durch ständige Selbstbeschuldigungen und Selbstverurteilungen.

Das Erfahren von Gefühlen und Emotionen kann einerseits erleichternd sein und ist andererseits notwendig, um negative Überzeugungen über sich selbst, die sich hinter Gefühlen verstecken können, zu erkennen. Hierbei sind unterschiedliche Materialien hilfreich. Ich benutze vor allem den Stimmungsflip (www.donnavita.de), um Kontakt zu den Gefühlen herzustellen, und bei manchen Klientinnen die Lebenskarten von Barbara Völkner (www.lebenskarten.de), die helfen, Überzeugungen zu erkennen und zu ändern.

Der Stimmungsflip zeigt auf jeder Seite einen Cartoon, der ein bestimmtes Gefühl ausdruckt. Dazu steht geschrieben, welches Gefühl es ist. Wichtig ist die Information, dass Gefühle und Emotionen berechtigt sind, nicht gut oder schlecht, dass sie einfach da sind und es hilfreich ist, sie wahrzunehmen. Es wird erklärt, dass Gefühle wie ein Kompass auf den Auslöser des Gefühls hinweisen. Und dass es wichtig ist, den Auslöser für das Gefühl zu finden. Mit dem Stimmungsflip lernen die Klientinnen, dass es viele unterschiedliche Gefühle gibt, die sie bislang so nicht benennen konnten. Manche Klientinnen blättern den Stimmungsflip am Anfang der Beratungsstunde durch und zeigen an dem Bild oder an dem Begriff, wie es ihnen jetzt geht.

Um Gefühle leichter zu akzeptieren, hilft auch der Vergleich mit Empfindungen wie Kälte und Wärme, Hunger und Durst. Solche Empfindungen beurteilen wir nicht, wir fragen nicht, ob es richtig oder falsch ist, jetzt zu frieren oder zu schwitzen, Hunger oder Durst zu haben, wir ignorieren sie nicht, sondern unternehmen etwas dagegen, wenn es geht sofort und manchmal erst später.

Meridian-Energie-Techniken (»MET«), das sogenannte »Klopfen«

Auch mit Klientinnen mit Behinderungen arbeite ich ab und zu mit MET (www.met2.de), einer Technik wie auch EFT (»Emotional Freedom Techniques«) der neueren entwickelten »Energetischen Psychologie«. Bei diesen Techniken geht man davon aus, dass der Grund für negative Gefühle in der Unterbrechung des Energieflusses im Körper liegt. Es werden bestimmte Akupunkturpunkte am Körper mit den Fingerspitzen beklopft und gleichzeitig spricht die Klientin einen so genannten Lösungssatz oder »heilenden Satz«. Dabei werden die Energieblockaden aufgelöst und dem Denken neue Impulse gegeben.

Die Methoden sind unkompliziert und leicht zu lernen. Vor allem kann die Klientin sie einfach selbständig anwenden, wann immer sie es braucht. Die Methode wirkt merkwürdig: sich selber nach Anweisungen zu beklopfen ist befremdlich und wird deshalb von manchen Klientinnen sofort abgelehnt.

Mit einigen Klientinnen übe ich nur den so genannten vorbereitenden Teil, wobei die Thymusdrüse geklopft und der Satz: »Ich bin stark« oder »Ich vertraue« oder ein Satz, der der Klientin gefällt, ausgesprochen wird. Das kann sie auch unterwegs oder zu Hause immer wieder üben. Andere Klientinnen können unmöglich solche Sätze oder den heilenden Satz: »Ich liebe und akzeptiere mich, so wie ich bin« aussprechen. Sie merken, wie sehr sie sich selber ablehnen. Es hilft dann z. B. zu sagen: »Ich bin bereit zu lernen, mich zu akzeptieren (oder zu lieben)«.

Auch das reichte für eine Klientin, ein besseres Gefühl für sich selbst zu entwickeln. Eines Tages konnte sie sich tatsächlich sagen: »Ich liebe mich« und freute sich sehr darüber.

13.7 Fazit

Bei allen Vorgängen in der Beratung geht es immer um die Erfahrungen der Klientin, nicht um richtig oder falsch. Schon gar nicht darum, was ich als Beraterin von ihren Reaktionen halte. Ein für mich wichtiger Leitgedanke beinhaltet, dass Urteilen die Fähigkeit zu verstehen und damit wirklich zuzuhören verhindert.

In der Beratung üben die Klientinnen immer wieder, Zutrauen in ihre eigenen Fähigkeiten, ihre Verantwortung und Macht zurückzugewinnen. Das bedeutet für mich als Beraterin, dass ich der Klientin »ihre Vergangenheit zumute« und auch ihre schmerzhafte Gegenwart zusammen mit ihr aushalte und ihr so helfe, diese zu akzeptieren, statt dabei stehen zu bleiben, dass es nicht so hätte sein dürfen.

Es geht nicht darum, eine möglichst kreative Beratung zu gestalten und für Probleme mit Hilfe einer Methode schnelle »Lösungen« zu erzielen, sondern vielmehr der Klientin zu ermöglichen, ihren eigenen Weg zu entdecken und zu gehen.

Eine hilfreiche Metapher kann das sein, was in dem folgenden Zitat von Michelangelo zum Ausdruck kommt. Als man ihn fragte, wie er die Statue Davids habe vollbringen können, soll er gesagt haben: »David war schon da, ich musste nur wegnehmen, was nicht David war...« (geistigenahrung, 2014)

Damit kann ich Klientinnen mit Behinderung, die sexualisierte Gewalt erlebt haben, vermitteln: Ihr wahres Wesen ist schon da, aber es wurde durch die sexualisierte Gewalt unter vielen Schichten und Blockaden, die sich später in verschiedenen Symptomen und Verhaltensweisen zeigten, versteckt.

Die Blockaden beseitigen ist eine präzise und langwierige Arbeit, wie bei einem Bildhauer, der aus einem massiven Marmorblock irgendwann eine Statue hervorholt.

Der Prozess des Bildhauers ist ein hilfreiches Gleichnis, um der Klientin zu erklären, dass auch der Marmorblock in Ordnung ist, doch dass es so viel mehr Freude bringt, wenn die »Figur von David« sichtbar wird. Sie ist der Bildhauer. Auch der Weg zu »ihrer wahren Figur« ist spannend: sie bekommt immer ein klein wenig mehr von sich zu sehen.

Mit dem folgenden Zitat, das ausdrückt, dass dies ein langwieriger und schmerzhafter, aber lohnenswerter Prozess ist, weil es der Weg zurück zu sich selbst ist, auf dem ich die Klientinnen gerne ein Stück begleite, beende ich diesen Beitrag.

»Du weißt, tief in Dir trägst Du einen heilen Kern.
Tief in Dir bist Du reine ungebrochene Kraft,
ist grundgelegt, wer Du bist.
Dort hinzugehen kostet oft allen Mut,
alle Verzweiflung, alle Scham,

Schuld und Angst.
Und dennoch, nur dort findest Du Dich
und die Liebe
und das Leben.
Tief in Dir.«
(Windmüller, 2010, S. 6)

Literatur

Cloerkes, G. (2001): Soziologie der Behinderten (neu bearbeitete und erweiterte Auflage. Heidelberg: Universitätsverlag C. Winter, Edition S.
Izzo, J. (2010): Die 5 Geheimnisse, die Sie entdecken sollten, bevor Sie sterben. München: Goldmann Verlag.
Stahl, S. (2013): So und So. Beratung für Erwachsene mit so genannter geistiger Behinderung (2. Auflage). Marburg: Bundesvereinigung Lebenshilfe für Menschen mit geistiger Behinderung.
Windmüller, Ch. (2010): Anonym: Anne und die Macht der anderen. Aus dem Leben einer multiplen Persönlichkeit. München: Starks-Sture Verlag.

o.V. (2014) www.geistigenahrung.org Zugriff am 26.09.2014
Stimmungsflip zu erhalten über Donna Vita, www.donnavita.de
Lebenskarten von Barbara Völkner, www.lebenskarten.de

Die AutorInnen

Ahmed Amor, Heilpädagoge (B.A.), Heilerziehungspfleger, Berufserfahrung u. a. im Bereich Häusliche Gewalt und in der Prävention zum Thema sexuelle Gewalt bei Jungen und Männern

Anneke Bazuin, Diplom- Pädagogin, Gestalt- und systemische Beraterin, Therapeutin Familienstellen, Traumafachberaterin beim Frauennotruf Hannover. Seit 1997 Leiterin verschiedener Projekte zum Thema «Sexualität und Behinderung», seit 2006 tätig zum Schwerpunkt Sexuelle Gewalt gegen Frauen und Mädchen mit Behinderung». Seit Oktober 2014 freiberuflich tätig.

Katharina Göpner, Diplom Rehabilitationspädagogin, seit 2010 Referentin beim bff: Bundesverband Frauenberatungsstellen und Frauennotrufe zum Thema Gewalt gegen Frauen und Mädchen mit Behinderung, aktuell im Projekt »Suse – sicher und selbstbestimmt. Frauen und Mädchen mit Behinderung stärken«, zuvor im Projekt »Zugang für alle!« des bff.

Andrea Huber, pädagogische Mitarbeiterin im Wohnen der Lebenshilfe Helmstedt mit langjähriger Berufserfahrung.

Barbara Leierseder, Heilpädagogin (B.A.), Tätigkeiten vor und während des Studiums in Bereichen der Behinderten- und Jugendhilfe sowie in einer Drogenberatungsstelle mit dem Schwerpunkt Trauma und Sucht, ab Oktober 2014 in Uganda in einem sozialen Projekt zur Förderung von Kindern mit Beeinträchtigung.

Susan Leue-Käding, Dr., Sonderpädagogin, Förderschullehrerin an Förderschulen mit dem Förderschwerpunkt geistige Entwicklung seit 1995, Fachrichtungsleiterin am Landesinstitut für Schulqualität und Lehrerbildung Sachsen-Anhalt seit 1997, seit 1998 Forschung und Fortbildung zum Thema sexualpädagogische Arbeit mit Kindern und Jugendlichen mit den Förderschwerpunkt geistige Entwicklung sowie zur Begleitung von Eltern zum genannten Themenschwerpunkt

Rebecca Maskos, Diplom-Psychologin, freie Journalistin, seit 2012 Referentin beim bff: Bundesverband Frauenberatungsstellen und Frauennotrufe zum Thema Gewalt gegen Frauen und Mädchen mit Behinderung, aktuell im Projekt »Suse – sicher und selbstbestimmt. Frauen und Mädchen mit Behinderung stärken«, zuvor im bff-Projekt »Zugang für alle!« und im Projekt »Frauenbeauftragte in Einrichtungen« von Weibernetz e.V. Seit vielen Jahren aktiv in der Behindertenbewegung und in Netzwerken der Disability Studies.

Ulrike Mattke, Prof.in, Dr. phil., Diplom-Pädagogin, Sonderpädagogin, Psychodrama-Leiterin und Supervisorin, seit 2002 Professorin für Heilpädagogik an der Hochschule Hannover. Seit über 20 Jahren Fortbildungen und Beratungen zum Thema Sexualität und Behinderung sowie sexuelle Gewalt.

Barbara Ortland, Prof.in, Dr. paed. habil., Sonderpädagogin, Berufserfahrung an Förderschulen mit dem Förderschwerpunkt körperlich/motorische Entwicklung und an integrativen Schulen, von 1999-2009 an der TU Dortmund am Lehrstuhl Rehabilitation und Pädagogik bei Körperbehinderung, seit 2009 Professorin für heilpädagogische Methodik und Intervention an der Katholischen Hochschule NRW, seit 2000 in Lehre, Forschung und Fortbildung aktiv mit dem Thema der sexuellen Entwicklung bei Menschen mit Behinderung sowie sexualpädagogischen Konsequenzen, Entwicklung und Praxiserprobung des Konzepts einer »behinderungsspezifischen Sexualpädagogik« sowie sexualpädagogischer Konzeptionen für die Eingliederungshilfe

Lothar Sandfort, Diplom-Psychologe, Leiter des »Institutes zur Selbst-Bestimmung Behinderter« (ISBB) und selber seit über 40 Jahren behindert; arbeitet im ISBB u. a. als Ausbilder zur Sexualbegleitung und mit einem Konzept der Surrogatpartnerschaft als diagnostisches und therapeutisches Instrument, insbesondere mit behinderten Männern.

Ursula Sauder, Diplom- Pädagogin, Mediatorin, langjährige Berufserfahrung mit traumatisierten sexuell missbrauchten jungen Frauen, seit 2003 Leitungstätigkeit in der Kinder-, Jugend- und Behindertenhilfe, Gesamtleiterin von fundamentwohnen gGmbH, Träger der Behindertenhilfe, Berlin.

Monika Schröttle, Dr., Sozialwissenschaftlerin/Politologin, seit 2014 Vertretungsprofessorin für Frauenforschung in Rehabilitation und Pädagogik am Fachbereich Rehabilitationswissenschaften der TU Dortmund. Leitung zahlreicher empirischer Forschungsprojekte zu Geschlecht, Gewalt, Behinderung, Diskriminierung und Gesundheit.

Cornelia Schulte, Diplom Heilpädagogin, Heilpädagogin M.A. Berufserfahrung als Fachtherapeutin in der Ambulanz »Leuchtturm« einer Ambulanz der Kinder und Jugendpsychiatrie für Kinder und Jugendliche mit einer geistigen Behinderung, Verhaltensauffälligkeiten und psychischen Erkrankungen. Seit 2014 tätig beim Caritasverband für den Kreis Coesfeld als Fachberaterin in zwei Wohnheimen für Menschen mit geistiger Behinderung und als Qualitätsmanagement Beauftragte für den Bereich Wohnen.

Ulrike Werner, Diplom-Psychologin, approb. Psychotherapeutin, langjährige Tätigkeit in der Behindertenhilfe (Lebenshilfe Helmstedt-Wolfenbüttel gGmbH), Stadt Braunschweig, Fachbereich Kinder, Jugend und Familie.

Barbara Ortland

Behinderung und Sexualität

Grundlagen einer behinderungsspezifischen Sexualpädagogik

2008. 164 Seiten. Kart.
€ 24,−
ISBN 978-3-17-020373-0

Mit der Forderung nach mehr Selbstbestimmung, Autonomie und Teilhabe für Menschen mit Behinderung hat das Thema „Sexualität und Behinderung" besondere Aktualität gewonnen. Das Buch beschäftigt sich zunächst mit Erkenntnissen zur sexuellen Entwicklung von Kindern und Jugendlichen und zeigt potentielle Entwicklungserschwernisse bei Menschen mit Behinderung auf. Daran schließen sich ausführliche Überlegungen zu einer notwendigerweise behinderungsspezifischen Sexualerziehung an, die neben den individuellen Lebensbedingungen die restriktiven gesellschaftlichen, schulischen und familiären Bedingungen als Entwicklungs-„Behinderungen" mit einbezieht. Vor allem Lehrer/innen, Erzieher/innen, aber auch Eltern finden in diesem Buch sehr konkrete Ratschläge für sexualerzieherisches Handeln in der Praxis.

Dr. Barbara Ortland ist Professorin an der Katholischen Hochschule Nordrhein-Westfalen in Münster.

Leseproben und weitere Informationen unter www.kohlhammer.de

W. Kohlhammer GmbH · 70549 Stuttgart
vertrieb@kohlhammer.de

Jens Clausen
Frank Herrath (Hrsg.)

Sexualität leben ohne Behinderung

Das Menschenrecht auf sexuelle Selbstbestimmung

2012. 308 Seiten. Kart.
€ 34,90
ISBN 978-3-17-021906-9

Vor dem Hintergrund der UN-Behindertenrechtskonvention erlebt die Fachdiskussion um Sexualität und Behinderung eine neue Qualität: Nach den grundsätzlichen Debatten um sexualpädagogische Aufklärung und Begleitung, um Partnerschaft und Kinderwunsch ist heute zu klären, ob die repressiven Einstellungen und Konzepte auf diesem Gebiet wirklich der Vergangenheit angehören, ob Barrieren, Fremdbestimmungen und direktive Einflussnahmen abgebaut wurden und ob neue Formen der Alltags- und Beziehungsgestaltung nun in der Behindertenhilfe angekommen sind. Das Buch lässt Menschen mit Beeinträchtigungen selbst zu Wort kommen und versammelt namhafte Autorinnen und Autoren, die aus unterschiedlichen Blickwinkeln prüfen, wie es um die Realisierung von Inklusion und selbstbestimmter Sexualität tatsächlich bestellt ist.

Prof. Dr. Jens Clausen ist Erziehungswissenschaftler und Professor für Heilpädagogik/Inclusive Education an der Katholischen Hochschule Freiburg mit dem Schwerpunkt Teilhabe – Assistenz – Bildung. **Dr. Frank Herrath** ist Gründer des Instituts für Sexualpädagogik in Dortmund und Mitarbeiter der Evangelischen Stiftung Volmarstein im Bereich Bildung und Personalentwicklung.

Leseproben und weitere Informationen unter www.kohlhammer.de